高等学校规划教材

房地产策划与营销

刘群红　刘章生　刘桂海　主编

化学工业出版社

·北京·

内容简介

《房地产策划与营销》以房地产策划和市场营销的基本理论为基础,密切结合房地产市场的特点,并从我国房地产市场人才的实际需求出发,系统地阐述了房地产策划与营销的全过程。本书主要内容包括:房地产策划与营销导论、市场营销与房地产市场营销、房地产市场营销环境分析、房地产消费者购买行为分析、房地产市场调查与市场预测、房地产 STP 市场营销战略、房地产营销产品策划、房地产营销价格策划、房地产市场推广与营销渠道策划、房地产销售策划、房地产网络营销策划。《房地产策划与营销》注重理论性与实践性相结合,注重体系完整性、合理性和可读性,同时穿插了大量的案例,力图使读者能够全方位掌握房地产策划与营销的知识及其相关理论体系。

《房地产策划与营销》可作为高等院校房地产开发与管理、工程管理、土地资源管理、工商管理专业及相关专业的教材,也可作为房地产开发企业、房地产中介机构和其他机构相关人员进行培训和自我学习的资料。

图书在版编目(CIP)数据

房地产策划与营销/刘群红,刘章生,刘桂海主编.—北京:化学工业出版社,2021.7(2024.6重印)
高等学校规划教材
ISBN 978-7-122-39084-4

Ⅰ.①房… Ⅱ.①刘… ②刘… ③刘… Ⅲ.①房地产-策划-高等学校-教材 Ⅳ.①F293.35

中国版本图书馆 CIP 数据核字(2021)第 083790 号

责任编辑:满悦芝　　　　　　　　　　　　文字编辑:杨振美　陈小滔
责任校对:宋　夏　　　　　　　　　　　　装帧设计:张　辉

出版发行:化学工业出版社(北京市东城区青年湖南街13号　邮政编码100011)
印　　装:涿州市般润文化传播有限公司
787mm×1092mm　1/16　印张15¼　字数371千字　2024年6月北京第1版第3次印刷

购书咨询:010-64518888　　　　　　　　　售后服务:010-64518899
网　　址:http://www.cip.com.cn
凡购买本书,如有缺损质量问题,本社销售中心负责调换。

定　　价:49.80元　　　　　　　　　　　　　　　　　版权所有　违者必究

前　言

伴随着城镇化的脚步，我国房地产行业得到了前所未有的发展。在这一背景下，房地产策划与营销理论也得到了新的发展。随着房地产行业由卖方市场转变为买方市场，市场竞争日益激烈，房地产项目策划与营销变得更加重要。然而，目前对相关专业人员的培养存在教材匮乏现象。

为了适应我国房地产行业的发展，满足国内高等院校相关专业的课程教学、研究的基本需求，编者从我国房地产市场人才的实际需求出发，在吸纳以往教材精华的基础上编写了本书。

本书围绕房地产策划与营销的全过程展开，共分为十一章：第一章阐述了房地产策划的概念、特征、原则与原理，分析了房地产策划的发展阶段与趋势，为全书作了前瞻性论述；第二章介绍了市场营销与房地产市场营销；第三章分析了房地产市场营销环境，主要介绍了宏观环境、微观环境以及营销环境分析的内容与方法；第四章分析了房地产消费者购买行为；第五章介绍了房地产市场调查的内容、程序和方法，房地产市场预测的内容、步骤与方法；第六章介绍了房地产市场细分、目标市场选择与项目定位；第七章至第十章分别从产品、价格、市场推广与营销渠道、销售等方面介绍了房地产营销的策划内容；第十一章介绍了房地产网络营销策划，网络营销是传统市场营销在网络时代的延伸和发展，是适应网络技术发展与信息网络时代社会变革的新生事物。

本书可作为高等院校房地产开发与管理、工程管理、土地资源管理、工商管理专业及相关专业的教材，也可作为房地产开发企业、房地产中介机构和其他机构相关人员进行培训和自我学习的资料。

本书由江西师范大学刘群红、刘章生、刘桂海主编，刘群红负责大纲设计、编写以及全书统稿，刘章生和刘桂海负责编写、审阅和统筹，其他参与编写人员还包括张莉雯、王晨、赵汉成、张小露、范雨琪、李硕扬等。

我们致力于向读者奉献一本既有一定理论价值又有较高实践使用价值的教材和参考用书，但由于学术水平有限和实践经验不足，加之时间仓促，书中难免会有疏漏和不足之处，恳请各位读者批评指正，以使此书不断完善。

编者

2021 年 6 月

目　录

第一章　房地产策划与营销导论 ⋯⋯⋯⋯⋯⋯⋯⋯⋯⋯⋯⋯⋯⋯⋯⋯⋯⋯⋯⋯⋯⋯⋯⋯ 1

　第一节　房地产策划概况 ⋯⋯⋯⋯⋯⋯⋯⋯⋯⋯⋯⋯⋯⋯⋯⋯⋯⋯⋯⋯⋯⋯⋯⋯⋯⋯ 1
　　一、策划概述 ⋯⋯⋯⋯⋯⋯⋯⋯⋯⋯⋯⋯⋯⋯⋯⋯⋯⋯⋯⋯⋯⋯⋯⋯⋯⋯⋯⋯⋯⋯ 1
　　二、房地产策划概述 ⋯⋯⋯⋯⋯⋯⋯⋯⋯⋯⋯⋯⋯⋯⋯⋯⋯⋯⋯⋯⋯⋯⋯⋯⋯⋯⋯ 3
　第二节　房地产策划的原则与原理 ⋯⋯⋯⋯⋯⋯⋯⋯⋯⋯⋯⋯⋯⋯⋯⋯⋯⋯⋯⋯⋯⋯ 4
　　一、房地产策划的原则 ⋯⋯⋯⋯⋯⋯⋯⋯⋯⋯⋯⋯⋯⋯⋯⋯⋯⋯⋯⋯⋯⋯⋯⋯⋯⋯ 4
　　二、房地产策划的原理 ⋯⋯⋯⋯⋯⋯⋯⋯⋯⋯⋯⋯⋯⋯⋯⋯⋯⋯⋯⋯⋯⋯⋯⋯⋯⋯ 6
　第三节　房地产策划的发展历程 ⋯⋯⋯⋯⋯⋯⋯⋯⋯⋯⋯⋯⋯⋯⋯⋯⋯⋯⋯⋯⋯⋯⋯ 7
　　一、房地产策划的产生背景 ⋯⋯⋯⋯⋯⋯⋯⋯⋯⋯⋯⋯⋯⋯⋯⋯⋯⋯⋯⋯⋯⋯⋯⋯ 7
　　二、房地产策划的发展阶段 ⋯⋯⋯⋯⋯⋯⋯⋯⋯⋯⋯⋯⋯⋯⋯⋯⋯⋯⋯⋯⋯⋯⋯⋯ 8
　　三、房地产策划的发展现状 ⋯⋯⋯⋯⋯⋯⋯⋯⋯⋯⋯⋯⋯⋯⋯⋯⋯⋯⋯⋯⋯⋯⋯⋯ 9
　　四、房地产策划的发展趋势 ⋯⋯⋯⋯⋯⋯⋯⋯⋯⋯⋯⋯⋯⋯⋯⋯⋯⋯⋯⋯⋯⋯⋯ 10
　第四节　房地产策划的关键环节 ⋯⋯⋯⋯⋯⋯⋯⋯⋯⋯⋯⋯⋯⋯⋯⋯⋯⋯⋯⋯⋯⋯ 11
　　一、开局 ⋯⋯⋯⋯⋯⋯⋯⋯⋯⋯⋯⋯⋯⋯⋯⋯⋯⋯⋯⋯⋯⋯⋯⋯⋯⋯⋯⋯⋯⋯⋯ 11
　　二、析局 ⋯⋯⋯⋯⋯⋯⋯⋯⋯⋯⋯⋯⋯⋯⋯⋯⋯⋯⋯⋯⋯⋯⋯⋯⋯⋯⋯⋯⋯⋯⋯ 12
　　三、创局 ⋯⋯⋯⋯⋯⋯⋯⋯⋯⋯⋯⋯⋯⋯⋯⋯⋯⋯⋯⋯⋯⋯⋯⋯⋯⋯⋯⋯⋯⋯⋯ 12
　第五节　房地产策划在营销中的作用 ⋯⋯⋯⋯⋯⋯⋯⋯⋯⋯⋯⋯⋯⋯⋯⋯⋯⋯⋯⋯ 14
　　一、更好地满足消费者的需求，全面提升居住品质 ⋯⋯⋯⋯⋯⋯⋯⋯⋯⋯⋯⋯⋯⋯ 14
　　二、提升开发商的品牌，增强企业竞争能力 ⋯⋯⋯⋯⋯⋯⋯⋯⋯⋯⋯⋯⋯⋯⋯⋯⋯ 15
　　三、为开发商带来更大的利润空间 ⋯⋯⋯⋯⋯⋯⋯⋯⋯⋯⋯⋯⋯⋯⋯⋯⋯⋯⋯⋯ 15
　本章小结 ⋯⋯⋯⋯⋯⋯⋯⋯⋯⋯⋯⋯⋯⋯⋯⋯⋯⋯⋯⋯⋯⋯⋯⋯⋯⋯⋯⋯⋯⋯⋯⋯ 15
　复习题 ⋯⋯⋯⋯⋯⋯⋯⋯⋯⋯⋯⋯⋯⋯⋯⋯⋯⋯⋯⋯⋯⋯⋯⋯⋯⋯⋯⋯⋯⋯⋯⋯⋯ 15
　思考与讨论 ⋯⋯⋯⋯⋯⋯⋯⋯⋯⋯⋯⋯⋯⋯⋯⋯⋯⋯⋯⋯⋯⋯⋯⋯⋯⋯⋯⋯⋯⋯⋯ 15
　案例分析 ⋯⋯⋯⋯⋯⋯⋯⋯⋯⋯⋯⋯⋯⋯⋯⋯⋯⋯⋯⋯⋯⋯⋯⋯⋯⋯⋯⋯⋯⋯⋯⋯ 16

第二章　市场营销与房地产市场营销 ⋯⋯⋯⋯⋯⋯⋯⋯⋯⋯⋯⋯⋯⋯⋯⋯⋯⋯⋯⋯⋯ 18

　第一节　市场营销概述 ⋯⋯⋯⋯⋯⋯⋯⋯⋯⋯⋯⋯⋯⋯⋯⋯⋯⋯⋯⋯⋯⋯⋯⋯⋯⋯ 18
　　一、市场营销的概念 ⋯⋯⋯⋯⋯⋯⋯⋯⋯⋯⋯⋯⋯⋯⋯⋯⋯⋯⋯⋯⋯⋯⋯⋯⋯⋯ 18
　　二、市场营销学发展简史 ⋯⋯⋯⋯⋯⋯⋯⋯⋯⋯⋯⋯⋯⋯⋯⋯⋯⋯⋯⋯⋯⋯⋯⋯ 19
　　三、市场营销观念的形成 ⋯⋯⋯⋯⋯⋯⋯⋯⋯⋯⋯⋯⋯⋯⋯⋯⋯⋯⋯⋯⋯⋯⋯⋯ 20
　　四、营销理论的形成与发展 ⋯⋯⋯⋯⋯⋯⋯⋯⋯⋯⋯⋯⋯⋯⋯⋯⋯⋯⋯⋯⋯⋯⋯ 23
　　五、市场营销学的研究对象和研究内容 ⋯⋯⋯⋯⋯⋯⋯⋯⋯⋯⋯⋯⋯⋯⋯⋯⋯⋯ 27
　第二节　房地产市场的特性 ⋯⋯⋯⋯⋯⋯⋯⋯⋯⋯⋯⋯⋯⋯⋯⋯⋯⋯⋯⋯⋯⋯⋯⋯ 27

一、房地产的整体概念 …………………………………………………… 27
　　二、房地产的特性 ………………………………………………………… 28
　　三、房地产市场的概念及特征 …………………………………………… 30
　第三节　房地产市场营销的概念及意义 …………………………………… 32
　　一、房地产市场营销的概念 ……………………………………………… 32
　　二、房地产市场营销的意义 ……………………………………………… 33
　本章小结 ………………………………………………………………………… 34
　复习题 …………………………………………………………………………… 34
　思考与讨论 ……………………………………………………………………… 34
　案例分析 ………………………………………………………………………… 34

第三章　房地产市场营销环境分析 …………………………………………… 36
　第一节　房地产市场营销环境分析概述 …………………………………… 36
　　一、房地产市场营销环境的含义 ………………………………………… 36
　　二、房地产市场营销环境的特点 ………………………………………… 37
　第二节　房地产市场营销的宏观环境 ……………………………………… 38
　　一、自然环境 ……………………………………………………………… 38
　　二、人口环境 ……………………………………………………………… 39
　　三、经济环境 ……………………………………………………………… 41
　　四、文化环境 ……………………………………………………………… 42
　　五、技术环境 ……………………………………………………………… 43
　　六、政治与法律环境 ……………………………………………………… 44
　第三节　房地产市场营销的微观环境 ……………………………………… 44
　　一、企业 …………………………………………………………………… 45
　　二、供应商 ………………………………………………………………… 45
　　三、营销中间商 …………………………………………………………… 45
　　四、顾客 …………………………………………………………………… 46
　　五、竞争者 ………………………………………………………………… 46
　　六、公众 …………………………………………………………………… 47
　第四节　房地产市场营销环境分析的内容与方法 ………………………… 47
　　一、房地产市场营销环境分析的内容 …………………………………… 47
　　二、房地产市场营销环境分析的方法 …………………………………… 48
　　三、环境威胁与市场机会分析 …………………………………………… 51
　本章小结 ………………………………………………………………………… 53
　复习题 …………………………………………………………………………… 54
　思考与讨论 ……………………………………………………………………… 54
　案例分析 ………………………………………………………………………… 54

第四章　房地产消费者购买行为分析 ………………………………………… 56
　第一节　房地产消费者的需求 ……………………………………………… 56

一、消费者需求的含义 ·· 56
　　二、需求层次理论 ·· 57
　　三、需求的特征 ·· 57
　　四、影响消费者需求的因素 ·· 59
第二节　房地产购买行为的形成与内容 ·· 60
　　一、房地产购买行为的形成 ·· 60
　　二、房地产购买行为的内容 ·· 61
第三节　影响购买者行为的主要因素 ·· 64
　　一、心理因素 ·· 64
　　二、个人因素 ·· 66
　　三、社会因素 ·· 69
　　四、文化因素 ·· 70
第四节　房地产购买决策过程分析 ·· 71
　　一、购买行为的类型 ·· 71
　　二、房地产消费者购买决策过程的阶段分析 ·· 71
　　三、购房决策准则 ·· 73
本章小结 ·· 74
复习题 ·· 75
思考与讨论 ·· 75
案例分析 ·· 75

第五章　房地产市场调查与市场预测 ·· 76

第一节　房地产市场调查 ·· 76
　　一、房地产市场调查的基本内涵和作用 ·· 76
　　二、房地产市场调查的类型与基本原则 ·· 77
　　三、房地产市场调查的内容 ·· 78
　　四、房地产市场调查的方法 ·· 82
　　五、房地产市场调查的程序 ·· 85
　　六、房地产调查问卷的设计 ·· 87
第二节　房地产市场预测 ·· 92
　　一、房地产市场预测概述 ·· 92
　　二、房地产市场预测的步骤 ·· 93
　　三、房地产市场预测的方法 ·· 93
本章小结 ·· 98
复习题 ·· 98
思考与讨论 ·· 98
案例分析 ·· 98

第六章　房地产STP市场营销战略 ·· 102

第一节　房地产市场细分 ·· 102

- 一、房地产市场细分的概念及作用 …… 102
- 二、房地产市场细分的原则和依据 …… 104
- 三、房地产市场细分的方法 …… 107
- 四、房地产市场细分的程序 …… 109
- 第二节 房地产目标市场选择 …… 111
  - 一、目标市场选择 …… 111
  - 二、房地产目标市场选择的模式 …… 112
  - 三、确定房地产目标市场的策略 …… 115
  - 四、目标客户定位描述 …… 117
- 第三节 房地产项目定位 …… 118
  - 一、房地产项目定位的内容 …… 118
  - 二、房地产项目产品定位的方法 …… 119
  - 三、房地产项目的形象定位 …… 125
- 本章小结 …… 126
- 复习题 …… 126
- 思考与讨论 …… 126
- 案例分析 …… 127

第七章 房地产营销产品策划 …… 128

- 第一节 房地产产品的构成和类型 …… 128
  - 一、房地产产品的整体概念 …… 128
  - 二、房地产产品的类型 …… 129
- 第二节 房地产产品概念设计 …… 130
  - 一、概念设计的内涵 …… 131
  - 二、概念设计的分类 …… 131
  - 三、概念设计的作用 …… 131
  - 四、概念设计的原则 …… 133
  - 五、概念设计的支持体系 …… 133
- 第三节 房地产产品规划 …… 134
  - 一、房地产产品规划概述 …… 134
  - 二、房地产产品规划建议 …… 135
- 第四节 复合地产的产品规划 …… 137
  - 一、复合地产的含义 …… 138
  - 二、开发复合地产的要求 …… 138
  - 三、复合地产的主要类型及开发模式 …… 139
- 第五节 房地产产品开发策略 …… 143
  - 一、房地产产品生命周期策略 …… 143
  - 二、开发新产品的类型 …… 145
  - 三、住宅小区——房地产新产品开发实例 …… 146
- 第六节 房地产产品组合策略 …… 147

    一、产品组合的概念 147
    二、产品系列延伸策略 148
    三、扩大产品组合策略 148
    四、缩短产品组合策略 149
    五、产品系列现代化策略 149
  本章小结 149
  复习题 149
  思考与讨论 150
  案例分析 150

第八章 房地产营销价格策划 152
  第一节 房地产价格概述 152
    一、房地产价格及其主要影响因素 152
    二、房地产定价目标 154
    三、房地产定价原则 155
    四、房地产定价程序 156
  第二节 房地产基本定价方法 158
    一、成本导向定价 158
    二、需求导向定价 160
    三、竞争导向定价 160
    四、未来收益定价法 161
  第三节 市场比较定价法 162
    一、市场比较定价法概述 162
    二、市场比较定价法的运用 163
  第四节 房地产定价主要策略 166
    一、总体定价策略 166
    二、过程定价策略 166
    三、时点定价策略 168
    四、产品组合定价策略 171
  本章小结 172
  复习题 172
  思考与讨论 172
  案例分析 172

第九章 房地产市场推广与营销渠道策划 175
  第一节 房地产市场推广前期准备 175
    一、项目卖点核心价值的挖掘 175
    二、提炼推广主题 178
    三、制订推广阶段计划 179
  第二节 广告推广 180

一、广告策划 ·· 180
　　二、广告推广安排 ·· 182
　　三、房地产广告的表现方法 ·· 183
　第三节　营业推广 ·· 184
　　一、营业推广的含义和特点 ·· 184
　　二、营业推广的操作要点 ·· 185
　　三、营业推广方法的选择 ·· 186
　　四、营业推广方案的制定 ·· 188
　第四节　关系推广与人员推广 ·· 190
　　一、关系推广 ·· 190
　　二、人员推广 ·· 192
　　三、推广方式的比较和组合运用 ·· 193
　第五节　房地产营销渠道 ·· 194
　　一、房地产营销渠道的概念和功能 ·· 194
　　二、房地产营销渠道的结构及成员组成 ·· 195
　　三、房地产营销渠道的选择 ·· 196
　本章小结 ·· 198
　复习题 ·· 198
　思考与讨论 ·· 198
　案例分析 ·· 198

第十章　房地产销售策划 ·· 200

　第一节　房地产销售准备 ·· 200
　　一、销售资料的准备 ·· 200
　　二、销售人员的准备 ·· 203
　　三、销售现场的准备 ·· 204
　第二节　房地产现场包装策略 ·· 204
　　一、楼盘包装 ·· 204
　　二、售楼处的包装 ··· 206
　　三、样板房的设计 ··· 208
　第三节　房地产销售实施与管理 ·· 209
　　一、销售实施各阶段的销售策略 ··· 209
　　二、销售日常管理 ··· 210
　第四节　滞销楼盘与尾盘的销售策划 ·· 213
　　一、滞销楼盘的销售策划 ··· 213
　　二、尾盘的销售策划 ·· 215
　本章小结 ·· 217
　复习题 ·· 217
　思考与讨论 ·· 217
　案例分析 ·· 218

第十一章　房地产网络营销策划 ························· 221

第一节　房地产网络营销概述 ························· 221
一、网络营销的产生与发展 ························· 221
二、房地产网络营销的概念及内容 ························· 221
三、我国房地产网络营销的发展 ························· 223

第二节　房地产网络营销模式 ························· 223
一、房地产 O2O 营销模式 ························· 223
二、房地产社交网络营销模式 ························· 224
三、房地产大数据营销模式 ························· 224
四、房地产电商平台营销模式 ························· 225

第三节　房地产网络营销的优劣势分析 ························· 225
一、房地产网络营销的优势 ························· 225
二、房地产网络营销的劣势及其解决途径 ························· 226
三、房地产网络营销中需要注意的问题 ························· 228

本章小结 ························· 229
复习题 ························· 229
思考与讨论 ························· 229
案例分析 ························· 229

参考文献 ························· 231

第一章 房地产策划与营销导论

策划一词在当今社会的各种场合与媒体中已被广泛运用，最早应用于军事领域，后来逐渐向政治、经济、文化、体育、教育等领域扩展。房地产策划是策划的一个分支，是指导房地产企业进行项目开发经营不可忽视的重要手段。从实践上看，大量房地产策划实践奠定了策划的理论基础；从理论上看，房地产策划与营销要成为一门相对独立的学科，须更多地吸收经济学、管理学、哲学、行为科学、策划学、心理学、广告学、计算机科学等学科的研究成果，以及更多应用系统分析方法、数理分析方法等现代理论研究方法，以丰富和完善房地产策划与营销理论体系。

第一节 房地产策划概况

一、策划概述

（一）策划的含义

"策划"一词具有悠久的历史，在我国古文中，"划"与"画"相通，比如南朝《后汉书·隗嚣传》中，"是以功名终申，策画复得"一句中的"策画"就是指"策划"，两个词均有打算、筹谋、计谋、安排等意。

根据1998年12月版《汉语大字典》、1978年10月版《中华大字典》和1980年8月版《辞海》，"策划"一词总共有51个义项的解释。美国哈佛企业管理丛书编纂委员会对策划的定义是：一种程序，在本质上是一种运用脑力的理性行为。策划是找出事物的因果关系，衡量未来可采取之途径，作为决策之依据，即策划是预先决定做什么、何时做、如何做、谁来做。日本策划专家和田创对策划的定义是：策划是通过实践活动获取更佳成果的智能，或智能创造行为。

从本质上看，"策"简单地讲就是出点子，是创造思维的结晶，是思维者的灵感火花凝聚而成的结果。策划离不开点子。同时，策划中也应有具体实施的"计划"——"划"的成分。策划是人类运用脑力的理性行为，是一种思维活动、智力活动，也就是人们认识、分析、判断、预测、构思、想象、设计、运筹、规划的过程。

综上所述，"策划"一词最根本的含义就是出谋划策。它是为实现特定的目标，提出新颖的对策，并制定出具体的实施计划方案的创造性思维活动。策划是一种立足现实、面向未来的活动，是根据现实的各种情况与信息，判断事物变化的趋势，围绕某一活动的特定目标，全面构思、设计、选择合理可行的行动方式，从而形成正确决策和实现高效工作的过程。策划包含如下几层内容。

第一，策划必须具有前瞻性。对事物未来发展趋势的科学判断是策划的本质要求。

第二，策划是在现实条件的基础上进行谋划。策划者对现实情况的把握和对相关信息的获取是策划的前提条件。

第三，策划具有明确的目的性。策划一定要围绕既定的目标或方针，努力把各项工作从无序转化为有序。

第四，策划是思维活动过程。对已获得信息的分析、对事物发展趋势的判断、对活动进程的构思设计以及对活动方案的优化选择都是人脑进行理性思维的活动过程。

（二）策划与计划、创意、决策的区别

1. 策划与计划的区别

策划与计划常被人混为一谈，但其实两者有较大的差异。从策划的含义中可以发现，策划与计划是两个不同的范畴。策划是对具有方向性的问题所进行的描述，是一种原则性的指导。策划更多地表现为战略决策，包括分析情况、发现问题、确定目标、设计和优化方案，最后形成具体工作计划等一整套流程。而计划是在策划的指导下，对一件事情实施细则的描述，很多时候体现为策划活动的最终结果。计划是一种常规性的工作流程，更多地表现为在目标、条件、战略和任务都已经明确的情况下，为即将进行的活动提供一种具有可操作性的指导方案。

2. 策划与创意的区别

策划必须要有创意，但又不仅仅是创意。创意只是策划程序中的一部分，是可以在瞬间产生的突破。而策划是调查、谋划、评价、反馈等复杂程序所组成的综合过程，它是系统有序的创造性活动。当然，好的创意可以成为成功策划的有力保障。

3. 策划与决策的区别

决策一般是指决定的策略和方法，主要解决"做什么、不做什么"的问题。而策划主要是制定行动方向、目标和具体方案。策划活动的成果一般以策划文本或者拟订方案的形式出现，这些方案只有在被决策部门采纳或者付诸实施后才能发生效力。策划活动的主体主要是咨询策划等参谋人员（企业或项目的负责人有时也会参与策划），策划可以影响决策，但是策划主体只有建议权，没有决定权。

（三）策划的程序

1. 发现、分析问题

在实际工作中，人们之所以要进行策划活动，主要是因为面临着困难与问题。首先，策划者需要在面临的众多问题中找出对全局起着制约作用的主要问题，把精力放在解决主要问题上；其次，对找出的问题进行科学的分析与界定，即弄清楚该问题属于什么性质，要抓住问题的本质；最后，要分析问题产生的原因，只有这样才能进行有针对性的策划。

2. 收集信息

信息资源开发的水平决定着策划的水平，而信息资源开发水平的高低又是由工作过程中所采用的方法决定的。应运用科学的市场调查方法，收集信息资料。信息的收集必须满足可靠性和有效性两点要求。对收集到的信息资料，运用科学的推理方法，充分发挥策划者的智力创新能力进行加工处理，透过现象，去粗取精、去伪存真，探索市场的发展规律，预测其发展变化趋势。

3. 拟订方案，编写策划书

方案是为解决问题、实现目标服务的，策划方案是关系到策划目标能否实现的关键环节，设计解决问题的方案实际上就是寻找实现目标的最佳途径。

策划者精心设计的方案要符合以下条件：①方案要有选择性。即应该提供两个以上备选方案。设计多种方案主要是为了让不同的方案有所比较，以便为用户提供科学、客观、公正而全面的策划建议。②方案要有齐全性。所谓齐全性是指应该把所有可供选择的方案周全地策划出来。如果遗漏了某些可供选择的方案，就有可能把最好的方案遗漏掉。通常说方案具有上策、中策、下策，就是指方案周密、齐全时，才能比较其好坏。③方案具有排他性。排他性是指在多个方案共存的情况下，各方案之间要相互排斥，不能互相替代，只有这样才能进行比较和区分。如果方案雷同，实质上就是同一个方案。但应该注意的是，方案的排他性必须是在实现同一目标的前提下采取的不同途径。

拟订策划方案后，还需要将策划方案编写成正式的文字报告。

4. 方案评价，方案优选

方案评价即运用各种方法对提出的各种备选方案进行比较和评估，以区分各种方案的优缺点。在对诸多方案进行分析评价时，应掌握策划方案的价值标准、满意程度和最优标准。策划方案的价值标准指一个方案的作用、意义和收效。确定价值标准与确定策划目标相同，完全取决于策划的需要，受客观条件的限制，同时又具有一定主观选择的因素。策划方案满意程度和最优标准的条件应包括：①策划目标的量化性；②策划备选方案的完全性；③策划方案执行结果的预测性。

5. 跟踪实施，调整方案

这是策划活动的最后一个步骤。在实际工作中，由于策划从性质上说是预测性的活动，方案在实施时不可避免地会遇到在策划时无法预见的问题，所以，策划委托部门一般还要求策划者协助继续跟踪方案执行情况，以便及时发现问题，修改或补充原方案，使方案的实施结果能始终朝着策划的目标前进，最终实现策划目标。

二、房地产策划概述

（一）房地产策划的概念

房地产策划是指根据房地产项目的具体开发经营目标，在充分的市场调研和科学的市场定位的基础上，以独特的概念设计为核心，综合运用各种策划手段，并以具有可操作性的房地产策划文本作为成果的活动。

综合而言，房地产策划就是为实现房地产投资、开发的具体目标，提出创造性的思维对策，并制定出具体的实施计划方案的活动，包括房地产经营战略策划、房地产广告策划、房地产营销策划、房地产物业管理策划等。

（二）房地产策划的特征

1. 地域性

建筑物必须附着在土地上，由于土地不可移动，因此房地产往往又称为不动产。房地产在空间上的不可移动性决定了房地产开发经营活动的地域性，而房地产开发经营的地域性又决定了房地产策划也具有地域性，不考虑地域性而照搬策划方案是不能成功的。房地产策划的地域性可以从区域、城市、城市中的地段3个层次来体现：①房地产策划需要考虑房地产项目所在地的区域情况，如地理位置、自然环境、文化传统、消费习惯、习俗等；②房地产策划需要考虑房地产项目周边的市场情况，如市场供求状况、市场发展状况、居民的消费倾向等；③房地产策划需要考虑房地产项目所在的地段情况，如项目所在地段的功能区位等。

2. 前瞻性

房地产策划的理念、创意、手段应具有一定的前瞻性。由于房地产项目完成的周期相对较长，一般至少两年，未来市场的发展变化是不可阻挡的，因此，房地产策划人员要具有敏锐的市场洞察能力、前瞻性的策划理念，以应对未来市场的发展变化。

3. 系统性

房地产项目的开发过程是一个庞大的系统工程，这也决定了房地产策划的系统性。项目开发从开始到完成要经过投资分析、市场调研、规划设计、建筑施工、营销推广、物业管理等阶段，每个阶段构成策划的子系统，每个子系统有各自独立的功能，而且有机地结合在一起。

4. 市场性

房地产具有不可移动、价值高等特点，此类项目一旦实施就很难改变，因此要求房地产策划要符合市场的要求，以市场为导向，同时根据市场的变化而变化，房地产市场情况发生变化时，策划的思路、项目定位也应及时调整。房地产策划的市场性体现在3个方面：①房地产策划自始至终要以市场为导向，以市场的需求为依据；②房地产策划要随市场的变化而变化，房地产市场情况变了，策划的思路、项目定位都要随之改变；③房地产策划不能被动盲目地迎合市场需求，而要善于引导市场，甚至创造市场。

5. 多样性

房地产策划要在多种方案之间进行比较和选择。房地产策划方案不是一成不变的，应根据房地产市场环境的变化，不断地对策划方案进行调整和变动，以保证策划方案对现实的最佳适应状态。

【案例1-1】广东顺德碧桂园的系列策划创新

广东顺德碧桂园项目的策划创新体现在很多方面。在主题理念上，大多数开发商还在为卖房子而建房子时，碧桂园就率先提出"房地产不等于钢筋加水泥""品牌的背后是文化""构建一个五星级的家"的思想，并将这一开发理念逐一分解到豪华会所、星级物业、社区学校、社区医院及住宅等几个方面予以落实，体现了策划主题的创新。碧桂园在策划手段与方法上的创新具体体现在：①在开发理念方面，改变过去先建房子再建配套的传统思路，改为先建配套再建房子，创造性地提出教育与地产结合；②在社区服务方面，引入五星级酒店的管理模式；③在营销推广方面，提出悬念广告、淡季入市、全现房销售等营销手段。

第二节 房地产策划的原则与原理

一、房地产策划的原则

房地产策划的本质是创新、灵活多变，尽管不受任何思维模式的约束，但也必须遵循一定的原则，主要包括以下几个方面。

（一）客观性原则

客观性原则是指在房地产策划运作过程中，策划人不能以自己的价值认同、鉴赏品位去定位目标客户的审美情趣和利益关注点，而要使自己的主观意志自觉能动地符合策划对象的客观实际。客观性原则是房地产策划最重要的原则之一。

遵循客观性原则必须注意以下几点：①策划人必须实事求是地进行策划，做好客观市场的调研、分析、预测，提高策划的准确性；②策划主题概念要有好的产品品质，避免炒作之嫌；③策划观念、理念应既符合实际又适度超前，房地产策划理念太超前会不容易被市场接受，不超前又可能被市场淘汰，因此要适度超前，恰到好处。

（二）全局原则

全局原则又称整体原则，要求在房地产策划的过程中注重项目运作的整体性，避免因局部利益、眼前利益而影响全局利益和长远利益。房地产策划全局原则的主要要求如下。

(1) 房地产策划要从整体性出发，注意全局的目标、效益和效果。在整体规划的前提下，部分服从整体，局部服从全局。

(2) 房地产策划要从长期性出发，处理好项目眼前利益和长远利益的关系。

(3) 房地产策划要从动态性出发，注意全局动态发展。房地产市场是变幻莫测的，变化发展有时会影响全局。这时，策划人要善于抓住市场的动态规律，掌握全局，避免市场变化触动全局的根基。

（三）创新原则

如果房地产项目定位、建筑设计理念、策划方案、营销推广策略等毫无新意，要想在市场竞争中赢得主动地位是不可能的。创新原则就是要求策划时不墨守成规，要勇于和善于标新立异，讲求策划方案的独特性和原创性。创新是房地产策划最重要的原则之一，尤其是在信息化、产品同质化的今天，为了不使房地产项目淹没在铺天盖地的房地产广告中，策划人必须保持思维模式的弹性与更新，将创新理论运用到房地产策划中，让自己成为"新思维的开创者"。

（四）可行性原则

可行性原则是指房地产策划运行的方案要达到并符合切实可行的策划目标和效果。可行性原则就是要求房地产策划应时时刻刻为项目的科学性、可行性着想，避免出现不必要的差错。房地产策划的可行性原则主要表现在以下几个方面。

(1) 策划方案具有可行性。策划方案一定是众多方案中最优秀的、最可行的，符合市场变化的具体要求。

(2) 策划方案经济性要可行。方案的经济性是指以最小的投入达到最大的策划目标，这是方案可行性的基本要求。

(3) 策划方案有效性要可行。方案的有效性是指房地产营销策划方案实施过程中能合理有效地利用人力、物力、财力和时间，所冒的营销风险最小，方案的实施效果能达到甚至超过方案设计的具体要求，实现策划的预定目标。

（五）应变性原则

应变性原则要求房地产策划要在动态变化的市场环境中，及时准确地把握发展变化的目标、信息，预测事物可能发展变化的方向、轨迹，并以此为依据来调整策划目标和修改策划方案。

遵循应变性原则需要注意以下几点。

(1) 在思想上树立动态意识和随机应变观念。

(2) 全面掌握策划对象的变化信息。策划对象信息是策划的基础材料和客观依据，这个基础和依据变化了，策划也应该随之变化；否则，策划就失去了准确性、科学性和有效性。要不断地广泛了解、全面搜集和及时分析并加工处理信息，为策划提供具有真实性、时效性、系统性和可靠性的信息资料，这样才能预测对象的变化趋势，掌握随机应变的主动性。

（3）及时调整策划目标，修正策划方案。当客观情况发生变化，影响到策划目标的基本方面或主要方面时，要对策划目标进行必要的调整，自然也就要对策划方案进行修正，以保证策划方案与调整后的策划目标相一致。

二、房地产策划的原理

房地产策划原理是指房地产策划活动中通过科学分析总结而形成的，具有理性指导意义和行为规律性的基本知识，对一切房地产策划实践活动具有普遍的指导意义。

（一）人本原理

房地产是大宗商品，是人们赖以生存的基本生产和生活资料。人们购买住宅，不仅仅是购买居住的场所，更重要的是购买绿化、社会和文化等环境，购买的是一种生活方式。因此，服务于人是房地产策划的根本目的。

房地产策划以人文为灵魂，可以宣扬建筑人本主义，构筑人居精神属性，缔造家园对人生的价值。人本原理要求策划人要深刻领会人文精神的精髓，注重人文关怀、人文情感和人文历史，建立项目自己的个性，促进产品和企业品牌的形成。同时，人本原理还崇尚"天人合一"的观念，即房地产策划要把企业发展、社会发展和生态发展统一起来，形成绿色策划的最高境界，以维护全球可持续发展这个全人类的根本利益。

（二）地段原理

部分成功人士总结房地产投资经验时，认为地段是决定成败的重要因素。

地段位置是房地产投资对象所在的具体位置，包括房地产投资对象所在地理位置和社会地理位置。地段位置是决定地价的最重要因素，从而对房地产价格或出租能力的形成具有举足轻重的影响。与其他因素不同的是，地理位置是固定的，不可移动的。对于一个企业或一个家庭来说，一旦购买或使用一宗房地产，就不可能轻易搬迁以逃避不称心的区位环境，因此，位置的选择尤为重要。房地产的真正增值部分是地理位置，无论是马克思主义经济学还是西方经济学，都承认级差地租的存在，都肯定不同地理位置有不同的地价。地理位置不能改变，而社会地理位置可以通过环境改变、交通提升而发生变化。因此，对房地产投资商而言，选择一个好的地理位置投资，是投资成功的一大保证。

（三）市场定位原理

市场定位是企业针对目标市场的目标客户，引入营销策略、技术，塑造他们心目中的品牌、产品、组织（企业）形象的过程。简单地说，就是在目标客户心目中打造企业产品、服务独树一帜的形象特点。进一步解析，市场定位并非企业对产品做出改变，而是对目标客户心理做出判断和分析，其核心在于通过企业营销行为把企业产品（服务）与竞争者产品（服务）区分开来。

市场定位是要让公司产品（服务）对比竞争对手能够在目标客户群体心目中占据更为清晰鲜明的位置，更能得到目标客户群体的认可和追捧。其工作包括三个方面：一是明确目标客户差异特征，并定位差异特征可能带给企业的竞争优势；二是选择科学有效的企业竞争优势，确定整体定位策略；三是传播推广企业的市场定位。而在这一过程中，需要进行的营销工作的具体步骤为：第一步，从市场细分开始，把市场划分为明确的目标市场；第二步，选择细分后的目标市场进入，根据不同目标市场实施差异化营销策略，确定企业价值主张，提供差异化产品（服务），争取更高的客户价值；第三步，通过宣传市场定位，在目标客户群体当中形成企业的市场位置，让目标客户群体接受企业市场定位，在使客户接受企业创造价值的同时，也树立起企业的品牌形象。

（四）整合原理

房地产项目开发涉及各种资源，比如社会资源、客户资源、人力资源等，整合原理就是要求通过对资源的分类、整理和组合以及提升，把不同的资源集中在一起，形成围绕主题中心的有效资源，为项目发展的共同目标服务。整合原理强调策划对象的优化组合，包括房地产产品功能组合、营销方式组合、项目资源组合等。性价比是在竞争中胜出的关键，影响客户最终选择产品的诸如价格、环境、文化、规模、档次、品位、房型、面积等因素中，没有哪一个因素是至关重要的，也没有哪一个因素可以被忽视，这就要求每个策划点要环环相扣、统筹安排，实行立体营销。

把握房地产策划的整合原理必须注意以下几点：①要将各种客观资源紧密围绕项目的策划主题展开；②要善于挖掘、发现隐性资源，比如很多项目都坐等客户上门，而有一些公司会主动地去发掘潜在的目标客户；③要把握整合各种资源的技巧。

第三节　房地产策划的发展历程

一、房地产策划的产生背景

作为房地产行业一个相对独立的专业化的服务体系，房地产策划的产生与发展具有其深刻的历史原因。

改革开放前我国城镇国有土地的所有权与使用权不能分离，土地使用权也不能转让，不存在房地产行业及房地产市场，更谈不上房地产策划。20 世纪 80 年代随着我国土地使用制度和房屋产权制度的改革，房地产业开始萌芽发展，改革之初我国基本上仍处于短缺经济时代，房地产行业也不例外，房地产市场处于卖方市场阶段，消费者对房地产产品的需求远大于供应，房地产企业开发的项目无论好坏都能卖出去，此时房地产策划缺乏必要的市场空间和生存条件。

党的十四大以后，我国确立了社会主义市场经济体制。市场经济体制的确立极大地促进了房地产业的发展，1992 年、1993 年全国房地产开发投资增幅分别高达 117% 和 165%，房地产业的快速发展迅速改变了供不应求的市场状况，使得房地产市场的供求关系迅速进入买方市场阶段。消费者有从容的时间和足够多的机会来选择自己需要的产品，为适应消费者的挑剔，开发商必须采取独特的、有个性的、有创意的开发与经营策略，尽其所能地向市场展现项目的卖点，这就为房地产策划提供了广阔的舞台空间。因此，市场经济体制的建立为房地产策划的产生提供了前提。

随着 1992 年各地普遍进入新一轮经济高涨期，信贷活跃，投资强劲，导致投资规模和信贷规模膨胀，引发了新一轮的通货膨胀，所以从 1993 年 7 月开始，国家不得不再度整顿金融秩序，控制金融资金流入房地产领域的数量，对房地产开发进行了严格的限制，房地产业从此进入低潮。在低谷中生存的房地产企业进入了进退两难的境地，一些有远见的开发商开始寻找全新的开发理念和运作模式，房地产策划应运而生。

二、房地产策划的发展阶段

我国房地产策划从1993年开始萌芽、起步直至发展到现在，已走过近30年的历程。有的学者提出，从房地产策划技术手段的角度可将房地产策划分为如下几个阶段：单项策划阶段、综合策划阶段、复合策划阶段和整合策划阶段。虽然上述阶段划分还有值得探讨的地方，但从中可以看出我国房地产策划的发展轨迹。

（一）单项策划阶段

单项策划阶段的策划师以各地的"自由策划人"为主，他们各具专长，基本上独立开展策划业务。从整个市场看，这一时期的房地产策划卖点主要还是以地段、价格等最基本的房地产要素来体现。此阶段房地产策划的主要特点是运用各种单项技术手段进行策划，并对某种技术手段深入拓展，规范操作，取得了良好的效果。由于房地产项目在开发各阶段引入策划的理念和手段而获得成功，房地产策划在业内得到了认可。于是，一些大的房地产企业内部设立了策划部，专业的策划代理公司、置业顾问公司应运而生，从业人员数量迅速增长。

（二）综合策划阶段

综合策划阶段的主要特点是不同的项目以主题策划为主线，综合运用市场、投资、规划设计、广告、营销、物业管理等各种策划手段，使销售达到理想的效果。此阶段产生的主要策划理论有"概念地产"理论和"全程策划"理论。"概念地产"理论认为：首先应给房地产项目一个概念，当这个概念被社会接受以后，该概念所支持的硬件就能很快被消费者接受。该理论要求房地产开发项目应进行概念设计，使概念设计贯穿项目开发的全过程，对整个房地产策划领域产生了很大的影响。"全程策划"理论主要强调两方面：一是房地产策划应在市场调研、项目论证、概念设计、规划布局、建筑设计、工程控制、营销推广、售后服务等一系列环节中进行"全过程"策划，各个环节相互连贯，缺一不可；二是在每一策划环节中以提高产品价值为主要目的，强调项目开发提升价值的手段和空间。"全程策划"理论从策划实践中产生，是综合策划阶段理论研究的结晶，为房地产策划领域提供了一种新的模式。

（三）复合策划阶段

复合策划阶段的主要特点是狭义地产与泛地产相复合，即房地产策划除了在房地产领域运用各种技术手段外，还可以运用房地产领域以外的其他手段，比如房地产与体育文化产业、健康养生产业、旅游休闲产业、IT数码产业等嫁接。这使人们对房地产策划领域内的传统手段进行反思从而获得启迪。开发房地产可以不局限于房地产，还有更广阔的领域等待人们去开拓、去探索。如有房地产与教育业相复合，房地产与自然山水园林相复合，还有房地产与养生保健业相复合，房地产与旅游业相复合，房地产与海洋业相复合等领域正被开发商考虑。

与"复合地产"概念对应的是"泛地产"策划思想。所谓泛地产就是不局限于以房子为核心，而是在某一特定概念下营造一种人性化的主题功能区域，这种功能区域的主题各有不同，如生态农业度假区、高科技园区、高尔夫生活村、观赏型农业旅游区等。

（四）整合策划阶段

整合策划阶段的特点是整合市场资源，运用各种手段，推出的房地产产品具有更高的科技含量，产品更新换代，推动了整个房地产业的发展。在这一阶段，房地产策划出现如下几个趋势：一是大盘策划，一个项目一般在千亩以上，有"大盘时代"之称；二是连锁策划，比如广州奥园开发成功后，奥园系列已拓展至全国30多个城市；三是房地产策划有从"泛地产"论向"城市经营"方向发展的趋势。

三、房地产策划的发展现状

（一）房地产策划的价值得到市场的认可

房地产策划是伴随着人们的争议成长、发展起来的。但经过多年的发展与实践，房地产策划的经济与社会价值、地位与作用已基本得到市场的肯定。房地产策划作为房地产开发经营过程中一个相对独立的专业化的服务体系的地位已经基本确立。

中国指数研究院统计数据显示，2016年至2019年房地产策划代理TOP 10企业营业收入均值连续增长，2019年为28.3亿元，同比上升4.5%，尤其策划代理TOP 10企业紧抓市场去库存窗口，整合内外营销资源，发动线上线下渠道，代理销售额再上台阶，且策划代理面积及策划项目数量增速较快，策划代理百强企业纳税额逐渐提高，策划代理行业整体处于高速增长期，策划代理行业的社会价值正逐步得到体现，出现了以世联行、易居（中国）、合富辉煌、同策咨询等为代表的优秀策划代理机构。

（二）房地产策划的模式与理念呈现多元化

自从"泛地产"理念提出以来，房地产策划模式可谓丰富多彩。"泛地产"的开发策划可以说是真正"跳出地产做地产"，追求人与自然的和谐，在更大的空间尺度上体现对人的呵护，顺应了人类消费层次及多元化的大趋势。以广州为例，有复合地产模式、品牌连锁模式、生态住区模式、社区文化模式以及康居家园模式等，这些模式最大限度地满足了房地产开发项目适应市场的需求，赢得了顾客的信赖。

在住宅开发类型上出现了诸如教育地产、旅游地产、体育地产、生态住宅、山水城市等"复合地产"和"泛地产"理念，有些理念还正在上升为技术标准规程，如2001年建设部组织专家编写了《中国生态住宅技术评估手册》，2003年上海开始实行《上海市生态型住宅小区建设管理办法》和《上海市生态住宅小区技术实施细则（试行）》，2005年建设部与科技部联合发布了《绿色建筑技术导则》；在开发理念上出现了居住郊区化、大盘化及新都市主义等。

（三）房地产策划从沿海发达城市向内地城市推进，"克隆"现象比较普遍

我国的房地产策划最先是在广州、深圳、上海等沿海发达城市兴起的。多年的房地产策划实践，使第一线的策划人积累了丰富的策划案例经验和极有价值的策划理论。随着南方及沿海地区的开发商纷纷向北方及内地扩张，沿海城市先进的房地产策划理论与经典案例在内地城市开花结果。由于存在发展水平的差异，内地众多项目在策划理念和手段上不可避免地出现了"克隆"现象。这种"克隆"现象虽然能够快速提高内地房地产策划的水平，但违背了房地产策划的本质——创新。这些问题在房地产开发经营中是不容忽视的，处理不好会阻碍房地产策划的发展。

（四）房地产策划的专业水准参差不齐，整体素质有待提高

房地产策划是一个新兴行业，目前除了有高等院校房地产专业学科背景的人员从事房地产策划，市场上房地产策划的从业人员还有从营销、广告、新闻、中文、土建等专业转行而来的，专业素质参差不齐。既懂营销策划知识，又熟悉房地产行业运作规律的专业人才还很缺乏。相对于其他房地产中介服务业而言，房地产策划的资格准入门槛很低，导致从业人员

水平各异，房地产策划行业的资格准入制度有待加强。

四、房地产策划的发展趋势

(一) 房地产策划观念的转变

目前，一些房地产开发项目策划已初步表现出房地产策划观念从产品品牌观念向企业品牌观念转变，从追求社会效益和经济效益的观念向追求生态效益和可持续发展的观念转变。如广州"中海名都"项目的策划在观念转变中大做文章。该楼盘在名称上着重体现企业品牌的声誉，在观念上着重表达"都市生态园"的主题概念，追求生态住区可持续发展的至高境界。实现这一观念不是策划人的刻意做作，而是人们对住区观念要求变化、创新的必然结果。在这两个转变中，开发企业面对的是新一轮市场竞争选择，要牺牲很多眼前利益，然而得到的是企业形象的升华和长期的发展。

(二) 房地产策划手段的多元化、立体化发展

由于房地产项目的多样性和复杂性，加上房地产市场竞争激烈，房地产项目策划手段创新速度加快，项目策划的技术含量越来越高。在当前竞争激烈的市场环境下，许多开发商已不再被动地迎合消费者的口味，而是努力引导市场，创造超越现有的生活需求，将自身对居住文化的理解和独特的审美品位融入房地产项目中，形成鲜明的个性特征，这样才能立于不败之地。

房地产策划从单一的广告营销策划向全程策划发展，从宏观的概念策划向产品策划发展；产品销售从期房销售向样板房甚至全现房发展；营销策略从单一的价格策略向产品策略、价格策略、渠道策略、促销策略等多种营销手段的综合运用发展。

(三) 房地产策划理论逐步形成全面、科学的理论体系

早期的房地产策划都是单独的个体，随着形势的发展，房地产策划已经变成一个产业，成为社会分工的一部分。近年来，房地产策划经过优秀策划人的辛勤努力，策划思想不断丰富，策划理论研究日益深入，这些实践积累起来的真知灼见是房地产策划理论不可多得的财富，经过策划人不懈的实践、积累和探索，全面、科学的房地产策划理论必然会呈现在人们面前。

(四) 房地产策划组织从自由策划人向群体组织转变

随着房地产策划范围的扩大、策划深度的加深、策划手段的多样化及专业化的分工越来越细，房地产策划将涉及更多学科的专业知识；随着市场竞争的加剧，房地产策划所需要的市场信息越来越多。在这种情况下，自由策划人将难以胜任复杂的策划任务，必然要走上专业分工、相互协作的专业化、规范化、组织化的道路。

(五) 房地产策划方法将从侧重概念转向概念与细节并重

主题概念策划是当前房地产策划的一大特色，但仅有概念策划是不够的，概念与细节都是房地产策划应该强调的。在一个资讯发达、信息爆炸的时代，一个具有创意的概念策划能够在竞争激烈的市场上迅速吸引买家的关注，因此概念策划主要在于造势。但是房地产品牌必须建立在产品品质不断提高的基础上，这也是维持房地产品牌美誉度和忠诚度的基础。因此必须强调先进理念（概念）与产品细节的虚实结合，既有美好的创意，又有完善的产品品质。

第四节 房地产策划的关键环节

房地产策划是一项基于市场情况，为房地产项目从项目定位、产品设计到营销定位、推广、销售等一系列工作提供合理化并具有创新性的建议和策略的工作。当今社会已进入知识信息时代，知识创意大爆炸时代的发展要求房地产策划有一种特别的"大作局"战术。若把房地产策划作为"大作局"来看，可将房地产策划过程分为开局、析局、创局、选局、布局、运局、结局等，其中最为关键的环节是开局、析局以及创局。

一、开局

（一）开局的重要性

开局是房地产公司对有关信息进行综合考虑后，投资特定房地产项目来满足市场需求的初步打算。开局是房地产开发策划的第一步，也是最富有创造性的工作。

人们对房地产项目的需求是丰富多彩、千变万化的。开发房地产项目的机会经常存在，但对于某一个房地产公司而言，在某一特定时期寻找到最恰当的房地产开发、投资项目，机会则是有限的，而且稍纵即逝。正因为如此，房地产开局是最终成功与否的关键所在。

房地产开局主要是为了提出一个投资开发的意向，形成初步打算，在这一阶段，可确定的内容越多，开局就会越趋近于正确。在一般情况下，开局应确定以下问题：①预测未来市场的一个需求，并在这一需求来临时，能够满足这个需求；②确定项目的选址，并使目标项目符合城市规划要求；③确定有基本可行的建设渠道和足够的管理经验、能力；④对目标项目建设地点的自然条件，如开发经营的环境、土地承载力等进行初步研究。

（二）成功开局的基础

房地产开局不是凭空想象，而是在综合考虑各种信息的基础上进行的构思。所以，开局离不开全面、及时、可信的信息。信息是人的精神产物的内储和外化，即有价值的知识与消息的总和。房地产信息是指与房地产经营、开发、销售及其他情况相关的各种有价值的消息的总和。它具有多变、复杂、隐蔽等特点。房地产信息一般可分为四类："知彼"，即了解竞争对手的信息；"知己"，即了解自身的实力以及风险承受能力；"知天"，即可以准确把握开局的时机；"知地"，即分析环境的信息。

房地产信息、资料的收集不是越多越好，而应力争以较少的时间和较低的成本，收集到丰富的适用的信息资料。房地产信息分析的注意事项主要包括以下两个方面。

1. 注意信息的准确性

获取信息的渠道应是可靠的，如国家统计局发布的统计公报、国家新闻发布会发布的各种消息。内容要准确，就是要通过对所取得的一系列信息的综合分析，看是否有矛盾的地方。在各方面信息基本一致，或虽有矛盾，但已证明其他市场信息可靠的情况下才能使用。

2. 注意分析信息之间的相互关系

从不同渠道取得的相同信息之间有联系，从不同渠道取得的不同信息之间也存在联系，从相同渠道取得的相同及不同信息之间也是存在联系的。房地产信息的分析工作，就是要从中找出这些内在联系，以起到举一反三的作用。

二、析局

(一) 析局在整个房地产策划中的重要地位

战役离不开战术,开局离不开析局。开局很成功,但如果析局不正确,导致具体战术、战役的错误,房地产策划项目也不会成功,开局也就变成了空局。如北京玫瑰园在市场上定位为外销公寓,这一点违背了我国房地产市场的一般规律。健康的房地产市场,一定是以本地市场为主,过分依赖外销就会出问题。

【案例 1-2】

1992 年,位于北京沙河的"利达玫瑰园"作为北京第一个赴港招商的房地产项目,创造了浩大声势,引得众人瞩目,然而最终还是陷入了破产境地。探究玫瑰园不能"盛开玫瑰"的原因,不难发现没有正确析局是病症的关键所在。

按玫瑰园的投资人邓智仁自己的话讲:"做房地产,经验教训比知识更重要,我有发展商背景,有国际经验,又在内地市场摸爬滚打了这么多年,而且真正在香港从事正规房地产的人来内地投资,95%以上都赔钱,成功的反而是那些在香港从未做过房地产的人。为什么?因为他们虽然缺乏经验,但会根据实际情况做出判断和决策。"可见邓智仁自身也承认没有做好析局,就贸然开局。

玫瑰园占地 50 万平方米,规划建设别墅 800 余套。另一位房地产业资深人士也认为,投资这么大规模的别墅项目,说明投资者对我国房地产情况缺乏了解。事实上,高档别墅在我国当时的经济环境下市场并不广阔。无论在上海还是在北京,当时已成功的别墅项目很少有超过 10 万平方米的。而且,玫瑰园的市场定位是外销公寓,这一点违背了我国房地产市场的一般规律。当房地产业热浪汹涌,大量投机性游资进入,高档项目、外销项目看上去很风光,但其实只是一种假象。深圳毗邻港澳,应该说外销条件比别的城市要好,但在当时的情况下,实际上外销市场只占到深圳楼盘市场销售量的 8%。健康的房地产市场,一定是以本地市场为主,过分依赖外销就会出问题。可见,析局在房地产策划中的地位是何其重要。

(二) 析局的内容

析局首先是要对房地产市场环境进行分析研究,即分析和预测未来一定时期内各种房地产环境的需求量,并将这种需求量同现有实际的可供量相对比。分析房地产市场环境时,还需进一步对可控因素进行分析,包括对房地产项目本身的分析、价格分析、销售渠道分析等,以及对不可控因素进行分析,包括政治法律环境分析、经济环境分析、消费者状况调查分析等。

通过多角度、多层次、多方面对房地产市场环境进行分析,房地产项目策划主体可据此确定需求量大小,以及项目所面临的自然社会限制因素,进而判断某项拟定房地产项目的成功率和冒险性。当然,仅通过对现在房地产市场环境的分析做出决策还远远不够,还要对房地产市场环境做出一定的预测。这样才是真正的立足现在,展望未来。此外,还需对项目特点、竞争对手、成本以及房地产项目的风险等进行分析。

三、创局

创局是整个房地产作局大策划的核心和灵魂,是没有定式可寻的,不同的策划者有不同的创局方法,这使得每个房地产项目有了各自鲜明的、与众不同的特点。离开了创局,整个房地产策划就会平淡无奇。"创局"有两个意思：一方面是创造欲望，指房地产项目的开发者、投资者在心理上有强烈的发现问题和解决问题的冲动；另一方面，创局是意想不到的、能带来巨额效益的解决问题的方法，也就是创造性组成的一连串"点子"。

（一）创局的前提

创局强调的自然是"创"字。"创"就是想前人所未想，做前人所未做，求奇求新。创也要有前提，并非不受任何约束。创局需要有好的创意，在主观上首先必须要有一个动机，这个动机不管是有意的还是无意的，都是必不可少的，是第一位的。

房地产策划有其自身的特点，房地产策划中的创局也应有相应的前提，即有房地产项目开发投资的动机，这种动机是有意识的。房地产项目投资者应该抓住这一动机，引爆创意，出奇制胜。

（二）创局的基础

任何创意的产生都离不开各方面知识的积累、能量的储备和灵活用脑、开放思维，这是产生创意的基础、根基。各方面知识的积累包括专业知识的积累、其他学科专业知识的积累、实践经验的积累等，而灵活用脑、开放思维与创意者本身的素质有关。

房地产创局的基础是投资者对房地产市场的了解。有关房地产投资开发、房地产营销、房地产广告、房地产成本、风险分析的专业知识是创局的动力和源泉，多年从事房地产业的经验也是房地产创局必不可少的宝贵财富。

（三）创局的作用

1. 创局为整个房地产策划提供了一条全新的思路

策划者在策划之前，就应该有明确的目标，也应具备丰富的知识与信息储备。如果按照别人已经走过的老路去实现自己的目标，就谈不上什么创新，也根本谈不上策划。要开辟出一条前所未有的新路，就必须要有全新的策划方案，而全新的房地产策划方案的提出及其形式又取决于创局这一步走得如何，即策划者在头脑中将目标与各种知识、信息进行最佳组合所能产生的灵感。这一灵感决定了策划者往后的策划思维的方向，它体现并贯穿于整个房地产策划的始终。策划中所有的具体方案、策略都是围绕着这一灵感展开的。

2. 创局为整个房地产策划过程集中凝聚了灵感

创意是房地产策划者最为宝贵的思维果实，它虽然没有定式可寻，却包含着指向目标的内容因素，包含着房地产策划者从众多的知识、信息储备中精选出来的最佳信息因素，以及房地产策划者对这一创意的价值与可行性的判断。房地产策划中的创局由无数小创意组合而成，而一个创意就是一个想法，用一句话就能表示，但它却如一粒种子，包含了整个策划最主要的因素。因而创意一旦产生，在整个策划中就起到了一种核心作用。其他的灵感，如扩展性的灵感、细化性的灵感、后继性灵感、修改性灵感、上升性灵感等，也就纷纷向创意集中、凝聚，形成创局，从而在创意的大集合中形成一项完整的房地产策划。

随着社会的进步和科学技术、交通运输业的发展，人们突破了传统意义上的房地产种类的划分，赋予房地产种类划分以崭新的标准，即将房地产业与其他产业结合起来，形成了众多的新型房地产，如旅游房地产、文化房地产、教育房地产、体育房地产、农业房地产、科技房地产、养生房地产、知识房地产等。相信随着社会的不断进步，会有更多关于房地产的新名词出现，而所有这些新型的房地产概念和房地产策划的创意灵感是密不可分的，正是有了无数灵感的爆发，不断突破传统房地产的局限，房地产业才会有今天这样的发展，正所谓创造无极限。

【案例1-3】

中海·云鼎大观是中海地产进驻新疆市场后首个战略级项目，该项目所在区域交通便利，是乌鲁木齐会展新区首屈一指的、集别墅、洋房、小高层、高层多种产品于一体的复合型景观人文大盘。但是项目营销过程中出现了品牌在当地知名度低、营销费用严重不足、竞争力弱的难题，针对这些难点，中海·云鼎大观决定通过跨界整合当地资源，尽快导入市场。于是该开发商与南航合作，利用南航的会员客群与销售网点，制定项目营销的合作方案。

1. 航空里程抵房款

面向南航明珠会员，使用南航明珠会员的航空里程减免房款，同时借用南航会员信息传播渠道及线下网点作为中海·云鼎大观楼盘的接触点，在降低南航隐性成本的同时也快速高效地将楼盘信息传递给了目标客群。

2. 包机看房团

由中海·云鼎大观负责出资，在项目推介会客源积累到一定程度后，组建"包机看房团"，在增加南航上座率的同时又是一次对中海·云鼎大观目标客群的宣传，同时满足了改善型客群彰显社会地位的心理诉求。

3. 配合南航发展中海·云鼎大观业主会员

将中海·云鼎大观及中海其他在疆楼盘的业主作为吸引点，将南航明珠会员宣传点设在楼盘内。

第五节 房地产策划在营销中的作用

房地产营销是通过满足顾客需求来满足企业自己需要的过程，实质上也就是适应市场的需要，在可控制范围内，将各项资源进行最优化的配置，以完成企业生产的最大社会认可的过程。把房地产策划运用到房地产营销中，也就是要在房地产策划中将目标项目置于房地产发展的大背景下进行具体分析，以消费者的未来期望、市场的现实需求、行业的竞争态势为依据，通过房地产市场细分，来确立目标项目的核心定位，目的就是要为项目的营建，在设计、建设、营销、服务、管理等方面提出比竞争者更有效地满足顾客需求的实施细则，从而为开发商的项目整体概念准确地建立起一整套价值体系，力求通过产品差异化战略，最大限度地避免竞争、超越竞争，使开发商及其产品在社会公众面前树立良好的品牌形象，最终达到不战而屈人之兵的营销战略境界，达到把企业整体地销售给社会大众的目的。其重要作用主要表现在以下几方面。

一、更好地满足消费者的需求，全面提升居住品质

消费者的需求会随着时间和不同产品的推出而改变，消费者的生活经历、受教育程度、工作性质、家庭结构、个人审美情趣各不相同，每个人对物业品质需求的侧重点也大不相同，了解并满足消费群体的需求对于楼盘开发就显得格外重要，所以对最新楼市的了解和对消费者的需求、购买倾向进行分析是必要的。

在进行房地产策划时，要求通过项目设定，深入分析项目区位特征、景观环境、交通配

套等方面的内容，深刻了解潜在消费者的深层次及未来需求，对目标客户进行准确的市场定位，确定消费者对项目小区规划、建筑风格、户型结构、小区配套等方面的要求，进而从舒适性、安全性、健康性及可持续性等方面提供消费者满意的产品，全面提升居住品质，增强房地产项目的竞争能力。

二、提升开发商的品牌，增强企业竞争能力

品牌竞争力是企业核心竞争力的外在表现，有不可替代的差异化能力，是企业所独具的能力，是竞争对手不易甚至是无法模仿的。强势品牌竞争力强，有更高的辨识度。在消费者的心目中，好企业开发的楼盘质量是免检的，而且购买之后无后顾之忧，牌子响、信誉好的企业必定拥有一个固定的消费群体，拥有竞争的主动权。开发商品牌的建立是通过消费者对所购买楼盘的口碑效应和认同程度实现的，所以符合消费者需求的高品质楼盘才是提升开发商品牌的根本。而明确消费者需要什么样的楼盘，能承受什么样的价格，希望得到什么样的服务就是策划的任务，然后通过适当的宣传推广提升楼盘和开发商的企业形象，以达到提升开发商品牌的目标。只有经过系统策划运作，才可能塑造出品牌，进而增强企业的竞争能力。

三、为开发商带来更大的利润空间

开发商利润的获得最终是要把楼盘销售出去，而销售目标应该按照客户在经济、观念上的接受能力和市场的实际需求去定位，从而实现收益的最佳回报。面对越来越理性的消费者，他们在市场营销中越来越居主动地位，当前的房地产市场竞争空前激烈，传播媒体高度分化，信息膨胀过剩，想要在这样激烈的环境中实现开发商的销售目标从而实现盈利，就需要策划人员通过选择有针对性、有目的性、有意识地去分析市场环境，锁定精准的客户群，根据特定的客户群整体规划设计楼盘，避免楼盘的同质化，从而避免简单的价格竞争。

本章小结

房地产策划是策划学基本理论在房地产领域的综合运用。房地产策划就是为实现房地产投资、开发的具体目标，提出创造性的思维对策，并制定出具体的实施计划方案的活动，包括房地产经营战略策划、房地产广告策划、房地产营销策划、房地产物业管理策划等。房地产策划具有地域性、前瞻性、系统性、市场性、多样性的特点。房地产策划要遵循客观性原则、全局原则、创新原则、可行性原则、应变性原则，以及人本原理、地段原理、市场定位原理和整合原理。若把房地产策划作为"大作局"来看，可将房地产策划过程分为开局、析局、创局、选局、布局、运局、结局等，策划的关键环节着重体现在开局、析局和创局。随着我国房地产业的蓬勃发展，房地产策划必将迎来更广阔的发展空间。房地产策划在营销中也有重要作用。

复 习 题

1. 什么是策划？策划与计划、创意、决策有何异同？
2. 什么是房地产策划？房地产策划与一般策划活动有何区别？
3. 房地产策划有哪些特征？在实际策划中，哪些特征表现得更为明显？

思考与讨论

1. 房地产策划与房地产开发在作用、地位及思维模式上有何差异？

2. 房地产策划为什么 20 世纪 90 年代初会在我国南方出现？
3. 房地产策划行业的现状是什么？今后的发展趋势如何？
4. 结合我国房地产业的发展情况，探讨房地产策划的职业前景。

案例分析

<h3 style="text-align:center">碧桂园神话——一个轰动南方的案例</h3>

1. 房地产不等于钢筋加水泥

1993 年 6 月，银根突然紧缩，宏观调控加紧。曾经一度炒得火爆的"高级花园别墅"，刹那间受到冲击。房地产大势转弱，走向低潮。当鼓声停下来时，花朵正好落在碧桂园这个地盘上。碧桂园以位于顺德碧江之畔桂山之侧得名，它坐落于顺德与番禺的交界地，前不着村，后不靠镇。尽管投资逾亿的开发商反复宣传此地为"金三角的交汇点"，可前来看楼买房的人仍是寥寥可数。为了"救市"，发展商曾多次邀请一些专家、学者实地考察，希望出奇制胜，但他们好像也没有什么高招。

1993 年 8 月的一天，当碧桂园集团创始人杨国强送孩子来到离广州两个小时车程的学校报名上学时，他突然就有了想法，他发现这里很偏僻，学校建在水田鱼塘之上，但却有那么多人争先恐后把自己的孩子往这儿送，尽管每个学位要交教育储备金 15 万元。那为什么不在自己的楼盘建一所学校呢？别墅区本来就要有教育配套。当然通常的惯例是先建房再办学，可是为什么不能倒过来，先办学再建房呢？逆向思维往往出创意，杨国强顿然醒悟。如何吸引大都市的人？如何取信于民，取信于社会？当时，有人向杨国强建议聘请新闻界有很大影响力的王志纲出山。

王志纲悄悄地来了，在看了楼盘后，王志纲说："现在的情况是，就房地产搞房地产肯定不火，要跳出房地产才能开发房地产。"他强调："房地产不等于钢筋加水泥，名牌的背后是文化，地产也要用文化的方式去运作。办学不是权宜之计，而要把它当作一个系统工程的一部分，一种全新的生活方式，用全新的策划思路去做。如果仅仅把它当作一种住宅配套，那就注定要失败。"

2. 奇袭

当时，以征收 6 位数的教育储备金而启动的"学校"正在广东风起云涌。其中，有的与美国、加拿大一些学校联合，以实行"国际对接""赴美加实习"教育方式招揽客户；有的聘请国内名牌学校如清华附中、北大附中的教师以壮大实力；有的则在繁华都市中心以华丽校舍、设备齐全、交通便利为号召。相比之下，位于偏远的乡村、目前还是一片桑基鱼塘的"碧桂园"条件最差，简直没有"叫阵"的资格。总策划王志纲面临的就是这样一个难题。既然办学是碧桂园地产的一个启动点，那就要把它当作一个系统工程进行策划定位，他提出了一个令人意想不到的设计理念。于是，1994 年 1 月 3 日，广州《羊城晚报》上刊出了一则引起轰动的广告："昨天，顺德人撑起了广货北伐主力军团的大旗；今天，顺德人要用财富栽培出智慧之果。在珠江三角洲的黄金点——碧桂园，可怕的顺德人将要搞掂一个跨世纪、超国界的文化工程。"一夜之间，"可怕的顺德人"刮起了一股"悬念旋风"，掀起了几百万读者的探奇欲，那神秘的"智慧果"之后有什么？人们急不可待地等待着后续的报道。1994 年 9 月，"可怕的顺德人"再次出击："广东碧桂园学校成功三大保证：天时、地利、人和。天时——领风气之先，顺德人再倾全力构筑文化金字塔。地利——拥山环水绕之秀，地灵人必杰。人和——蕴中外合璧之光，采东西互补之长；中国基础教育'王牌'北京景山学校鼎力联办。目标：培育高素质人才。保证：创建三大目标，实现六个一流。"除了简明表述学校的天时、地利和人和因素外，这天的广告继续制造了一个悬念。广告右下角有这样一个注明：请留意13日本报本版。9月13日，"可怕的顺德人"第三次亮相："富不过三代，要使事业有续，最明智的投资莫过于投资子女。"9月25日，"可怕的顺德人"全面揭开谜底，在《羊城晚报》的一整版套红广告中，以"儿女需要什么？孩子呼唤什么？做父母的最明白"为标题，和盘托出了"碧桂园学校的办学方案与招生条例"。"为什么不去碧桂园学校？""可怕的顺德人"悬念系列制造了一个轰动一时的社会追踪热点。据统计，在广告刊出后的一个月中，"碧桂园"就收到了来自全国各地的应聘教师来信8000多封。

王志纲策划的其他"奇袭"行动同样取得了出乎意料的成功。几个月后，碧桂园学校人头攒动、车水马龙。从公路边蜿蜒而入两公里内，陈列着上千辆名车，简直成了"世界名车大展"。学校原担心招生难达到1000人，结果报名者突破1300人，教育储备金也由最初的一个学位18万元涨到23万元甚至30万元。碧桂园一跃成为广东高价学校的"龙头大哥"。

思考：请结合阅读材料，分析碧桂园项目成功的原因。

第二章 市场营销与房地产市场营销

随着市场经济的发展，房地产市场逐渐发展和成熟，为我国经济增长做出了非常大的贡献，同时我国房地产企业成为国民经济组成中的重要成员。随着房地产业的迅速崛起，面对风云变幻的市场，房地产企业要想抓住机遇，求生存，求发展，就必须树立现代化的营销观念，掌握现代化的营销策略，这样才可能更好地满足社会对房地产商品的需求，提高房地产企业的经营管理水平，促进房地产商品的开发、流通和消费的良性循环。

第一节 市场营销概述

一、市场营销的概念

市场营销来自英文"marketing"一词。国内外对其都有许多论述，其中不乏一些误解，最常见的是把"市场营销"同"推销"混为一谈。1960年美国市场营销协会对市场营销下了定义，即"市场营销是引导产品或服务从生产者流向消费者所实施的企业活动"。该定义实质是将市场营销等同于销售、推销或促销宣传。随着市场营销的实践和现代市场营销理论的形成，市场营销一词已有了更加丰富的内涵，与推销就不再是同义词了。美国著名市场营销学教授菲利普·科特勒认为："市场营销最主要的部分不是推销，推销仅仅是市场营销冰山的顶端，推销仅仅是市场营销几个职能中的一个，并且往往不是最重要的一个。如果营销人员做好识别消费者需要的工作，发展适销对路的产品，并且搞好定价、渠道和实行有效的促销，这些货物将会很容易地销售出去。"他还引用美国管理学权威彼得·德鲁克的话说："市场营销的目标就是使推销成为多余的。"

经过多年的探讨，1985年美国市场营销协会对市场营销的定义做了首次修正，即"市场营销是计划和执行关于商品、服务和创意的观念、定价、促销、分销，以创造符合个人和组织目标的交换的一种过程"。2004年8月，美国市场营销协会更新了其近20年来对营销的官方定义。新定义完整的表述为：市场营销既是一种组织职能，也是为了组织自身及利益相关者的利益而创造、传播、传递客户价值，管理客户关系的一系列过程。

著名营销学家菲利普·科特勒教授对市场营销的定义是："市场营销是个人和集体通过创造、提供出售，并同别人自由交换产品和价值，以获得其所需所欲之物的一种社会和管理过程。"在《当代市场营销学》（路易斯·E.布恩，大卫·L.库尔茨）中，市场营销被定义为"对有关思想、产品、服务、组织和事业的概念、定价、促销和分销进行计划并加以执行的过程，目的在于创造和维护能实现个人和组织目标的关系"。市场营销是一种将产品从生产者向消费者转移的激励过程。营销者的基本技巧就在于影响对某个产品、服务、组织、场所、人物或创意的需求水平、时机和构成。

基恩·凯洛西尔对其所收集的市场营销定义进行了概括并将其分为三类：一是把市场营销看成一种为消费者服务的理论；二是强调市场营销是对社会现象的一种认识；三是认为市场营销是通过一定的销售渠道把生产企业同市场联系起来的过程。

总的来说，较为完整的市场营销的定义如下：市场营销是从卖方的立场出发，以买方为对象，在不断变化的市场环境中，以满足一切现实和潜在消费者的需要为中心，提供和引导商品或服务到达消费者手中，同时使企业获得利润的企业经营活动。

二、市场营销学发展简史

市场营销学的发展大体经历了以下几个阶段。

（一）初创阶段

从19世纪末期到20世纪20年代，是市场营销学的初创时期。这一时期由于工业革命的爆发，资本主义经济迅速发展，需求膨胀，市场表现出的基本特征是商品供不应求，企业要集中解决的问题是增加生产和降低成本，以满足市场的需要。1825年英国爆发第一次经济危机后，经济危机就有了周期性。危机期间最重要的表现是商品销售困难。20世纪初，一些经济学家开始研究销售问题。例如，1902年至1903年美国密歇根大学、加利福尼亚大学和伊利诺伊大学的经济系正式开设了市场营销学课程。1912年哈佛大学的赫杰特齐（J. E. Hagertg）出版了第一本以"marketing"（市场营销学）命名的教科书，该书全面论述了有关推销、分销、广告等方面的问题，形成了较系统的学问。该书的问世，成为市场营销学从经济学中分离出来成为一门独立学科的里程碑，到20世纪20年代，已有若干种市场营销学教科书问世。这些都标志着市场营销学在美国的初步形成，但这一阶段形成的市场营销学，其基本内容只局限在推销术和广告术方面，现代市场营销学的原理和市场营销概念尚未形成。

（二）应用阶段

从20世纪30年代到第二次世界大战结束，是市场营销学的应用时期。这一阶段资本主义的社会经济环境发生了巨大的变化。1929年至1933年，资本主义世界发生了规模空前的经济大危机。危机发生期间，大量的商品堆积过剩，企业破产倒闭，产品销售普遍成为关乎资本主义企业生死存亡的严重问题。如何为产品找到销路，不仅牵动了每一个资本主义企业家，也引起了资本主义理论家的高度重视。这一时期，在整个资本主义社会形成了研究产品销售问题的热潮，比如重视市场调查研究，如何推销，如何做广告，以及怎样建立推销商品的组织机构，采用什么推销策略等，都是这一阶段研究的重要内容。很明显，这一阶段市场营销学中一些内容的研究不仅引起了社会的广泛重视，而且一些基本原理已开始在流通领域中得到应用，但是这一阶段市场营销学的研究范围还没有超越商品流通范围，与现代市场营销学仍有很大差别。

这个阶段市场营销学的研究特点是：①没有脱离商品推销这一狭窄的概念；②在更深更广的基础上研究推销术和广告术；③研究有利于推销的组织机构；④市场营销学研究开始走向社会，被企业界所重视。

（三）发展阶段

20世纪50年代至70年代末，是现代市场营销学的发展时期。第二次世界大战结束以后，各国经济由战时经济转入民用经济。战后经济的恢复及科学技术革命的发展，促进了西方国家经济的发展。以美国为例，社会劳动生产率迅速提高，产品产量激增，花色品种不断出新。从社会需求方面看，政府和企业界采用一系列刺激购买力的措施和方法，尽可能地挖掘社会需求潜力，从而出现了消费者需求的新变化，买方市场全面形成。在这种情况下，卖方在市场中的竞争空前激烈。新的市场形势向原有的市场营销理论提出了挑战，迫使市场营销研究向新的广度和深度发展，形成了从原理到概念都发生了重大变化的新营销理论。这种新营销理论的形成，主要表现在以下几个方面。

第一，市场营销学研究的范围突破了流通领域，深入产前和售后活动。市场营销不再被看作是单纯的产品推销活动。在产品生产之前要分析市场需要，并决定生产何种产品、生产多少产品；产品生产出来后，要研究销售策略，实现产品销售；产品销售后要为顾客提供服务，提高顾客的重复购买率，同时还要注意收集顾客的各种反映，为再生产提供依据。

第二，这一阶段的市场营销理论出现了一系列新概念和新理论。例如，50年代尼尔·伯登提出市场营销组合理论。60年代杰罗姆·麦卡锡（E. Jerome McCarthy）又提出市场营销组合（4Ps）理论，形成了传统市场营销学的主要理论框架。这一阶段有关市场营销的专著、论文和经营实务方面的书籍大量出版。这些著作都从不同的角度提出了用以消费者为中心的新的市场营销观念来代替以产品为中心的旧的营销观念，使市场营销学发生了一次重大的变革。70年代前后，西方又出现了一种以"保证消费者需要的同时，服从全社会利益"为基本点的社会营销观念，如70年代菲利普·科特勒等提出以"社会市场营销观念"取代"市场营销观念"等。社会市场营销观念强调整个市场营销活动，要以有利于全社会的利益和发展为最高目标。这标志着传统市场营销学走向现代市场营销学。

第三，进入70年代后，由于社会对市场营销学研究的普遍重视，以及对市场营销学原理的应用加强，市场营销学的理论与方法不断完善。一方面，经济学、管理学、心理学等学科的研究成果在市场营销理论中得到广泛应用；另一方面，一些现代理论研究方法，如系统分析方法、数理分析方法等在市场营销理论研究中也得到了广泛的应用。多学科知识的融合和科学的研究方法，使市场营销学成为一门热门的边缘应用学科。

（四）成熟阶段

20世纪80年代后，市场营销学发生了第三次大的变革，市场营销研究从前一阶段以战术营销为主（即4Ps）转向了对战略营销和战术营销两个层次的分析和研究。80年代，美国著名的市场营销学家菲利普·科特勒提出了"大市场营销"（mega marketing）理论。该理论把对市场营销活动的分析和研究分为战略和战术两个层次，认为战略营销决定战术营销。同时，随着营销环境变化对企业营销活动影响的加深，企业和理论界对市场营销环境，特别是宏观营销环境的分析给予了极大的关注。这些方面的发展变化使市场营销学的理论和应用都进入了一个新的阶段，标志着这门学科日趋完善和成熟。

三、市场营销观念的形成

市场营销观念的变化与市场发展、产品多元化、买方市场占主导地位有密切的关系，也与消费者的隐性需求不断提高和被挖掘紧密相关。其观念发生如下变化。

（一）生产观念

生产观念是指导销售者行为的最古老的观念，盛行于19世纪末20世纪初。当时，资本主义国家处于工业化时期，市场需求比较旺盛，企业面临的是求过于供的卖方市场，企业的中心问题是扩大生产和降低成本，企业在销售上不需要花费多大功夫就能获得满意的销售量和利润。生产观念认为，消费者喜欢那些可以随处买得到而且价格低廉的产品，企业应致力于追求更高的生产效率和更广的分销范围。以生产观念指导的企业称为生产导向企业，其指导思想是"以产定销"，其典型表现是"我们生产什么，就卖什么"。例如，美国皮尔斯堡公司自1869年成立之后的50多年中，主要目标就是发展生产，其口号是"公司旨在制造面粉"。

(二) 产品观念

产品观念在生产观念之后产生。由于生产观念的作用，市场供应量增加，供求关系得到缓解，消费者开始注意产品质量、花色、品种等，此时生产者只有提高产品的质量，增加花色、品种才能销售出自己的产品，获得利润。这种观点虽然考虑了产品质量、花色、品种等，但企业仍旧是生产什么就卖什么，本质上仍是"生产观念"。

产品观念的表现为消费者欢迎那些质量好、价格合理的产品，企业致力于提高产品质量，只要物美，客户必然会找上门来，无须推销。在这种观念的指导下，企业经营者经常痴迷于自己的产品，而忽视市场正在发生的变化，没意识到市场对他们的产品可能不感兴趣。"营销近视症"就是这样，它是产品观念所导致的一种问题，即企业在营销中缺乏远见，眼睛只盯在产品上，看不到顾客需求的日益变化，看不到市场的动态发展，不能依照需求变化来改变自己的营销策略。因此，企业不应把注意力放在产品实体上，而应该把注意力放在产品满足消费者某种需要与愿望的功能上，只有这样才能不断改进产品，适应消费者越来越高的需要与愿望。

(三) 推销观念

推销观念产生于资本主义经济由"卖方市场"向"买方市场"过渡的阶段，盛行于20世纪三四十年代。这一时期，由于科技进步、科学管理和大规模生产的推广，产品产量迅速增加，社会生产已经由商品不足转为商品过剩，市场竞争日趋激烈，这迫使很多企业致力于产品的推广和广告活动，以求说服消费者购买。特别是1929年至1933年，资本主义已处于严重的经济危机和不景气中，市场问题十分尖锐，生产相对过剩，出现了供过于求的买方市场，这种市场形势的变化迫使企业把注意力由过去的生产转向销售，推销成了企业在这一阶段的经营观念。在这种观念指导下，企业强调其产品是"被卖出去的"，而不是"被买去的"。企业往往建有强有力的推销机构，大力开展推销工作，对待顾客，企业笑脸相迎，想方设法让消费者购买自己的商品，至于商品销售后顾客是否满意等问题，则不太重视。例如美国皮尔斯堡公司这时的口号已改为"本公司旨在销售面粉"，并在公司内设立了商情调研部门，派出大量推销员，力求扩大销售。

在推销观念指导下，企业致力于产品的推广和广告，以期获得充分的销售量和利润，对消费者则希望通过刺激销售量的策略诱使其购买，至于客户满意与否以及能否重复购买，则关注度不够。

(四) 市场营销观念

市场营销观念形成于20世纪50年代。第二次世界大战后，随着科技革命的深入，劳动生产率迅速提高，一方面使市场上物资供应充足、花色品种齐全、质量提高；另一方面，由于人们收入的增长、生活水平的提高，消费者追求时尚、便捷等，需求发生了根本变化，生产和消费的矛盾越来越尖锐。这种形势下，许多企业家已意识到：企业的生死存亡都系于消费者及其需求上。企业只有改变以自己为中心的思维方式，转向认真研究消费者现在和将来的需求，并尽力影响和满足这种需求，才能获得利润，在竞争中立于不败之地。

市场营销观念的形成，彻底改变了以产品为中心的经营思想，在这种观念的指导下，消费者的地位发生了根本的变化，企业的一切营销活动都以消费者的需求为中心。企业不再是"制造产品，并设法销售出去"，而是"发现顾客需求并设法满足它"；企业不再是"推销已生产出来的产品"，而是"生产出能够销售出去的产品"；企业不再是"以产定销"，而是"以销定产"。因此，这一新的经营观念的产生是企业经营指导思想质的飞跃，标志着现代企业经营观念的形成。具体表现为"客户需要什么，就卖什么"，"哪里有消费者的需求，哪里就有我们的机会"，"给女士们所需要的"，等等。企业的主要任务已不再是单纯追求销售量的短期增长，而是从长期观点出发来占领市场，抓住客户。

市场营销观念是确立这样一种信念：企业一切规划与策略应以客户为中心，满足消费者的需要与愿望是企业的责任，在满足需要的基础上，实现长期的合理的经营目标。

（五）社会营销观念

社会营销观念是以社会长远利益为中心的市场营销观念，是对市场营销观念的补充和修正，其出发点在于：企业在考虑社会利益和消费者长远利益的前提下，尽量使目标顾客满意并获取利润。20世纪50到70年代，市场营销观念的奉行把消费者及其需要摆到了企业营销工作的首要位置，但这并没有把满足消费者的需要落实到每个企业的实际行动当中，资本主义企业为获取最大利润，从来不惜动用一切手段，一些企业甚至不择手段，为了实现利润目标，往往要损害消费者的利益。20世纪60年代以来，一些资本主义国家便兴起了"消费者保护主义"运动。70年代以来，人们对单纯的市场营销产生了怀疑，采用市场营销观念的企业在满足消费者需求、欲望从而获得利益的同时，可能产生忽视社会责任、牺牲人类长远利益的现象，在消费者短期欲望和长远利益之间可能会存在矛盾，在消费者运动的推动下，市场营销学者提出了"社会营销观念"。

社会营销观念的基本观点是：以保证消费者满意及消费者与社会公众的长期福利作为企业的根本目的与责任，做出负责的社会营销决策，应同时考虑到消费者需要、消费者愿望、消费者利益和社会福利，在此前提下获得企业的利润。

以上五种经营观念决定了经营活动的重点、方法、目的和策略各不相同，如表2-1所示。

表 2-1　五种经营观念的对比

经营观念	重点	方法	目的	策略
生产观念	生产与产品	生产效率	通过销售获得利润	等客上门
产品观念	产品	产品质量	通过销售获得利润	等客上门
推销观念	产品	推销及促销	通过销售获得利润	加强人员推销与广告宣传
市场营销观念	顾客需求	整体营销	通过满足客户需要获得利润	关注市场，关注消费者，参与企业经营管理的全过程
社会营销观念	客户与社会	整体营销	通过满足顾客需要，增进社会福利而获得利润	关注市场，关注消费者，树立企业形象，同时维护与增进消费者和社会福利

从表2-1可以看出以下特点。

第一，生产观念、产品观念和推销观念的重点相似，都不是从市场出发，而是从生产角度出发，都没有摆脱"以产定销"的基本观念，属于传统的、旧的经营观念。

第二，市场营销观念和社会营销观念的重点都是以客户为中心，以市场为出发点，属于现代的、新的经营观念。

第三，推销观念与市场营销观念的实质存在极大差别。推销观念属于注重卖方需要，以产定销的传统经营观念；市场营销观念则是注重买方需要，以顾客需求为中心，围绕"客户需要什么，我生产什么；客户需要多少，我生产多少"来组织生产的，以销定产的现代经营观念。从本质上说，市场营销观念是一种以顾客需要与愿望为导向的哲学，是消费者主权论在企业市场营销管理中的体现。

第四，市场营销观念向社会营销观念的发展，无疑是企业经营观念上的大进步，但从本质上讲，社会营销观念只不过将市场营销观念中单纯以顾客需要为中心转化为同时考虑消费者需要、消费者利益和社会利益，因此，社会营销观念和市场营销观念都属于以顾客需求为中心的新的经营观念。

四、营销理论的形成与发展

市场营销理论是随着市场的变化和人们对市场的认识逐步发展的，有关市场营销的理论大体经历了五个相互联系的发展阶段，即尤金·麦卡锡的"市场营销4Ps理论"、菲利普·科特勒的"大市场营销6Ps理论"、罗伯特·劳特朋的"4Cs理论"、唐·E.舒尔茨的"4Rs理论"和21世纪中国学者的"4Vs理论"。

（一）市场营销的 4Ps 理论

市场营销4Ps理论，即市场营销组合策略，是指在特定时期向特定市场销售特定产品的市场营销决策的优化组合。市场营销组合策略是产品（Product）、价格（Price）、渠道（Place）和促销（Promotion）四大要素的优化组合。

（1）产品策略既包括为顾客设计和生产满足其偏好和需求的产品和服务的决策，还包括制定客户服务、包装设计、品牌名称、商标、专利、质量保证、产品生命周期、产品定位和新产品开发等方面的决策。

（2）价格策略是一个关键决策，它涉及产品定价的方法，以及产品定价与企业利润之间的关系。如果定价决策正确，不仅能够使企业实现销售利润，还能达到战胜竞争对手获得市场份额的目标。

（3）渠道策略又称分销策略，主要是指保证消费者在合适的时间、恰当的地点购买到保证质量和数量的产品和服务的决策。该策略涉及企业以何种方式将产品转移到消费者手中，企业可以采取的措施包括直接销售、通过中间商或者代理商销售、委托零售商销售等。

（4）促销策略关注生产者与消费者之间的沟通关系，即生产者应采取哪些手段和措施引起消费者对产品的兴趣，并说服顾客购买产品的决策。

4Ps理论认为，如果一个营销组合中包括合适的产品、合适的价格、合适的渠道策略和合适的促销策略，这将是一个成功的营销组合，企业的营销目标也可以实现。4Ps理论为市场营销学提出了较为完整的营销策略理论。

（二）大市场营销的 6Ps 理论

20世纪80年代，菲利普·科特勒提出，在目前贸易保护主义和政府干预加强的条件下，即使企业对"4Ps"的安排适当，企业也可能失败。因此，企业不能只搞"4Ps"，还必须加上"政治力量"（Political Power）和"公共关系"（Public Relation），这种战略思想被称为"大市场营销理论"，也被称为"6Ps理论"。所谓大市场营销是指：企业为了成功地进入特定市场，并在那里从事业务经营，在策略上协调地运用经济、心理、政治和公共关系手段，以博得国外有关各方的合作与支持。所谓特定市场，主要是指壁垒森严的封闭型或保护型市场，已经存在的参与者和批准者设置种种障碍，使得那些能够提供类似产品，甚至能提供更好产品和服务的企业难以进入。该理论与尤金·麦卡锡的"市场营销4Ps理论"不同，主要体现在以下三个方面。

(1) 企业市场营销管理与外部市场营销环境的关系不同。尤金·麦卡锡的"市场营销4Ps理论"认为，企业经营管理能成功、企业能生存与发展的关键是企业管理当局要善于安排市场营销组合，使企业"可控变数"迅速适应外界"不可控变数"（市场环境）。而"市场营销6Ps理论"则认为，企业能够影响外部市场营销环境，而不应仅仅顺从它和适应它，应变被动适应为主动适应。

(2) 企业的市场营销目标不同。"市场营销4Ps理论"认为，企业市场营销目标是千方百计调查研究、了解和满足顾客需求；而"市场营销6Ps理论"则认为，企业市场营销目标应该是为了满足目标顾客需求，采取一切手段，打进目标市场或创造和改变目标顾客的需求，突出了企业对目标顾客的作用。

(3) 企业的市场营销手段不同。"市场营销4Ps理论"认为，企业集中一切资源，适当安排"4Ps"来满足顾客需要；而"市场营销6Ps理论"则认为，企业还需增加"政治力量"和"公共关系"两个因素，用"6Ps"打开和进入某个市场，创造和改变目标顾客的需要。

菲利普·科特勒在提出市场营销6Ps理论之后，又提出市场营销的"10P"原则，主要包括三个方面的内容。①营销人员必须掌握战术型"4P"，即产品（Product）、价格（Price）、渠道（Place）和促销（Promotion）。②作为现代企业，必须善于分析判断消费者的需求和愿望，市场应该成为生产过程的起点，而不是终点，解决企业的销售问题仅有营销策略是非常不够的，还必须拟定最优的营销战略，从而提出战略型"4P"，即诊断（Probing）、优先（Prioritizing）、细分（Partitioning）和定位（Positioning）。③随着"大市场营销"理论的提出，广义市场营销还要加上"2P"，即政治力量（Political Power）和公共关系（Public Relation）。由此形成的市场营销"10P"原则使大市场营销理论更加完善。

(三) 市场营销的4Cs理论

1990年，美国北卡罗来纳大学广告学教授罗伯特·劳特朋根据变化了的时代特征，提出了4Cs营销组合策略。4Cs分别指代顾客（Customer）、成本（Cost）、便利（Convenience）、沟通（Communication）。

(1) Customer（顾客）。主要是指顾客的需求。企业必须首先了解和研究顾客，根据顾客的需求来提供产品。同时，企业提供的不仅仅是产品和服务，更重要的是由此产生的客户价值（Customer Value）。

(2) Cost（成本）。成本不单是企业的生产成本，或者说4Ps中的Price（价格），还包括顾客的购买成本，同时也意味着产品定价的理想情况，应该是既低于顾客的心理价格，亦能够让企业有所盈利。此外，这中间的顾客购买成本不仅包括货币支出，还包括顾客为此耗费的时间、体力和精力，以及承担的购买风险。

(3) Convenience（便利）。主要是指为顾客提供最大的购物和使用便利。4Cs理论强调企业在制定分销策略时，要更多地考虑顾客的便利，而不是企业自己方便。要通过好的售前、售中和售后服务，让顾客在购物的同时也享受到便利。便利是客户价值不可或缺的一部分。

（4）Communication（沟通）。被用以取代4Ps中对应的Promotion（促销）。4Cs理论认为，企业应通过同顾客进行积极有效的双向沟通，建立基于共同利益的新型企业-顾客关系。这不再是企业单向的促销和劝导顾客，而是在双方的沟通中找到能同时实现各自目标的通途。

劳特朋认为市场营销4Ps理论和大市场营销理论虽然采用以消费者为中心的市场营销管理，但实际上仍是企业导向，仍是"请消费者注意"式的管理，而不是真正的消费者导向。劳特朋提出的4Cs理论是以消费者需求为导向的市场营销理论，该理论认为：首先，要瞄准消费者的需要，了解、研究与分析消费者的需要与欲望，而不是企业能生产的产品；其次，要了解消费者为满足需要愿意支付的成本，而不是先给产品定价，再向消费者要钱；再次，需考虑为顾客购物交易过程提供方便，而不是依据企业状况选择销售渠道制定销售策略；最后，以消费者为中心实施营销沟通，将企业和顾客双方利益整合在一起。

（四）市场营销的4Rs理论

总体看来，4Cs营销理论注重以顾客需求为导向，与4Ps理论相比，4Cs理论有了很大的进步和发展。但从企业的营销实践和市场发展的趋势，以及信息传播发展技术来看，4Cs理论依然存在不足之处。针对这种情况，1992年，美国西北大学教授唐·E.舒尔茨、罗伯特·劳特朋与斯坦利·田纳本在合著的《整合营销传播》（Integrated Marketing Communications，IMC）中进一步提出了4Rs营销新理论。整合营销传播是一个营销传播计划概念，要求充分认识制订综合计划时所使用的各种带来附加值的传播手段，如普通广告、直接反映广告、销售促进和公共关系，并将之结合，提供具有良好清晰度、连贯性的信息，使传播影响力最大化。换言之，整合营销传播就是要求企业利用一切手段尽可能地将产品信息传达给消费者。4Rs营销新理论，即关联（Relevancy）、反应（Reactivity）、关系（Relation）、回报（Return），阐述了一个全新的营销组合策略四要素。

（1）Relevancy（关联），即与顾客建立关联。在竞争性市场中，顾客具有动态性。顾客忠诚度是变化的，他们会转移到其他企业。要提高顾客的忠诚度，赢得长期而稳定的市场，重要的营销策略是通过某些有效的方式在业务、需求等方面与顾客建立联系，形成一种互助、互求、互需的关系。

（2）Reactivity（反应），即要求提高市场反应速度。在今天相互影响的市场中，对经营者来说最现实的问题不在于如何控制、制订和实施计划，而在于如何站在顾客的角度及时地倾听顾客的希望、渴望和需求，并及时答复和迅速做出反应，满足顾客的需求。

（3）Relation（关系），即关系营销越来越重要。在企业与客户的关系发生了本质性变化的市场环境中，抢占市场的关键已转变为与顾客建立长期而稳固的关系，从交易变成责任，从顾客变成用户，从管理营销组合变成管理和顾客的互动关系。

沟通是建立关系的重要手段。从经典的AIDA模型"注意-兴趣-渴望-行动"来看，营销沟通基本上可完成前三个步骤，而且平均每次和顾客接触的花费很低。

（4）Return（回报），即回报是营销的源泉。对企业来说，市场营销的真正价值在于为企业带来短期或长期的收入和利润的能力。营销活动不仅为顾客和股东创造价值，还为与企业相关联的供应商、利益相关者带来回报。

4Ps、4Cs和4Rs理论之间不是取代关系，而是完善发展的关系。4Ps理论是市场营销的基本框架，6Ps是对4Ps的完善，变被动适应为主动适应；4Cs与4Rs是在4Ps基础上的创新与发展。企业应依据市场环境和所处的城市选用不同的营销理论。4Rs 不是取代 4Ps 和 4Cs，而是在 4Ps 和 4Cs 基础上的创新与发展，所以不可把三者割裂甚至对立起来。在了解体现了新世纪市场营销发展特点的 4Rs 理论的同时，根据企业的实际，把三者结合起来指导营销实践，可能会取得更好的效果。

（五）市场营销的 4Vs 理论

自 21 世纪以来，伴随着高科技的发展，信息沟通多元化，生产者与消费者之间的沟通更加便利，我国学者吴永明、罗永泰提出了 4Vs 营销理论。

（1）Variation（差异化）。差异化是指企业凭借自身的技术和管理优势，在生产、销售、市场等各个环节追求不可替代性。通过差异化在顾客心目中建立独特的产品性能和产品质量形象，培育个性化市场，采用具有特色的和灵活的销售手段建立顾客群。

（2）Versatility（功能弹性化）。随着科学技术的飞速发展以及科技与生产的不断融合，产品开始由单功能向多功能甚至全功能的方向发展。功能弹性化，是指以产品的核心功能为基础，通过产品功能的组合，满足不同层次顾客群的需求。

（3）Value（附加价值化）。当代企业的产品价值不仅包括由物化劳动和活劳动的消耗所形成的基本价值，也包括由品牌、文化、技术、营销和服务等因素所形成的附加价值，并且附加价值在价值构成中的比重呈现出不断上升的趋势。企业的营销活动是以文化营销为视角的营销活动，旨在提高"附加价值化"，提高客户的满意度。

（4）Vibration（共鸣）。共鸣强调的是将企业的创新能力与客户价值联系起来，将营销理念直接定位于包括使用价值、服务价值、人文价值和形象价值等在内的客户价值，并使之最大化。共鸣使顾客能够更多地体验到产品和服务的实际价值效用，使顾客成为企业的终身顾客，最终在企业与顾客之间产生利益与情感的"链接"。

市场营销观念的演变见表 2-2。

表 2-2　市场营销观念的演变

营销观念	4Ps	6Ps	4Cs	4Rs	4Vs
模式	显性营销	目标营销	服务营销	关系营销	需求营销
时间	20 世纪 60 年代	20 世纪 80 年代	1990 年	1992 年	2001 年和 2006 年
倡导者	麦卡锡	科特勒	劳特朋	舒尔茨	吴永明、罗永泰
时代特征	短缺经济	贸易保护主义的回潮和政府干预的加强	饱和经济	信息经济	多元化
营销目标	满足现实的具有相同或相近特征的顾客需求，获得目标利润最大化	满足目标顾客需求，采取一切手段，进入目标市场或创造和改变目标客户的需求	满足现实和潜在的个性化需求，培养顾客对企业的满意度	满足顾客的服务和品质需求，培养顾客忠诚度	满足顾客追求个性化和效用最大化的隐性需求，培养客户忠诚度
营销组合	产品（Product）、价格（Price）、渠道（Place）、促销（Promotion）	产品（Product）、价格（Price）、渠道（Place）、促销（Promotion）、政治力量（Political Power）、公共关系（Public Relation）	顾客（Customer）、成本（Cost）、便利（Convenience）、沟通（Communication）	关联（Relevancy）、反应（Reactivity）、关系（Relation）、回报（Return）	差异化（Variation）、功能弹性化（Versatility）、附加价值化（Value）、共鸣（Vibration）

五、市场营销学的研究对象和研究内容

(一) 市场营销学的研究对象

市场营销是企业的经营销售活动,其研究对象是:企业在动态市场上如何有效地管理其市场营销活动,以提高企业的经济效益,求得生存和发展,实现企业的目标。市场营销学则是研究市场营销活动及其规律的科学,其全部研究都是以消费者为中心,通过运用产品策略、定价策略、渠道策略、促销策略等方法,以生产经营适销对路产品、扩大市场销售为手段而展开,并为此提供理论、思路和方法的活动。市场营销学的研究对象是市场营销活动及其规律,即研究企业如何识别、分析、评价、选择和利用市场机会,从满足目标市场的顾客需求出发,有计划地组织企业的整体活动。市场营销活动通过交换,将产品从生产者手中转向消费者手中,以实现企业营销目标。

(二) 市场营销学的研究内容

市场营销学的研究内容是其研究对象的具体化,是围绕消费者及其需要展开具体内容分析的,因为消费者及其需要是企业能否实现生产和经营目的的关键。一个企业无论其生产条件如何好,技术水平和产品质量如何高,都不能保证其经营目的的实现,企业经营目的的最终实现依赖于产品最终被消费,即依赖于消费者对其产品的购买和使用。企业产品如果不能被消费者购买和使用,就无法完成商品到货币的转化,生产就不能连续进行。因此,现代企业能否生存和发展,根本上取决于其生产和经营的商品是否适应消费者的需要。市场营销学要以消费者及其需要为研究的中心内容,就是这个道理。

围绕着消费者及其需要这一中心,市场营销学的主要研究内容大体可以归纳为以下几个部分:①对企业营销战略层次问题的分析。分析企业与市场的关系,分析影响企业营销活动的宏观环境和微观环境,分析各类市场需求和购买行为,进而讨论企业进行市场细分和选择目标市场的理论和方法。这部分内容具有基础意义,阐述了市场营销的若干基本原理和基本思路。②对企业营销策略层次的分析。在企业营销战略思想指导下,其任务在于论述企业如何运用各种市场营销手段,通过产品策略、价格策略、渠道策略、促销策略的组合运用,以实现企业的预期目标。③对企业市场营销环境进行分析。主要包括对影响企业营销的各种因素进行分析,对各种因素的变化及趋势进行调查、分析和预测,并分析企业如何根据营销环境的变化调整自己的市场营销活动等具体内容。④关于营销组织与营销控制的研究。主要讨论企业为保证营销活动的成功而应在计划、组织、调研、控制等方面所采用的措施和方法。

总之,市场营销学的具体研究内容是围绕消费者及其需要展开的包含多层次问题的复合体。

第二节 房地产市场的特性

一、房地产的整体概念

房地产,是指土地、建筑物及固着在土地、建筑物上不可分离的部分和附着于其上的各种权益(权利)的总和。房地产是一个综合的较为复杂的概念,从实物现象看,它是由建筑

物与土地共同构成的。土地可以分为未开发的土地和已开发的土地,建筑物依附于土地而存在,与土地结合在一起。建筑物是指人工建筑而成的产物,包括房屋和构筑物两大类。对于房地产的概念,应该从两个方面来理解:房地产既是一种客观存在的物质形态,同时也是一项法律权利。

作为一种客观存在的物质形态,房地产是指房产和地产的总称,包括土地和土地上的永久建筑物及其所衍生出来的权利。房产是指建筑在土地上的各种房屋,包括住宅、商铺、厂房、仓库以及办公用房等。地产是指土地及其上下一定的空间,包括地下的各种基础设施、地面道路等。房地产由于其自身的特点即位置的固定性和不可移动性,在经济学上又被称为不动产。

房地产主要有三种存在形态:①单纯的土地,如一块无建筑物的城市空地;②单纯的建筑物,建筑物虽然必须建造在土地之上,但在某些特定情况下需要把它单独看待;③土地与建筑物合成一体的"房地"(或称为复合地产),即把建筑物和其坐落的土地作为一个整体来考虑。在房地产拍卖中,其拍卖标的也可以有三种存在形态,即土地(或土地使用权)、建筑物和房地合一状态下的物质实体及其权益。

法律意义上的房地产本质是一种财产权利,这种财产权利是指包含于房地产实体中的各种经济利益以及由此而形成的各种权益,包括土地使用权和房屋所有权,以及在其上设置的其他权利,如抵押权、典当权、租赁权等。

综上所述,我国房地产的整体概念可总结为图 2-1。

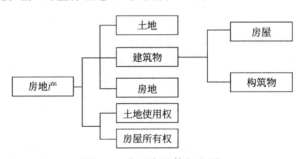

图 2-1 房地产整体概念图

二、房地产的特性

(一) 位置固定性

土地具有不可移动性,建筑物从整体上通过一定的地基与土地结合在一起,不论其外形、功能与用途如何,从其建造那天起便定着于土地之上,也不可移动。房地产位置的不可移动性也被称为房地产位置的固定性,其具体表现是:①土地是不可移动的;②人们对土地的投入也是不可移动的,水渠、管道、电缆、道路等都是土地(熟地)的组成部分,离开土地它们便不能被称为对土地的投入;③房屋是建筑在一定的土地之上的,房屋建筑物在一般情况下是不可移动的,而房地产交易也正是源于房地产在位置上的不可移动性,以法定契约的方式对产权进行的交易。

房地产的位置有自然地理位置与社会经济地理位置之别。虽然房地产的自然地理位置固定不变,但其社会经济地理位置却经常在变动。这种变动可以由以下原因引起:①城市规划的制定或修改;②交通建设的发展或改变;③其他建设的发展等。当房地产的位置由劣变优时,其价格会上升;反之,价格会下跌。因此,投资者在进行一项房地产投资时,必须重视对房地产所处位置的调查研究，尤其应重视对其社会经济地理位置的现状和发展变化的研究。

（二）长期使用性

土地具有不可毁灭性和永恒的使用价值（尤其是建筑用地）。土地的这种特性可为其占有者带来永续不断的收益。建筑物一经建成，其耐用年限通常可达数十年甚至上百年。在房地产商品流通中，不仅可以转移产权，还可以在不改变产权关系的前提下，只转移一定年限的使用权。相对于一般商品而言，房屋完全可以被看作长期的商品，这也是房地产业比较容易获得长期性融资的原因。但值得注意的是，我国房地产的长期使用性受到了有限期的土地使用权的制约。根据我国现行法律规定，土地使用权一次出让最高年限因土地用途的不同而不同：居住用地70年；工业用地50年；教育、科技、文化、卫生、体育用地50年；商业、旅游、娱乐用地40年；综合用地或者其他用地50年。

（三）供给有限性

土地是一切生产和社会活动得以进行的前提条件。土地的有限性致使房地产供给也是有限的，而陆地面积和可利用的土地面积也很难因人的努力而扩大。

就目前人类科学技术的发展来讲，土地是不可再生资源。同时土地的数量由地球陆地表面面积所决定，地表的陆地面积一般不会增加，再除去沙漠、戈壁、沟壑、山岭等，现有的土地便是供应的极限。许多国家都有填海造地的成功例子，但这种人工造地耗资巨大，并且只能在水很浅的海边进行，所得到的土地面积也极少，根本无法解决土地供给的有限性问题。

（四）保值增值性

随着社会经济发展，房地产的需求不断增长，而房地产供给量（特别是土地供给量）是有限的，因此，房地产价格有上涨的趋势。此外，一般商品随其使用价值的消耗，价值也逐渐随载体的消亡而消亡，而房地产的使用价值不仅不因时间的流逝而消亡，相反因其稀缺性可以保值甚至增值。同时政府不断增加在道路、公园、博物馆等公共设施方面的投资，能显著地提高附近房地产的价值，使得该处房地产从周边社区环境的改善中获得利益。

（五）异质性

房地产位置的固定性派生出房地产的异质性，即土地由于受地理位置、区域环境的限制不可能相同，即使在同一城市，甚至同一社区内，也很难找到两块品质完全相同的地块。至于建筑物，其品质不仅在外形尺寸、年代、风格、建筑标准上各不相同，即使上述因素都相同的建筑物，也会由于内部附属设施、街景区位、物业管理等因素的差异而有所区别，甚至在同一住宅区内的住宅，朝向和层次的差异也是非常明显的。由于房地产的异质性，从理论上讲每一单位面积房地产的价格是不一样的，而且这种区别最终将反映在两栋建筑物的租金水平和出租率等方面，因此房地产市场较其他商品市场具有更多的中介经纪服务行为。

（六）易受政策影响性

任何国家基于社会经济发展和公共利益需要，都要对房地产的占有、使用、分配、流转等做出某种限制。房地产受政府法令、政策的限制和影响较重要的有两项：一是政府基于公共利益，可限制某些房地产的使用，如城市规划对土地用途、建筑容积率、建筑覆盖率、建筑高度和绿地率等的规定；二是政府为满足社会公共利益的需要，可以对任何房地产实行征用或收买。房地产易受政策限制的特性还表现在，由于房地产不可移动，也不可隐藏，所以无法逃避未来政策制度变化的影响。这一点既说明了投资房地产的风险性，也说明了政府制定长远的房地产政策的重要性。

(七) 价格易受周围环境影响

房地产的价格不仅与其本身的用途等有直接的关系，而且往往还取决于周围其他房地产的状况。例如，在一幢住宅楼旁边兴建一座工厂，可导致该住宅楼的价值下降；反之，如在其旁边兴建一座绿化公园，可使其价格上升。房地产深受周围社区环境影响，不能脱离周围的社区环境而单独存在。政府在道路、公园、学校、博物馆等公共设施方面的投资，能显著地提高附近房地产的价值。从过去的经验来看，能准确预测到政府大型公共设施的投资建设并在其附近预先投资的房地产开发商，都获得了巨大的经济效益。反之，周围社区环境的衰退必然降低房地产的价值。甚至大品牌房地产开发商的进入也会给所开发楼盘周边的房地产价格带来较大的影响。

三、房地产市场的概念及特征

(一) 房地产市场的概念

房地产市场有狭义和广义两种含义：狭义的房地产市场是指房地产买卖、租赁、抵押、典当等交易活动的场所；广义的房地产市场是指房地产交换关系的总和，是房地产开发、建设、经营、管理、服务消费的内在运行机制。房地产市场将房地产的开发、建设、流通与消费等各个环节联系在一起，从而实现房地产商品的使用价值和价值。

房地产市场的构成要素是房地产市场有效运行所不可缺少的基本因素，反映房地产市场运行中的种种现象，决定和影响着房地产市场的发展现状和发展趋势。房地产市场是由主体、客体和中介构成的。房地产市场的主体是指房地产市场上的行为人，即房地产商品的供求双方。房地产市场的客体是指房地产市场交易的对象，主要包括房产商品和地产商品。在我国，地产商品主要是指土地使用权。作为市场，需要有相当数量不同品质、不同类型的房屋商品、供开发建设的土地以及相应的服务，供人们选择使用和交换。此外，货币资金虽然不是房地产实体商品，但也是房地产市场的客体。房地产市场中介是指从事房地产交易活动或促成房地产交易发生的中介机构，主要包括交易中介和融资中介。交易中介是指房地产经销商、代理商、经纪人、信托公司、信托投资公司以及房地产交易所等；融资中介是指为房地产的供应和需求提供资金的金融机构，如各类商业银行等。

从房地产经济运行的角度看，市场主体、客体和中介缺一不可。但是，从营销学角度看，市场主体中的需求方是交易形成的关键。从这个意义上说，房地产市场是由那些对房地产有特定需要或欲望，而且愿意并能够通过交换来满足这种特定需要或欲望的全部潜在顾客群构成的。

(二) 房地产市场的特征

房地产市场既有一般市场的特征，又由于房地产商品的特殊性而具有其独特的地方，具体表现在如下几方面。

1. 房地产市场的交易形式多样

与一般商品不同，房地产市场交易伴随着相应的权益产生了多种多样的交易形式，如：土地使用权的出让、转让、抵押；房地产的买卖、租赁、调换以及由此派生出的房屋抵押、典当、信托；等等。

2. 房地产市场是区域性市场

房地产市场的经营对象——房屋和土地都是不动产，具有不可移动性，这决定了房地产商品不能像其他商品那样通过运输或自由流动来平衡供求关系。由于房地产的不可移动性，房地产市场的区域性极强。不同国家、不同城市甚至一个城市内部的不同地区之间,房地产的市场条件、供求关系、价格水平都会大相径庭,房地产只能在其所在地区使用,产地和消费地合一。由于房地产市场的区域性特点,房地产开发商在从事某地区的房地产开发经营业务时,必须努力加深对当地政治、经济、社会、文化、法律等各方面的认识。

3. 房地产市场是房地产权益交易市场

由于房地产的不可移动性,房地产交易流通的对象实际上是附着在每一宗具体房地产上的权益(或权利),而不是房地产本身。这种权益可以是所有权(包括占有权、使用权、收益权和处分权),也可以是部分所有权或其他权益(权利)。这种权益一般有明确的界定,因而具有排他性。这些权益或单独交易,或联合在一起交易,在房地产市场上就表现为不同类型、不同性质的交易行为。房地产交易只有完成了权益转移手续才可宣告完结。由于房地产市场的特殊性,加之其交易数额巨大,各国均制定相应法规来规范房地产权益交易,实现对房地产交易的管理。

4. 房地产市场是不完全竞争市场

一个完全竞争的市场必须具备四个条件:第一,商品同质,可以互相替代;第二,某一商品的卖主和买主人数众多,且随时自由进出市场;第三,信息充分,传播畅通;第四,不存在公共物品,各种生产要素可以完全自由流动。但房地产市场不具备上述条件。

房地产商品最大的特点之一是异质性,由于房地产商品是异质的,或者说是唯一的,所以任一宗房地产的卖主和买主都不可能是众多的。一宗房地产只有一个卖主,其他任何人都不可能提供同样的房地产。买主想购买这宗房地产就只有面对这个卖主,没有其他选择。同样,房地产卖主的选择也是十分有限的,某一宗房地产往往只适应少数几个买主的要求。在房地产市场上,买主和卖主的机会都不是均等的,两者都没有充分的选择权,因而在房地产市场上个别卖主或买主对房地产的交易价格往往会起到很大的作用。

此外,由于房地产交易涉及很多法律上的程序和商业秘密与利益,其信息资料通常不是过时就是欠详尽或准确,因此房地产市场是效率不高的市场,极易产生价格波动,使房地产交易的成本升高。

房地产市场的不完全竞争性也是由房地产市场的垄断性决定的。从相对垄断性看,由于土地资源的不可再生性,拥有某一土地的房地产开发企业在与此相对应的市场上就处于相对垄断的地位;从绝对垄断性看,我国房地产的一级市场即土地使用权的征购市场和出让市场是由政府垄断的。

综上所述,房地产市场是一个不完全竞争市场,有其特殊的市场规律(表2-3)。

表 2-3 完全竞争市场与房地产市场的比较

比较项目	完全竞争市场	房地产市场
买卖双方数量	众多	极少
市场主体产品知识化程度与交易难易	知识化程度高,交易简单容易	知识化程度参差不齐,交易难
产品间的可替代性	可以替代	不可替代
产品移动性	可移动	不可移动
购买规格和频率	少而高	大而低
政府干预	少	多
价格变动	明朗	不清晰

5. 房地产市场的变化具有周期性

周期性循环一般被定义为国民经济发展上升与下降运动的周期性重复，包括繁荣、衰退、萧条、调整和复苏五个阶段。房地产业作为国民经济的重要组成部分，也具有周期性。房地产市场繁荣时，空置率低，租金和价格上升，开发面积、销售面积、土地出让面积增加，市场供应不断加大，市场需求增加，房地产企业利润提高。但由于房地产开发周期较长，随着市场需求的降低，市场供应不断增加，供过于求的状况必然产生，空置率上升从而导致租金和价格下调，开发面积减少，市场进入调整期。随着开发量的减少，价格的下调，需求将被刺激起来，吸引许多投资者（包括投机者）及大众消费者入市消化市场供应，房地产市场调整期结束，开始进入复苏期和繁荣期。

第三节 房地产市场营销的概念及意义

一、房地产市场营销的概念

房地产市场是社会主义市场体系的重要组成部分，房地产市场营销是市场营销的一个重要分支，房地产市场营销是通过房地产市场交换，满足现实的或潜在的房地产需求的综合性的经营销售活动过程。从上面的概念中，我们可以看到房地产市场营销蕴含着以下几层含义。

(1) 房地产市场营销的目的是满足消费者对房地产产品的需求。这就是说，房地产产品的开发经营应以市场为导向，以满足消费者需求作为房地产开发企业一切生产经营活动的出发点。企业只有通过市场了解消费者对房地产产品的需求，并且通过开发适时地满足他们的需求，才能顺利实现企业的利润。

(2) 作为市场营销目的的需求，既包括现实需求也包括潜在需求。现实需求是已经存在的市场需求，它表现为消费者既有欲望又具有一定购买力，并通过实际购买行为来满足需求形成现实市场；潜在需求是指消费者对市场上现实不存在的产品或劳务的强烈需求，或者消费者有购买欲望，但支付能力不够的需求，在一定的条件下，这两种潜在需求都可以转化为现实需求。一个有战略眼光的经营者不仅应该积极满足消费者的现实需求，实现商品交换，更应该着眼于潜在需求，因为在满足现实需求的市场中，会有很多同质化的产品，竞争会比较激烈，而通过开发出新产品满足潜在需求，往往意味着企业独占鳌头，并能赢得较高的投资回报。因此，企业可以针对需求的紧迫性，结合企业的条件果断决策，锐意开发新产品，并积极引导消费者购买使用新产品，将顾客的潜在需求转化为现实需求。

(3) 消费者需求的满足只有通过交换才能实现，产品的价值也只有通过交换才能实现，即房地产市场营销的中心是实现商品的交换。因此企业的一切营销活动、营销策略必须紧紧围绕交换展开，通过交换的顺利进行实现企业产品的价值、再生产的良性循环。

(4) 房地产市场营销的手段是开展综合性的营销活动即整体营销，要求企业既进行外部市场营销，又进行内部市场营销。在外部营销方面，应尽量使产品策略、定价策略、销售渠道策略、促销策略等四大要素在时间与空间上协调一致，实现最佳的营销组合以达到综合最优的效果。同时企业内部其他部门均应在增进企业整体利益的前提下积极配合营销部门争取顾客，很好地服务于顾客，强化全局营销意识，提高全员营销素质，以实现整体营销。

房地产市场营销这个概念是从房地产企业的实践中概括出来的，因此其含义不是固定不变的，它将随着房地产企业的市场营销活动而更加丰富、更加系统。

从上面的论述中，我们可以看出，房地产市场营销就是房地产企业为适应和满足消费者的需求，以市场为导向，正确组织产品的生产和供应，适应不断变化的市场需求，合理组织产品的供应和销售，实现房地产企业的经济效益和社会效益而进行的经营活动的整体过程，其内容包括了房地产市场调查、市场细分、预测、决策、市场营销组合、物业管理等活动。

二、房地产市场营销的意义

（一）有利于消费者需求的满足

房地产市场营销观念强调以市场为导向，以消费者需求和利益为出发点，按市场需求组织房地产产品的开发和建设，有利于消费者需求的满足。由于消费者需求具有多样性、层次性、复杂性的特点，房地产企业不可能一目了然地把握市场需求的脉搏。运用市场营销理论，通过正确的市场调查和市场预测方法，可以及时地了解消费者的需求，并根据这些需求进行房地产开发，以进一步满足各种消费者对房地产商品的不同需求。

（二）有利于房地产企业更好地发展

房地产市场营销的研究可以指导房地产企业寻找最佳的投资方向，获取最佳的市场运作效率及在顾客心目中树立最好的信誉等。通过对房地产市场的研究，可以为房地产开发企业寻找投资机会，确定具体的目标市场，为具体的房地产商品制订详细的营销计划，确定科学的产品、定价、分销和促销等策略。同时，根据房地产供求关系和经济、政策、法律等市场情况的变化调整营销计划和内容。因此，房地产市场营销无论是对房地产开发企业开拓市场、获取更多的利润或提高产品的市场占有率，还是对房地产开发企业树立良好的社会形象，都具有举足轻重的作用。

（三）实现商品的价值和增值

市场营销通过产品创新、分销、促销、定价、服务和相互满意的交换关系，使商品中的价值和附加值得到社会的承认。交换是一个创造价值的过程，它总使双方比交换前更好。附加价值化理论认为：产品价值不仅包括由物化劳动和活劳动的消耗所形成的基本价值，也包括由品牌、文化、技术、营销和服务等因素所形成的附加价值，并且附加价值在价值构成中的比重呈现出不断上升的趋势。房地产产品的价格一般都远远超出钢筋水泥的价值，其缘由就是地段、景观、品牌、升值潜力、功能、物业服务等形成的附加价值提升了产品的价值。

（四）避免社会资源和企业资源的浪费

市场营销从顾客需求的角度出发，根据需求条件安排生产，最大限度地减少产品无法销售情况的出现，避免了社会资源和企业资源的浪费。在市场竞争中，房地产企业降低成本是立足市场的制胜法宝。而主动避免浪费，提前做好规划，充分利用和发掘现有资源的潜力，就是最好的节约。比如开发商开发适销对路的房地产商品，可以迅速回笼资金，降低资金时间成本，从而降低风险，提高企业的竞争力。

（五）有利于房地产市场的发育和完善

房地产市场存在并得以正常运行的前提，是房地产商品交易的形成。由于房地产市场的不完全竞争性、信息的非畅通性，房地产的开发、建设与消费在空间、时间、价格、数量、产权及质量等的信息交换和获取方面难度很大，导致房地产产品容易出现大量积压，进而造成巨额资金沉淀。这一问题的解决或缓解，当然需要各方面的努力，其中加强房地产营销理论的研究和应用至关重要。通过开展营销了解消费者需求，开发适销对路的商品，加速房地产产品由商品形态向货币形态转化，缩短房地产商品的流通周期，加速资金周转，降低房地产生产的盲目性，这也是培育和完善房地产市场的重要措施。

总之，房地产市场营销的理论研究及其在实践中有效的推广应用，能促使房地产开发、流通和消费各个环节畅通有序地进行，从而提高整个房地产经济运行的质量和经济效益，进一步促进房地产业的健康发展。

本章小结

市场营销学中市场的含义是某一产品的所有现实和潜在消费者的总和。而市场营销是指个人和集体通过创造并同别人交换产品和价值以满足需求和欲望的一种社会管理过程。指导企业生产经营的观念有五种：生产观念、产品观念、推销观念、市场营销观念和社会营销观念。观念的变化反映了人们对市场营销实践的逐步深入以及营销理论的进步，主要的营销理论有4Ps理论、6Ps理论、4Cs理论、4Rs理论和4Vs理论。

由于房地产商品本身的特殊性，房地产市场具有不同于一般商品市场的特征，如交易形式多样、典型的区域性、权益交易市场、不完全竞争市场、变化的周期性等，这些特征也是房地产市场运行具有特殊性的根本原因。

在房地产市场上进行的营销活动就是房地产市场营销。房地产市场营销是实现房地产商品价值的关键环节，意义包括：有利于消费者需求的满足，有利于房地产企业更好地发展，实现商品的价值和增值，能够避免社会资源和企业资源的浪费以及有利于房地产市场的发育和完善等。

复 习 题

1. 什么是市场营销？市场营销的观念包括哪些？
2. 房地产市场的概念是什么？
3. 房地产市场营销的概念及意义是什么？

思考与讨论

1. 房地产企业应如何树立正确的市场营销观念？需要克服哪些困难？
2. 结合你所了解的企业，说明房地产企业应如何进行市场营销管理。

案例分析

潘石屹和北京现代城

潘石屹于27岁进军北京，他操作的万通新世界广场在一个星期内销售额高达6.5亿港元，成为房地产界的经典之作。

市场在潘石屹看来并不沉重可怕，他选择一个项目的条件概括起来非常简单：①是不是符合未来发展趋势；②对用户是不是方便、舒适；③这个产品质量是否上乘。他说："你对人的基本需要有一个了解和把握，你再去查看一下国家几年内的城市规划，再去跑一下市场，看一下有多少资源可以让你用，就够了。"

他在北京开发新的住宅项目时，将问题简化为：现代中国城市居民要一个什么样的家。有关机构对部分北京人的调查表明：面对未来的价值取向，73%以上的被调查者认为，过现代化的生活和获得稳定的投资回报是自己最想追求的。84%的被调查者认为，尽管现代生活应包括生活的诸多方面，但主要的还是自己的生活空间——"家"的现代化。只有首先拥有一个现代化的家，才能谈论现代化生活。他们认为，如果能满足如下条件，则基本上就可以认定自己过上了现代化的生活：第一，家的周边要有现代化的生活气息和商业氛围；第二，要有方便的出行条件；第三，要有人与自然的亲和；第四，要有个性的充分张扬。

他开始按这四个条件寻找现代北京人的家。潘石屹曾在互联网上下载了一张世界地图，在傍晚从卫星上看地球，地球上灯光的明亮程度与人均GDP水平高度吻合，他说道："由此我受到启发，在晚上我开车看北京的灯光，西边一片黑暗，而东边灯火通明，有在办公室加班的，有饭店、商店……"因此他选中了东边——北京市总体规划确定的北京市CBD（中央商业区），认定该地区是最现代、最繁荣、最有人气的地段。

现代城是潘石屹的一大杰作，总建筑面积42万平方米。现代城建筑不多，偌大的社区只设计了一栋连体公用建筑和六栋公寓。六栋公寓分成两排，间距100米。剩下的是三个标准足球场大小的绿地以及小桥、流水花园等。社区地上没有停车场，而是在中心绿地下设计了三层停车场，社区车辆必须全进停车场，而地面上一片绿草茵茵。根据现代城的居室设计，客厅达50平方米，同时为了更好地采光，设计时把阳台融入客厅内部，采用外探式全落地大窗。往客厅一站，外面的世界近在眼前，似乎与房间连成一体，让人有一种空旷而博大的感觉。现代城无论是社区宏观构思，还是微观的居室设计都为人们预留下了丰富的生活空间。生活在看似"空空荡荡"的现代城，人们得到的是与自然融为一体、与天地合一的心灵的充实与满足。

思考：

(1) 潘石屹在进行房地产开发时的营销观念是什么？

(2) 你对潘石屹开发的现代城有怎样的认识？

(3) 你认为在繁华大都市开发房地产时应关注的主要问题是什么？

第三章 房地产市场营销环境分析

房地产企业的市场营销活动是在一定的社会经济环境中进行的,房地产市场营销环境是不断变化的,环境的变化既能给企业带来机遇,也会给企业带来威胁。因此,在日趋激烈的市场竞争中,房地产企业要想生存和发展,就必须对市场环境进行分析研究,并对影响房地产开发经营的各种因素及其作用予以确定、评价并做出反应,从而能够制定正确的营销战略、目标计划、行动策略、决策措施等,以保证房地产市场营销的顺利进行。

第一节 房地产市场营销环境分析概述

任何房地产企业的市场营销活动都不可能在真空中进行,必然会受到内外部环境的影响和制约。房地产企业在开展市场营销活动时,要把握和利用环境所带来的机会,使企业内部资源和外部环境相匹配,不断创造有利于企业发展的市场氛围。

一、房地产市场营销环境的含义

美国著名营销学家菲利普·科特勒认为,市场营销环境是"影响企业的市场营销管理能力,影响其能否卓有成效地发展和维持与其目标顾客的交易及关系的外在参与者和影响力"。因此,房地产市场营销环境是指与房地产开发企业营销活动有潜在关系的所有外部力量和相关因素的集合,它是房地产企业生存的空间,是房地产企业活动的基础与条件。

房地产市场营销环境是一个复杂的系统,其构成因素多种多样,且对企业营销活动的制约程度有所不同,为了能更好地对这个系统进行分析,将其分为两个层次:宏观环境和微观环境。

宏观环境是指间接影响和制约房地产企业市场活动的各种因素的总和,这些因素对房地产企业的发展和经营有较大的影响力,包括人口环境、自然环境、经济环境、科学技术环境、政治法律环境和社会文化环境。虽然宏观环境对企业活动是间接影响,但它却是给企业带来市场机遇和造成环境威胁的主要因素,它对房地产企业活动的影响是广泛而深远的。

微观环境是指直接影响和制约房地产企业服务其目标市场能力的各种因素,包括企业本身、供应商、营销中间商、顾客、竞争者以及社会公众等。微观环境对房地产企业活动具有直接影响,微观环境中的各种行为者都是在宏观环境中运作并受其影响的。企业为了满足目标市场需求,组成了"供应商-企业-营销中间商-顾客"这样一条市场营销系统的核心链,而房地产企业能否将产品或劳务顺利地转移给消费者,仅仅依据这样一条核心链是不够的,因为竞争者和社会公众这两个因素对企业营销活动也具有不可低估的直接影响。

宏观环境通常以微观环境为媒介去影响和制约房地产企业的营销活动,在某些场合也可以直接影响企业的营销活动,因此微观环境受限于宏观环境(图3-1)。

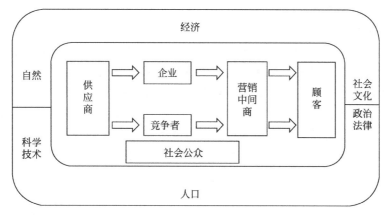

图 3-1 房地产市场营销环境

二、房地产市场营销环境的特点

房地产市场营销环境是个多因素、多层次而且不断变化的综合体，概括起来具有以下特点。

1. 关联性和相对分离性

房地产市场营销环境中的各种构成要素之间不是孤立存在的，而是相互联系、相互影响的，一个因素的变化会引起其他许多相关因素的变化。构成房地产市场营销环境的各要素之间相互作用和制约，这是由于社会经济现象的出现，往往不是由某个单一因素所决定的，而是一系列相关因素共同影响的结果。例如，竞争者是企业重要的直接环境因素之一，而间接环境中的政治法律因素或经济政策的变动，均能影响一个行业竞争者的多少，从而形成不同的竞争格局。因此，这些因素对企业的营销活动并非单独产生影响，而是综合发挥作用，这种复杂的相互关系也使企业的外部环境更加难以把握。

同时，在某一特定时期，营销环境中的某些因素又是彼此相对分离的。各因素对房地产企业活动的影响各不相同，不仅表现在不同房地产开发企业受不同环境的影响，而且表现在同一种环境因素的变化对不同企业的影响也是不相同的。另外由于房地产是不可移动的商品，房地产市场的营销环境比其他市场的营销环境受到更强的地域性的影响，不同地区的房地产企业和房地产项目的市场营销环境是不同的。这种外界环境的相对分离性，决定了房地产开发企业必须采取不同的营销决策才能应对这种情况，同时也为房地产企业分清主次环境因素提供了可能性。

2. 动态性和相对稳定性

营销环境是一个不断变化的动态概念，这是其最显著的特征。构成房地产市场营销环境的各因素是多方面的，而其中任何一个因素都不是固定不变的，随着时间的推移，各种环境因素都处于不断的变化之中。以目前我国房地产企业所处的营销环境来看，"房住不炒"已成为楼市的基本定位，特别是未来在人们追求美好生活、绿色生活的带动下，需求端对住宅的绿色宜居程度、舒适度、智能化程度等提出了更高的要求，这些变化对房地产开发企业的营销活动产生了决定性的影响。企业营销活动必须适应营销环境，这就要求房地产企业要随着环境的变化经常对其营销策略进行调整，以新的营销策略适应新的营销环境。

同时，市场营销环境诸因素在一定时期内具有相对稳定性，这种相对稳定性为房地产企业预测环境变化并采取相应对策提供了可能性。

3. 层次性和差别性

从空间概念来看，房地产企业市场营销环境是个多层次的集合。第一层次是微观环境，即房地产企业所在的地区环境，例如当地的市场条件和地理位置等；第二层次是中观环境，即房地产企业所在城市或省的政策法令、规划要求等因素；第三层次是宏观环境，即整个国家的政策法规、社会经济等因素，包括国情特点、全国性的市场条件等；第四层次是国际环境因素。这几个层次的环境因素与房地产企业的联系紧密程度是不同的。其中，政治法律因素较为广泛普遍，经济因素的影响较为直接，其他因素则通过经济因素影响和制约房地产企业的活动，但这几个层次对企业的影响不是独立分开的，而是相互渗透的，有时很难把它们彻底分开。

不同房地产企业的外界环境存在许多差别。例如，位于沿海城市的房地产企业和位于内地的房地产企业，企业的规模大小、生产的房地产商品等都存在外界环境因素的差异性。此外，环境的差异性也表现为同一种环境因素的变化对不同企业的影响也不相同。

4. 环境的客观性和企业的能动性

市场营销环境的客观性是指企业总是在特定的社会经济和其他外界环境条件下生存发展的。企业只要从事市场营销活动，就必须面对这样或那样的环境条件，也必然会受到各种各样环境因素的影响和制约。环境作为营销部门外在的不以营销者意志为转移的因素，对企业营销活动的影响具有强制性和不可控制性的特点。一般来说，企业是无法摆脱营销环境影响的，特别是宏观环境，企业难以按自身的要求和意愿随意改变它。

但现代营销理论表明，企业对营销环境有一定的能动性和反作用，企业可以通过各种方式影响和改变环境中的某些因素，使其向有利于企业营销的方向变化。比如对于市场、社会公众、竞争者、供应商和中间商，企业可以通过运用自己的经营资源去影响、改变营销环境，使其尽可能朝着有利于开展市场营销活动的方向转化。对于企业本身，可以根据环境的可控因素采取不同的对策，使其更有利于房地产营销活动的开展。

第二节 房地产市场营销的宏观环境

宏观环境是从企业与整个社会相互作用的角度来阐述市场环境的，由间接影响和制约房地产企业市场活动的各种因素构成。一切房地产企业都处于宏观环境因素中，不可避免地受其影响和制约，任何企业及其所处的微观环境必然处在这些宏观力量的控制下，这些宏观环境因素既可以给企业提供机会，也可以造成威胁，企业一般通过分析预测这些环境因素的发展趋势来制定营销策略。

一、自然环境

房地产企业进行活动不仅需要一定的社会经济条件，还需要一定的自然条件，这种自然条件就是企业面临的自然环境。自然环境是房地产投资者无法轻易改变的客观物质条件，而房地产项目又具有地理位置的固定性和不可逆性的特点，因而房地产项目十分重视对自然环境要素的研究，良好的自然环境会给产品带来附加的增值性。因此，从自然环境出发调节房地产经营活动，是企业发展的重要因素之一。

房地产市场营销中，自然环境包括项目所在地的地理位置、地质地貌、自然风光及气候条件等因素。地理位置影响房地产项目的因素主要有交通条件、基础设施配套、生活环境等；地质地貌与自然风光、气候条件不仅关系到项目建筑物的基础设计，而且直接影响项目的景观。一个好的项目规划，要充分利用自然环境有利的一面，使项目无论是外观、结构布局，还是使用性质、功能，均与外在的自然环境达到很好的协调。

二、人口环境

任何需求归根到底都是人的需求，具有购买欲望与支付能力的人是构成市场的决定性因素。人口环境直接决定了某一个城市需要的住宅及其相关配套设施的数量，也间接决定了该城市所需要的商业性、娱乐性和生产性房地产的数量。因此，人口特别是城市人口，是房地产市场营销中首先需要考虑的因素。人口环境包括人口规模和人口增长、人口结构、家庭规模与结构、人口分布与迁移。研究人口环境，对房地产企业准确选择目标市场、进行市场定位有着重要的指导意义。

（一）人口规模和人口增长

人口规模即人口总数，是影响房地产需求的一个基本因素。人口数量及其增长率与市场规模有着密切的关系。购买力一定的情况下，人口数量越多，增长率越高，则市场规模和市场容量越大，企业的市场机会越多。人口规模还直接影响区域内商业的繁荣和工业的发展，从而直接影响商业与工业对房地产的需求。因此，房地产企业在某一地区进行房地产开发经营活动时，首先要了解该地区的人口总量，它是房地产需求的上限。

同时，人口规模及其增长率对房地产企业开发经营活动的影响是双向的。如果人口增长速度过快，就会导致消费者的购买力水平下降，也会导致消费结构的变化，消费者家庭收入中的大部分就要用于食物等基本需求方面的支出，从而减少或延缓住房的消费。

（二）人口结构

人口结构包括自然结构和社会结构。自然结构包括性别、年龄等；社会结构包括民族、受教育程度、职业结构等。按人口结构划分的不同人群有着不同的愿望、价值观、消费需求等。

不同年龄的消费者因其心理和生理特征、经济收入、购买力水平不同，对住房的需求存在较大的差异。例如，青年消费者在购买住房时，受其经济能力的限制，往往会购买小户型的住房；中年消费者一般来说经济收入较高，购买能力较强，往往会购买较为舒适宽敞的住房；老年消费者在购买住房时，往往会选择周围安静、医疗设施完善地区的住房。

随着我国经济的发展，医疗保健水平的提高，人均寿命延长，死亡率下降，很多城市已经步入老龄化的行列。根据全国老龄办最新统计，2017年我国新增老年人口首次超过1000万，60岁以上老年人口达2.4亿，占总人口比重达17.3%。预计到21世纪中叶，我国将进入深度老龄化阶段，老年人口将达到4.8亿左右。我国人口的老龄化也给养老产业带来了"黄金机遇"，尤其是社会资本在健康领域投资热潮的兴起，地产、保险等资本不断进入健康养老、老年地产、养老养生、养老旅游等跨界融合的行业，养老服务业被催生成为朝阳产业。老年人住宅蕴含着巨大的市场潜力。

【案例 3-1】 人口老龄化与老年公寓的需求

20 世纪 90 年代以来，我国的老龄化进程加快，2018 年 65 岁以上人口约有 1.68 亿，占总人口的 11.94%，60 岁以上人口所占的比重已经达到了 17.88%，近 2.5 亿人。因此，解决老年人的住房问题，是目前一个迫切的问题。大部分独住的老年人希望住处与子女离得近些，居家养老是许多老人的心愿。家庭是老年人最熟悉的生活环境，它给老年人带来的温馨和情感上的慰藉，是任何其他机构都无法代替的。

房地产开发公司在对老年住宅进行设计时，要根据老年人的生理和心理特殊需要加以规划和设计。老年人一般讲究环境清静、楼层低、采光好、进出方便，而且人老了，行动会有所不便，这就有特殊要求，比如，楼梯不能过高，楼梯走道的电灯能自动控制等。在做老年住宅的整体规划时，应考虑把社区建设与老年公寓建设结合起来。社区规划中应包括老年医院、老年家庭服务公司、老年活动中心或俱乐部等，要构建一个社会、社区和家庭相结合的新型养老体系。

（三）家庭规模与结构

住房消费具有家庭性，住房是以家庭为单位进行消费的长期供人们使用的建筑物，与家庭生活密切相关，是家庭必需的消费资料。一个地区在总人口不变的条件下，平均家庭人口越多，所需的住宅单位数越少。因此，家庭规模和结构是影响和决定住宅规模和结构的直接因素，住宅的变化和发展要适应家庭规模、结构的变化和发展，这是住房消费行为的一般规律。

近年来，我国家庭规模变化的趋势是家庭的小型化，这是因为传统的几世同堂的大家庭已经逐渐解体，年轻人结婚后一般都脱离老人独立生活，目前三口之家非常普遍，离婚率逐年上升导致单亲家庭正在增加。家庭规模的变化导致商品住宅总需求量的增加，同时也对住房的户型、面积、结构、内部装修等方面提出了新的要求。房地产企业应根据消费者需求的变化，及时提供适销对路的房地产产品。

（四）人口分布和迁移

人口在不同地区的密度是不同的。一般来说，经济发达的地区往往人口密度较高。房地产的固定性使房地产市场具有较强的地域性，因此房地产开发项目主要集中在人口密度高的大中城市。

人口的迁移会直接影响各地区房地产市场消费数量及结构的变化。改革开放以来，我国的经济生活日益活跃，人口流动相应增多，呈现出两大特点：一是大量流动人口由农村涌入城市，二是内地人口涌向沿海发达地区。人口的流动会导致房地产需求结构变化，例如民工流会增加对民工公寓的需求。房地产企业应该及时了解需求，积极应对。

人口的迁移同样出现在一个地区的内部，公路、铁路、地铁、桥梁等的建设都会影响地区内人口的迁移，房地产营销部门应密切关注地区总体发展规划及其修订变化，以准确预测人口的迁移趋势，抓住市场机会，规避风险。

【案例 3-2】 外来流动人口的住宅需求

外来流动人口的增加导致非家庭住户迅速增加，这些家庭住户中的一人户需要较小的公寓房间，暂时同居的两人需要较便宜的或租赁的住房，而三人和三人以上的集体住户则需要较大的住房或集体公寓。但目前外来人口中除了住单位的集体宿舍、租商品房外，有相当一部分人零散租用私宅。在这种情况下，房地产商可以适应打工族的需求，为其建造集体公寓、单身公寓以及小型套房，这样有利于流动人口生活和学习的集中管理。开发商可以和政府合作，取得优惠条件来开发面向打工族的住宅，同时房地产商也可以与那些没有为员工提供住所的企业联系合作。

三、经济环境

房地产市场规模的大小不仅取决于人口数量的多少，还取决于社会购买力的大小。社会购买力是指一定时期社会各方面用于购买产品的货币支付能力。在人口数量既定的情况下，社会购买力越强，则房地产市场的规模越大。购买力是构成房地产市场和影响市场规模的一个重要因素。社会购买力受宏观经济环境的制约，是经济环境的反映，影响购买力的主要因素有国民经济发展水平、消费者收入与支出状况、消费者储蓄和信贷情况、宏观货币政策等。

（一）国民经济发展水平

房地产企业是在国民经济大环境中生存和发展的，其发展不可避免地要受到国民经济发展水平的制约和影响。从需求看，经济发达国家的工商业发展程度高，因而工商企业对工商业用房地产的需求规模就比较大，反之则相对比较小。同样，经济发展水平高的国家，国民收入水平、消费水平也高，因而住宅房地产需求也大，反之就相对较小。再者房地产商品不同于其他一般耐用消费品，如冰箱、彩电，其价值远远高于后者。有关资料显示，我国绝大部分国民还不具备一次性付款购买住宅房地产的能力。

（二）消费者收入与支出变动趋势

消费者的收入与支出状况能够从社会购买力中体现出来，从根本上影响房地产企业的开发经营活动。

1. 消费者收入分析

消费者收入是指消费者个人从各种来源得到的货币收入，通常包括消费者个人的工资、奖金、其他劳务收入、红利、租金等。消费者收入的大部分转化为消费资料购买力，是社会购买力的重要组成部分。

由于消费者的收入并不是全部都用于购买商品和服务，对房地产企业营销而言，有必要区别"可支配的个人收入"和"可随意支配的个人收入"。可支配的个人收入是指个人收入中扣除直接负担的各种税款（如个人所得税）和非税性负担（如工会会费）之后的余额。这部分收入可用于个人消费和储蓄，是影响消费者购买力和消费者支出的决定性因素。可随意支配的个人收入是指可支配的个人收入减去消费者用于购买生活必需品的支出和固定支出后所剩下的余额。这是消费者可任意投放的收入，因此是影响消费者需求结构最活跃的因素。这部分收入越多，人们的消费水平越高，房地产企业的营销机会就越多。

消费者的平均收入以及同地区不同时期的消费者收入情况对房地产市场的影响各不相同。例如，北京、上海、广州等大城市及东南沿海开放地区的收入水平较高，购买力较强，这是这些地区房地产业得以迅速发展的一个重要因素。

由于消费者的收入往往要受到通货稳定情况、税收等因素的影响，因此，还要将消费者的收入区分为货币收入和实际收入，因为实际收入会影响消费者的实际购买力。在消费者货币收入不变的情况下，如果物价上涨，则消费者的实际收入下降；如果物价下降，则消费者的实际收入增加。如果消费者的货币收入随着物价的上涨而上涨，但货币收入上涨的幅度小于通货膨胀率,则消费者的实际收入下降,购买力随之下降;如果货币收入上涨的幅度大于通货膨胀率,则消费者的实际收入上升,购买力随之上升。

2. 消费者支出模式

居民的消费支出包括衣食住行、医疗保健、文教娱乐等各方面,居民收入在各种消费支出中的分配比例称为消费者支出模式。随着消费者收入的变化,消费者支出模式也会发生变化,从而影响房地产企业的发展战略和营销决策。随着我国经济的发展和居民生活水平的提高,我国的恩格尔系数在不断下降,住房消费占总支出的比重将大幅度提高,这为房地产企业的市场营销活动提供了极好的机会。

(三) 消费者储蓄和信贷情况

储蓄与信贷的因素包括储蓄率和储蓄方式,信贷条件、种类、额度期限和利率。储蓄与信贷各要素的变化直接影响消费取向,尤其是大额消费取向。居民储蓄率下降,活期存款或短期存款增加,往往意味着人们的消费增加或持币待购,房地产交易活跃;居民储蓄率上升,定期存款尤其是长期存款增加,往往意味着人们的消费趋于保守,大额消费推迟,房地产交易下降。

(四) 宏观货币政策

宏观货币政策对房地产公司的营销影响非常大。首先,现在我国房地产企业对于银行的依赖性很大,而从银行获得资金的难易程度、能获得多少资金、资金成本的高低与法定准备金率、贴现率和利率政策息息相关。国家缩紧银根,提高法定准备金率、贴现率和利率,则从银行获得贷款的难度增大,数量减少,资金成本增加,制约房地产公司的发展;反之,国家放松银根,降低法定准备金率、贴现率和利率,则从银行获得贷款的难度减小,数量增加,资金成本下降,有利于房地产公司的发展。

四、文化环境

文化环境是指一个国家、地区或民族的传统文化,包括价值观念、教育状况、宗教信仰、风俗习惯等因素,这些因素都会影响消费者的需求和购买行为,从而间接地影响房地产企业的营销活动。因此,企业在进入目标市场时,必须分析和了解消费者的文化程度、价值观念、宗教信仰、偏好和禁忌及其对消费者购买行为的影响,避免和减少营销过程中的盲目性,在产品设计、广告促销等活动中投其所好,避其所忌,更好地满足消费者的需要。

(一) 价值观念

生活在不同国家、地区、社会中的人,接受的文化熏陶不同,价值取向亦有迥然表现。例如,我国人民崇尚节俭,对贷款买房消费的方式是逐步接受的,并充分考虑后果;而西方人则崇尚享受生活,用贷款购买房屋、汽车等商品被认为是享受生活,在社会消费中很普遍。房地产企业只有全面地分析消费者的价值观,才能为产品找准定位,找准产品进入的目标市场,而后才能顺利开展营销活动。

(二) 教育状况

目标市场中消费者所具有的文化程度,会对某些房地产产品的营销活动起到相当大的影响和制约作用,因为文化程度与消费者的收入、社交、居住环境以及消费习惯均有密切的关联。从购买习惯上看,通常文化程度越高的消费者购买时的理性程度越高,他们对房屋的设计方案、房间大小与分割、功能与环境等都有特殊的要求。

(三) 宗教信仰

人类在自身发展过程中，充满了对幸福、安全的向往和追求，各种宗教以其特有的教义对幸福和安全等美好愿望给以诠释，拥有各自的追随者，宗教对人们的消费行为影响，一代一代沿袭继承下来，逐渐形成自己固有的模式。我国宪法明确规定宗教信仰自由，不同宗教信仰人群的消费习惯和特点有明显差异，如佛教的寺庙、伊斯兰教的清真寺、基督教的教堂等，它们从建筑风格、形状、色彩等方面都有很大的不同。

(四) 风俗习惯

风俗习惯是人们根据自己的生活内容、生活方式和自然环境，在一定的社会物质条件下长期形成并世代相传的一种传统风尚和行为方式的总和。风俗习惯影响着人们的消费倾向和购物方式，以无形的形式左右顾客的购买行为。如对住宅格局的特殊偏好，对楼号、门牌号码的禁忌与选择等。房地产企业及其市场营销业务人员只有充分利用不同地区和民族的特殊喜好，才能适应消费者的心理，开拓更为广阔的市场。适当地把握文化差异的适应性，适当地超越文化差异而实现文化沟通，提高自己的文化素养，是任何一个市场营销业务人员随时都要面临而又不容忽视的重要课题。

【案例3-3】 苏州·福园融入"福文化"元素

苏州·福园是苏州的人文地产项目，其规划理念基础就是来源于我国传统吉祥文化"福"文化。项目位于国家旅游胜地苏州光福镇，此地人文资源相当丰富，被古人誉为"洞天福地"，而案名中的"福"字取自天下第一"福"的"福"字，意在传达我国福文化的和谐与美好。项目本身在建筑与园林中多处都运用了"福"文化的符号，可称得上是名副其实的大家福邸。这种文化内蕴和精神理念恰与寒山寺新年听钟声祈福活动举办的出发点不谋而合，出于相同的意愿，苏州·福园首次独家冠名寒山寺新年听钟声活动，以祈天下人身体健康、福禄呈祥。

五、技术环境

科学技术是生产力，是企业和社会发展最重要的动因，每一次科学技术的创新都会给社会生产和人民生活带来深刻的变化。技术创新给房地产企业带来的好处有：一是可以促使企业开发新产品，满足顾客的新需要；二是可以降低成本，增强企业的竞争力；三是为市场营销管理提供先进的物质基础；四是影响企业营销策略的制定。

各行各业都以新技术革命为前导，建筑业、房地产业也不例外。建筑业处于快速发展之中，新技术、新产品、新工艺、新材料层出不穷。新技术革命步伐加快，创新的机会无穷，市场营销人员既要了解科技发展方向，同时又应对科技工作进行指导，使新的产品设计、制造和老产品的改良符合市场需要，这样制订的营销计划才有实现的可能，具有较高的价值。

但是，技术创新和其他事物一样，也具有两面性。一旦企业的产品跟不上技术创新的步伐，企业就要被市场所淘汰。因此，房地产企业要密切关注科技进步和顾客对相关新产品的需求，及时学习引进新的理念和开发新的产品来满足客户的需求。

【案例3-4】 万科专利产品——"情花"

万科于2002年前后推出了一种专利洋房产品——情景花园洋房（简称"情花"，专利号：ZL 02205313.1）。"情花"采用层层退台结构，每户拥有私家花园或景观露台，提倡业主通过露台来交流生活心得，改善邻里关系，提升社区生活品质，即所谓的"露台社交"，露台也成为这一洋房社区中最重要的"情景"之一。由于"情花"源于对人及自然的考究，营造的是具有独特品位的情景生活，这一产品自推出后，马上受到市场的广泛推崇。据不完全统计，全国由万科亲自播撒"情花"的地区有北京、上海、天津、深圳、广州、武汉、成都、青岛、沈阳等地。

六、政治与法律环境

政治与法律环境是影响房地产企业开发经营活动的法律法规、政府机构、公众团体等因素。任何一个房地产企业都是在一定的政治法律环境中运行的，企业的任何活动都要受到以上因素不同程度和方向的约束。

（一）政治局势和政策

房地产市场的特殊性要求政局稳定。政局不稳定会造成房地产市场的供求失衡，人们纷纷抛售房地产，回笼资金，引起该地区的房地产市场低迷。与此同时，远离战争威胁的地区会因大批难民的涌入造成房地产需求膨胀，引起房价和租金飞涨。

政策是国家或政党为了实现一定历史时期的路线而制定的行动准则。政府的政策直接影响房地产投资活动的收益，两者关系十分密切。政府的法律法规是相对稳定的，而政府的方针政策则有一定的可变性，它随着国家政治经济形势的变化而调整。在市场经济条件下，政府对宏观经济的调控和对企业行为的干预，主要是通过制定各种经济政策、运用经济杠杆来实现的，这些政策包括财政政策、货币政策、产业政策、区域发展政策、土地政策、住房政策、房地产开发和销售政策等。房地产企业的营销活动只能在政策允许的范围内进行，任何一项政策的出台，都会对房地产企业产生直接或间接的影响。

（二）法律环境

法律环境指国家或地方政府颁布的各种法律、法令和条例等。为了建立和维护社会经济秩序，保护正常的社会竞争，保护消费者利益和社会长远利益，政府十分重视法律法规的颁布和调整。每一项新的法律法规的颁布或原有法律法规的调整都会直接或间接地影响企业的营销行为。如《中华人民共和国反不正当竞争法》中规定了不正当竞争行为的类型，对企业的促销手段就有一定的限制，通过禁止不正当竞争行为，保护了正当竞争企业的合法权益。房地产企业开展营销活动，必须知法、懂法、守法。

（三）社会团体

社会团体是为了维护某一部分社会成员的利益而成立的，旨在影响立法、政策和舆论的各种公众组织。社会公众团体的活动对企业的市场营销活动也会产生一定的影响和压力，对此，企业应该有充分的预见和准备，既要善于应对消费者权益运动的挑战，又要善于从中捕捉市场机会。

第三节　房地产市场营销的微观环境

房地产市场营销微观环境是指构成企业营销系统的各个组成部分，包括企业、供应商、营销中间商、顾客、竞争者和公众等因素，它们与企业之间形成了协作、服务、竞争与监督的关系，直接制约着房地产企业为目标市场服务的能力。

一、企业

企业是一个系统组织，包括市场营销管理部门、其他职能部门和企业最高管理层。房地产企业的市场营销活动主要是由营销部门负责的，营销部门主要负责市场研究、制订企业的营销计划、新产品开发、品牌的制定和管理、广告、产品销售及售后服务等工作。营销部门在制定营销决策时，不仅要考虑外部环境力量，还要考虑企业内部环境的影响。一是要考虑企业最高管理层的意图，要以最高管理层制定的企业任务、目标、战略和政策为依据制订营销计划，并呈报最高管理层批准执行；二是要与企业的其他职能部门（研究与开发部门、制造部门、采购部门、计划部门、财务部门等）密切配合，相互协调，共同制订企业的年度计划和长期计划，使营销管理工作得到内部的大力支持，整合各种资源，从而形成强大的合力，使各项营销管理决策和营销方案得以顺利实施。

二、供应商

供应商是指为房地产企业提供土地、资金、建筑材料、建筑机械设备、能源和劳动力等资源的企业和个人。供应商这一因素对房地产公司的营销影响很大，其所提供各种资源的价格、数量将直接影响房屋的价格、销量和房地产公司的利润。供应商是企业经营活动的直接影响和制约力量，与房地产企业形成协作关系。

供应商对房地产企业营销活动的影响主要体现在以下几个方面：①资源供应的可靠性直接影响到房地产企业的生产能否顺利进行；②资源供应的价格及其变化趋势直接影响房地产的成本，最终影响房地产企业产品在市场上的竞争力；③供应资源的质量水平直接影响到房地产企业产品的质量。

由于资源供应对房地产企业营销活动有着重要的影响，因此，房地产企业要处理好与供应商之间的关系，重视与供应商之间的合作。一是要坚持"双赢原则"，与优秀的供应商建立长期稳定的合作关系，从而获得稳定可靠的物资供应，降低外部交易成本，避免两败俱伤；二是加强双向信息沟通，协调双方立场；三是采取多渠道采购策略，避免过分依赖一个或少数几个中间商，使企业在市场中始终处于主动地位；四是采取后向一体化策略，自己经营某些建筑材料，降低建筑开发成本，从而获得竞争优势。

三、营销中间商

营销中间商即营销中介，是指协助房地产企业将产品销售给最终购买者的中介机构，包括中间商、营销服务机构和财务中介机构等。

1. 中间商

中间商是指在销售渠道中参与交易活动或者协助交易活动完成的中介机构，根据其是否拥有商品所有权可以分为经销商和代理商。经销商拥有其经营的房地产商品的所有权，从房地产企业购进商品房后再转售，从中赚取差价。代理商不拥有其经营的房地产商品的所有权，只是为房地产企业寻找买主或协助房地产企业签订合同，从中赚取佣金。

中间商通过大量代理房地产产品，创造了地点效用和数量效用；通过延长服务时间，使得顾客能够便利地租买房地产产品，创造了时间效用；通过代理多家不同地点、不同规格、不同式样和价格的房地产产品，创造了品种效用；同时通过便利的现金交易将房地产产品租售给顾客，从而创造所有权效用。因此，中间商在房地产市场营销中起到不容忽视的作用。

2. 营销服务机构

营销服务机构指市场调研公司、广告公司、各种广告媒介以及营销咨询等专业公司，它们帮助房地产公司推出和促销其产品到恰当的市场，房地产公司对每一种服务要决定自制还是购买。这些机构本身在创造力、质量、服务和价格方面是千差万别的，因此，如果房地产公司决定采用外部代理，应仔细选择雇用代理公司，同时，还需定期评估代理机构的绩效，考虑替换不再具有预期服务水平的公司。

3. 财务中介机构

财务中介机构包括银行、信用公司、保险公司和其他协助融资或保障货物购买和销售风险的公司。房地产投资是一种投资金额巨大、收益时间长、风险大的行为，因此，房地产企业目前大多采取银行贷款、保险公司投保等方式来吸引资金，从而达到分散风险的目的。房地产公司的营销业绩会在很大程度上受信用成本的上升及有限的信用额度的影响，所以当公司需要大量融资时，需制订经营计划并使财务中介机构相信计划的可靠性。同时，公司可与外部财务中介机构建立密切的关系，以保证贷款的来源。

四、顾客

从企业角度来看，顾客是企业产品的购买者，也是企业服务的对象；从市场角度来看，市场是由顾客构成的。顾客可以是个人、家庭，也可以是组织机构。对于一个企业而言，顾客永远是最重要的环境因素。房地产市场是一个复杂的多元化市场，房地产企业只有充分认识到顾客需求的层次性和差异性，正确选择目标市场，制定营销策略，才能充分满足顾客的需求。顾客是房地产企业市场营销的对象，是房地产市场营销中起决定作用的力量。企业必须了解其目标顾客的需求及其变化的趋势，为目标顾客提供适销对路的优质产品和服务，满足目标顾客的需要。

五、竞争者

竞争对手是房地产企业进行营销活动不可避免会遇到的。从消费者需求的角度，可以把竞争者分为以下几种类型。

1. 愿望竞争者

愿望竞争者是指提供不同房地产产品，满足消费者不同需求的竞争者。如商业用房、工业用房、娱乐用房、住宅的开发商之间就是愿望竞争者。这种竞争的关键在于采取积极有效的营销策略，吸引消费者，诱导其产生购买本产品的愿望，并采取购买行为。

2. 平行竞争者

平行竞争者是指提供能满足消费者同一种需要的不同产品的企业。如普通住宅、高级公寓、别墅的开发商之间就是平行竞争者。

3. 产品形式竞争者

产品形式竞争者是指满足同一种需要的产品各种形式之间的竞争。如同样是开发普通住宅，开发面积、户型设计（两居室、三居室等）及配套设施等方面均有所不同的开发商之间就是产品形式竞争者。

4. 品牌竞争者

品牌竞争者是指满足同一种需要的同种形式产品的不同品牌之间的竞争。如不同的开发商都提供两居室的房型时，顾客要左右权衡来选择购买哪个开发商的房子，能提供同种房型的企业之间就存在竞争。每个企业只有认真研究市场，明确自己的主要竞争对手，了解竞争对手的主要策略以及双方的实力对比情况，才能知己知彼、扬长避短，在竞争中取胜。

在一个竞争性的市场中，每一个房地产企业的营销系统都是在一群竞争对手的制约下工作的。分析竞争来自何方、出于何种动机、哪个威胁最大等，是企业成功开展市场营销的必备条件。

六、公众

公众指对房地产企业实现其经营目标有实际或潜在影响力的群体。公众对房地产企业的态度会对其营销活动产生巨大的影响，既可以增强房地产企业实现目标的能力，也可以妨碍房地产开发企业目标的实现。因此，企业需要与公众保持良好的关系，否则企业的命运会受到巨大的影响。公众的范围很广，包括金融类、新闻媒体类、政府机构类、公民团体类、地方公众类、一般公众类、企业内部公众类等。

现代企业是一个开放的系统，其营销活动必然与社会各方面发生联系，并影响到公众的利益，因而社会公众必然会关注、监督企业的营销活动，相应做出支持、反对或限制等反应。企业必须处理好与周围各种公众的关系，遵纪守法，注重信用，开展力所能及的公益活动，满足各方面公众的合理要求，树立良好的企业形象，争取社会公众对企业的理解和支持。

第四节　房地产市场营销环境分析的内容与方法

房地产市场营销环境是客观存在和不断变化的，营销环境的变化对任何一个房地产企业产生的影响都可以从三个方面进行分析。一是对企业市场营销有利的因素，即为企业市场营销提供环境机会；二是对企业市场营销不利的因素，即对企业市场营销形成环境威胁；三是对企业市场营销无影响的因素，可将其视为中性因素。对于机会和威胁，房地产企业必须采取适当的措施，才能在变化的环境中生存和发展。

一、房地产市场营销环境分析的内容

房地产企业的市场营销环境是由宏观环境和微观环境构成的多因素、多变量的不断变化的环境。房地产企业在制定营销战略时必须加以调查分析的问题有以下几个方面。

1. 顾客需求

房地产市场是一个复杂的多元化市场，企业只有充分认识到顾客需求的层次性和差异性，正确地选择目标市场，制定营销策略，才能充分满足顾客的需求。

2. 竞争情况

房地产企业应根据目标市场所在地区的经济发展预期，科学地预测未来的需求变化及潜在市场需求量。同时，房地产企业还要分析项目所在地区的同类房地产开发经营企业的营销计划，充分估计已投入使用物业的竞争能力，尤其是某些在未来可能改扩建的物业对市场供给的影响。

3. 供应情况

房地产企业应充分掌握所在地区的城市规划及土地供应计划，以及金融机构提供开发贷款和按揭贷款的发展趋势。

4. 政府政策

随着区域经济和社会的发展，政府的规划限制、环保要求等都将发生一定的变化，房地产的发展政策也将有所改变，房地产企业在制定市场营销战略时必须掌握上述变化的趋势。

5. 企业自身条件

房地产企业应主要分析企业项目在房地产开发、物业经营管理方面的水平及其与竞争对手相比较所具有的优势和可能产生的差距，企业的资金积累及抵押力的变化能否满足经营目标的要求等。

房地产市场环境分析从另一个角度来看，又可分为可控因素（项目本身、价格、销售渠道）的分析以及不可控因素（政治法律环境、经济环境、消费者状况）的分析等。此外，因所在地区的特殊性及开发经营产品的特点，房地产市场环境分析还可进一步进行专项房地产市场分析和定点房地产市场分析：①专项房地产市场分析是指为了满足某一专门需要而进行的房地产市场分析。这种分析没有一个特定的地点，一般是研究一个区域或一个城市中所涉及的居住区的某种房地产市场，例如分析某一居住区多层住宅需求的市场。②定点房地产市场分析是指分析一块特定土地的最佳经济利用方式。它分析某一块土地的各种利用方式及其经济效益，最后确定哪种利用方式能获得最大的经济效益，如某地块修建居民住房的市场潜力研究。

二、房地产市场营销环境分析的方法

房地产市场营销环境分析是制定正确的市场营销战略决策、有效地进行营销管理和控制、实现预期营销目标的前提。房地产市场营销环境分析的方法很多，SWOT 分析法是常用的一种。

（一）SWOT 分析法的概念

SWOT 法，即对企业进行优势（Strength）、劣势（Weakness）、机会（Opportunity）和威胁（Threats）分析。所谓 SWOT 分析法就是将与研究对象密切相关的各种主要的内外部因素，通过调查列举出来，按照矩阵形式排列，然后用系统分析的思想，把各种因素相互匹配起来加以分析，并得出一系列相应的结论，这种结论通常带有一定的决策性。SWOT 分析法如图 3-2 所示。

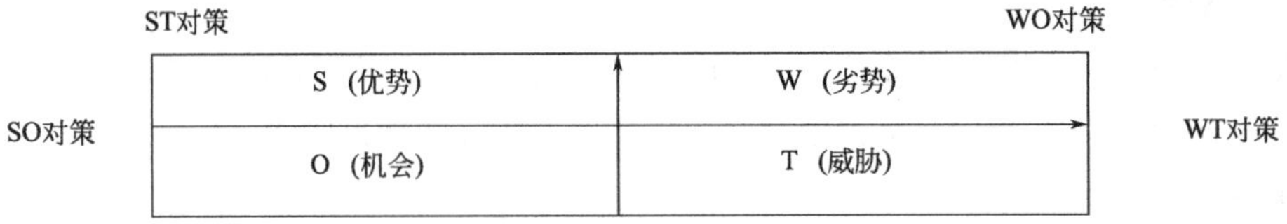

图 3-2 SWOT 分析法示意图

1. 房地产企业内部环境分析（优势/劣势）

当两个房地产项目处在同一竞争市场或者都有能力向同一消费群体提供产品和服务时，

如果其中一个项目有更高的市场潜力，那么就认为这个项目比另一个项目更具有竞争优势；反之，则称为竞争劣势。优势是企业相对于竞争对手而言所具备的技术能力、资源及其他特殊强势因素，有助于企业增强自身的市场竞争力；劣势是严重影响企业经营效率的技术能力、资源、设施、管理能力以及营销水平等限制因素，需要企业在相应的领域进行变革。评价企业内部的优势和劣势时，不仅要从资金、技术、产品、市场等方面进行评价，还要对各项因素进行综合评价。先选定一些因素评价打分，再根据各个因素的重要程度对其赋以权重，根据各因素的加权值之和来确定企业是处于优势还是劣势。

2. 房地产企业外部环境分析（机会/威胁）

机会是指企业所处环境的有利形势，企业应加以充分利用，其实质是指市场上存在着"未满足的需求"。威胁指企业所处环境的不利因素，这些因素是企业发展的约束和障碍，企业应努力将其负面影响降至最低。

外部环境可能会给房地产企业带来机会，例如，宽松的政策、快速的市场增长、技术的进步会促使企业降低成本、增加销售量；外部环境也可能会给房地产企业带来威胁，例如，新竞争者的加入、市场增长缓慢、衰退的经济周期、消费者需求的变化、建筑材料价格上涨等。房地产企业也需要对各项环境因素进行综合评价，以确定是机会还是威胁。

在对内外环境进行综合分析评价的基础上，房地产企业就可以根据得分判定企业处于哪种境况。如图3-3所示，处于第Ⅰ象限的房地产企业，具有强大的内部优势和众多的外部环境机会，适宜采用发展型战略。处于第Ⅱ象限的房地产企业，拥有外部机会但内部条件不好，适宜采用扭转型战略，即扭转企业内部的劣势以利用外部的机会。处于第Ⅲ象限的房地产企业，面对外部威胁的同时内部条件也不好，适宜采用收缩防御的战略（防御型战略），避开威胁，调整企业内部结构。处于第Ⅳ象限的房地产企业，拥有内部优势，但外部环境存在一定威胁，应利用优势分散风险，开展多种经营，以发现新的机遇，即采用多种经营型战略。

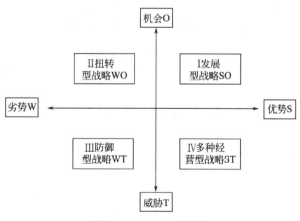

图3-3 SWOT分析图

（二）SWOT分析法的步骤

1. 构造项目SWOT分析矩阵

将调查得出的各种因素根据影响程度、轻重缓急等排序方式构造SWOT矩阵。应将那些对项目发展有直接的、重要的、迫切的、永久的影响的因素优先排列出来，将那些间接的、次要的影响因素排列在后。某项目的SWOT矩阵分析如表3-1所示。

表 3-1 某项目 SWOT 矩阵分析

因素	具体内容	因素	具体内容
S(优势)	① 地段：属商业与居住两相宜的成熟地段 ② 交通：处于次干道路口，交通便利 ③ 配套：紧临某大型商厦，生活配套完备 ④ 教育：重点小学形成强大支撑 ⑤ 产品：楼盘外立面形象良好 ⑥ 工程形象：楼盘处于准现楼状态 ⑦ 户型：布局合理	W(劣势)	① 规模：项目规模小，难与大盘抗衡 ② 自身配套：单体建筑，缺乏目前市场上流行的小区环境和小区花园 ③ 户型：主力户型以三房为主，就本区而言面积偏大 ④ 卖场：目前卖场形象较差 ⑤ 片区：旧区地段，不属于目前的热点片区，不利于吸引区外人士目光
O(机会)	① 商业配套：大型超市将极大地吸引客户的关注度，增加居住氛围 ② 教育配套：可通过对重点小学的强化宣传而扩大客户群 ③ 营销：通过卖场重新整合、完善包装和销售手段来激活销售	T(威胁)	① 区外竞争：巨大的住宅推出量将使较小楼盘面临巨大的竞争压力 ② 区内竞争：即将推出的区内项目将直接冲击本项目 ③ 销售时机：项目主销期仅剩下两个月，销售压力大

2. 制定市场对策

在完成环境因素分析和 SWOT 矩阵的构造后，便可以制定相应的市场对策。制定市场对策的基本思路可以归纳为：发挥优势因素，克服劣势因素，利用机会因素，化解威胁因素；考虑过去，立足现在，着眼未来。

具体做法如下。

（1）WT 对策（最小与最小对策）。当企业处于最不利情况时，只能采取"避短"战略，寻找环境中的其他机会。即考虑劣势因素和威胁因素，目的是努力使这些因素的影响都趋于最小。

（2）WO 对策（最小与最大对策）。当企业本身缺少内部实力来利用这种机会时，企业将面临"避短"和"补短"两种战略选择，即着重考虑劣势因素和机会因素，目的是努力使劣势影响趋于最小、机会趋于最大，使劣势不致成为机会的障碍。

（3）ST 对策（最大与最小对策）。当企业虽有长处，但外部环境不利时，企业应避开这种威胁，寻找外部环境中的有利机会。即着重考虑优势因素和威胁因素，目的是努力使优势因素的影响趋于最大，使威胁因素的影响趋于最小，用优势抵消威胁。

（4）SO 对策（最大与最大对策）。当外部环境机会与企业长处正好一致时，可以制定最有利的战略，发挥企业长处，取得优势。即着重考虑优势因素和机会因素，目的在于努力使这两种因素的影响都趋于最大。

由以上分析可见，WT 对策是一种最为悲观的对策，是处在最困难的情况下不得不采取的对策；WO 对策和 ST 对策是一种苦乐参半的对策，是处在一般情况下采取的对策；SO 对策是一种最为理想的对策，是处在最为顺畅的情况下十分乐于采取的对策。

3. 选择行动策略

企业应对策略进行甄别与选择，确定目前应该采取的具体战略与策略。更为重要的是，企业需要考虑在现有的内外部环境下，如何才能最大限度地运用自身的资源，以获得长久的发展。

当然 SWOT 分析法不是仅仅列出四项清单，最重要的是通过评价公司的优势、劣势、机会、威胁，最终得出以下结论：在公司现有的内外部环境下，如何最大限度地运用自己的资源,如何建立公司的未来资源。

三、环境威胁与市场机会分析

房地产企业在寻找、评价和利用市场机会的同时,还要采取措施避免和降低环境威胁给企业带来的不利影响。

(一)环境威胁

房地产市场营销的环境威胁是指外部环境的变化影响到企业的销售量、市场份额和盈利水平,给企业正常的营销活动带来严重的后果,甚至影响到企业的生存与发展。环境威胁对于企业来说是客观存在的,这些环境威胁对于企业营销活动的影响程度是不同的,有的大一些,有的则小一些。企业面对环境威胁时,如果不果断采取措施,不利的环境趋势必将损害企业的市场地位。因此,房地产营销人员要善于分析环境发展趋势,识别环境威胁和潜在的环境威胁,正确地评估环境威胁的严重性和可能性,以便采取相应的对策。

(二)市场机会

随着市场环境的变化,市场需求也会随之变化,市场就会出现一些尚未满足的需求,这种尚未满足的需求就是市场机会。市场机会并不等于企业机会,只有符合房地产企业目标和能力并能够被企业发现和抓住的市场机会才能最终转化为企业机会。因此房地产企业应该善于发现并分析企业机会,然后对这些机会加以分析和评价,分析其是否符合企业的目标和资源,能否使企业发挥优势,获得比竞争者更大的差别利益。

(三)寻找和发现市场机会

房地产营销人员必须进行市场研究,千方百计地寻找、发掘和识别市场机会。房地产企业发现和寻找市场机会的方法很多,常用的有以下几种。

1. 借助产品/市场发展矩阵寻找市场机会

产品/市场发展矩阵就是将企业的产品分为现有产品和新产品,将企业的市场分为现有市场和新市场。这样,产品和市场会出现四种组合:市场渗透、市场开发、产品开发和多角化。产品/市场发展矩阵如表3-2所示。

表3-2 产品/市场发展矩阵

项目	现有产品	新产品
现有市场	市场渗透	产品开发
新市场	市场开发	多角化

这种方法主要是企业通过规划新增业务的思路,发现和识别机会。首先从市场渗透、产品开发两个方向寻找机会,如果不存在有吸引力的机会,可逐步扩大范围,沿着一体化指导多角化的思路继续寻找市场机会。

2. 通过广泛收集市场信息寻找市场机会

企业内部各部门,企业外部的消费者、中间商、政府部门、咨询机构、科研单位等都是企业收集市场信息的渠道。通过对收集到的意见和建议进行分析来寻找市场机会。

3. 通过市场细分寻找市场机会

房地产营销人员按照消费者需求的差异性将市场划分为若干个子市场,可以从需求中发现尚未满足或尚未完全满足的市场。房地产营销人员不仅要善于寻找和发现有吸引力的市场机会,还要善于对所发现的各种市场机会加以评价,以确定企业的营销机会。

(四) 评价市场机会

主要是评价某种市场机会能否成为企业的营销机会。

1. 市场机会是否与企业的目标一致

企业的目标主要有利润目标、销售额目标、销售增长目标、市场占有率目标以及商誉等。凡是不符合上述目标的市场机会就不能成为企业的营销机会。

2. 成功开发市场机会需要具备的条件

市场机会虽然符合企业的目标,但如果缺少必需的资源,如企业在能源、材料、技术、设备、分销渠道等方面力所不及,那么这种市场机会也不能成为企业的机会。企业的资源是否充足,企业的其他条件是否满足,是否有阻碍市场机会转化为企业机会的因素,这些都是需要进行分析和评价的。

3. 企业利用市场机会的优势

应评价企业在利用市场机会时是否比潜在的竞争对手有更大的优势,因而能享有更大的差别利益,如企业是否具有成本优势、销售渠道优势或品牌优势等。

(五) 机会-威胁矩阵图分析法

对于房地产企业,并不是所有的市场机会都是有价值的,也并不是所有的环境和风险都很严重。企业需要对所能预见的机会和威胁加以分析和鉴别,以便采取适当的决策。机会-威胁矩阵图分析法是一种很适用的方法。

1. 威胁分析矩阵

房地产经营者对市场环境威胁的分析主要是从两方面考虑,一是分析市场环境威胁出现的可能性,二是分析市场环境威胁对企业的影响程度。可以利用威胁分析矩阵,将这两方面结合起来分析,如图 3-4 所示。

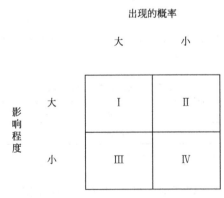

图 3-4 威胁分析矩阵

对于图 3-4 中第 Ⅰ 象限的威胁,也就是出现概率大、影响程度高的威胁,企业必须高度重视并制定相应的措施,避免受到损失或将损失降到最低。对于第 Ⅱ 象限和第 Ⅲ 象限的威胁,企业要给予充分的重视,制定好应变方案。因为第 Ⅱ 象限的威胁虽然出现的概率小,但一旦出现,将给企业的营销活动带来特别大的危害。第 Ⅲ 象限的威胁虽然对企业的影响不大,但出现的概率大,也不可忽视。对于第 Ⅳ 象限的威胁,企业应注意其变化情况,当第 Ⅳ 象限的威胁向其他象限转移时,应制定相应的对策。

企业针对环境威胁一般可以采取以下三种对策:①反抗策略,即企业试图限制或扭转所面临的环境威胁,如利用各种方式促使政府通过某种经济政策或法令来改变环境对企业的威胁;②减轻策略,即通过调整市场营销组合手段来改善"环境适应",以减轻环境威胁对企业营销造成的不利影响;③转移策略,即企业决定将业务转移至盈利水平更高的其他行业或市场,实行多元化经营。

2. 机会分析矩阵

房地产营销者对市场机会也要从两个方面进行评价,一是市场机会给企业带来的潜在利益的大小,二是市场机会出现概率的大小,如图3-5所示。

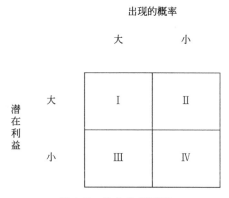

图 3-5 机会分析矩阵

在图3-5的四个象限中,第Ⅰ象限的市场机会潜在利益大,成功的概率大,企业应全力发展这一机会。第Ⅱ象限的机会虽然出现的概率小,但一旦出现,会给企业带来很大的潜在利益;第Ⅲ象限的机会虽然潜在的利益小,但出现的概率大。因此,对这两个象限的机会,企业要注意制定相应的对策。对于第Ⅳ象限的机会,主要是观察其发展变化,并根据情况及时采取措施。

企业对于市场营销环境机会,一般可采取下面三种对策:①发展策略,又称为抢先策略,即企业通过环境机会分析,认为该机会有较大的发展潜力,便可及时抓住这一机会开发新产品和服务,抢先进入市场,在竞争中取得领先地位。一般地说,这种策略投资较大,并且有一定的风险。②利用策略,又称为紧跟策略,即企业通过环境机会分析,认为营销风险较大,但机会对企业的吸引力也大,此时,在市场已有企业进入的情况下,采取紧跟方式,既可避免抢先占领市场所承担的风险,又可较早进入市场,取得竞争的有利地位。③维持策略,又称为观望策略,是一种较为保守的做法,即企业对发现的环境机会采取观望的态度,等待时机成熟时再加以利用。采用这一策略时,企业往往有较大的回旋余地和空间,该策略比较适合中小企业。

本章小结

任何房地产企业活动都是在一定的社会经济环境中进行的。对房地产市场营销环境的分析研究,是企业实现经营目标的首要环节。房地产市场营销环境是指对房地产企业活动有直接和间接影响的所有因素,包括宏观环境和微观环境两大部分。宏观环境包括自然环境、人口环境、经济环境、文化环境、技术环境、政治与法律环境;微观环境包括企业、供应商、营销中间商、顾客、竞争者、公众。市场营销环境的特点有:关联性和相对分离性、动态性和相对稳定性、层次性和差别性、环境的客观性和企业的能动性。

本章最后着重阐述了房地产市场营销环境的分析内容、分析方法以及环境威胁与市场机会分析等，其中分析方法介绍了SWOT法。在市场机会分析中，房地产企业只有清楚地知道企业面临的市场机会，掌握发现、分析与选择市场机会的方法，才能从众多市场机会中选择出适合本企业的发展机会。

复 习 题

1. 房地产市场营销环境有哪些特点？
2. 房地产市场营销环境包括哪些环境因素？
3. 市场营销环境分析对房地产企业有什么意义？
4. 什么是SWOT分析法？试举例说明某具体项目如何运用SWOT法进行分析。

思考与讨论

1. 以我国政府调控房地产价格的政策演变为例，试分析说明政策环境如何影响房地产企业的市场营销。
2. 以小组为单位，结合当地的房地产项目，试分析该项目的微观环境和宏观环境，特别针对近几年相继出台的许多房地产宏观调控政策和措施，分析这些政策环境为房地产市场营销带来了哪些机遇和挑战，运用SWOT分析法分析该项目的市场营销环境，同时各小组形成书面材料，以小组课堂汇报的形式进行交流。

案例分析

调控政策出台对房地产市场的影响

2006年5月17日，国务院常务会议研究了促进房地产业健康发展的措施，并针对当时国内房地产市场所存在的问题提出六条措施，习称"国六条"。"国六条"的主要内容是：①切实调整住房供应结构。重点发展中低价位、中小套型普通商品住房、经济适用住房和廉租住房。各地都要制定和实施住房建设规划，对新建住房结构提出具体比例要求。②进一步发挥税收、信贷、土地政策的调节作用。严格执行住房开发、销售有关政策，完善住房转让环节税收政策，有区别地适度调整信贷政策，引导和调节住房需求。科学确定房地产开发土地供应规模，加强土地使用监管，制止囤积土地行为。③合理控制城市房屋拆迁规模和进度，减缓被动性住房需求过快增长。④进一步整顿和规范房地产市场秩序，加强房地产开发建设全过程监管，制止擅自变更项目、违规交易、囤积房源和哄抬房价行为。⑤加快城镇廉租住房制度建设，规范发展经济适用住房，积极发展住房二级市场和租赁市场，有步骤地解决低收入家庭的住房困难。⑥完善房地产统计和信息披露制度，增强房地产市场信息透明度，全面、及时、准确地发布市场供求信息，坚持正确的舆论导向。

国务院"国六条"的出台引发了全社会对房地产的再次关注，出台的新调控政策可以说是对过去出台的"国八条"的延续和提升。综合调控政策，可以看出这次调控的目标更为明确，措施更为细致，针对性更强，调节手段也从过去的土地和金融两个领域扩大到运用更多综合手段。

从当时某城市的房地产市场来看，小户型、大众楼盘一直是热销的市场，因此市场导向与中央的政策是一致的。"国六条"对于当地消费者最现实的意义是解决了消费需求问题。"国六条"规定，"自2006年6月1日起，凡新审批、新开工的商品住房建设，套型建筑面积90

平方米以下住房（含经济适用住房）面积所占比重，必须达到开发建设总面积的70%以上"，这意味着未来市场上中小户型将持久地成为供应主力，而更多从前只能购买中低档小楼盘和购买二手房的普通百姓将能享受到品牌开发商的精品楼盘。

新的住房消费群体的涌入对于未来品牌开发企业将是一个挑战。如何在控制开发成本的同时，将产品做得更好，实践大众精品是品牌开发商的共同课题。在物业管理方面，针对相对低收入人群如何做好服务也是开发商要面临的考验。

针对调控政策将要引发的市场变化，大部分开发商是乐观积极的。项目建设之初，对产品的定位就是大众精品，建造普通消费者买得起的精品楼盘。在物业管理方面，将通过降低基础物业费、增加增值服务来分层次管理，实现不同人群的针对性。

无论调控政策的出台对市场影响如何，开发企业的应对之道都是要集中在产品上。在任何市场形势下，产品做不好，企业都将难以生存。在当时的市场形势下，开发商把精力集中到产品的提升上，在项目产品开发过程中加入了很多新的元素，使项目产品给消费者带来的居住感受提升一个新的高度。

思考：结合案例谈谈调控政策的出台对房地产市场的影响。

第四章 房地产消费者购买行为分析

营销活动的目的就是寻找潜在消费者,并把他们变成现实消费者,其核心是满足消费者的需求,但要了解消费者心理及购买行为并不容易。研究消费者购买行为,首先要掌握消费者需求以及购买行为,再进一步研究影响消费者行为的各种因素,然后具体研究购买决策过程的各个阶段。对房地产消费者需求及行为的研究是房地产企业市场研究的核心内容,也是房地产企业制订市场营销计划的出发点,更是房地产市场营销活动成功与否的关键。

第一节 房地产消费者的需求

一、消费者需求的含义

需求是购买行为的根源,所以房地产企业要想使顾客产生购买行为,必须千方百计地唤起顾客对房地产产品的需求。房地产市场活动是从确定市场需求开始的,过程中常常会遇到有效需求、潜在需求、名义需求等概念,在研究消费者行为之前,有必要先对这些概念进行准确的定义。

(一)有效需求

有效需求是指在一定的商品价格水平和消费者收入水平条件下,消费者愿意并且具有支付能力的所能购买的商品数,也可以称为市场的现实需求。有效需求具有两个特征:一是消费者具有购买愿望,二是消费者具有支付能力。两个特征缺一不可,否则就不能成为有效需求。同时由于商品的价格和消费者收入经常处于变动之中,因此有效需求又具有很大的伸缩性和变动性。有效需求是真实的需求,是房地产企业进行投资决策的出发点。

(二)潜在需求

潜在需求是指具有购买欲望但尚不具备完全支付能力的消费者愿意购买的商品数。在外部条件发生变化时,这种不完全的支付能力可以转化为完全的支付能力,即在一定条件下,潜在需求是可以转变为有效需求的。例如,房地产企业将付款的条件设置得更为优惠,贷款年限再长一些,利率再低一些,贷款比例再高一些,就可能使得一部分本来不具备购买能力的消费者拥有完全的支付能力来购买房地产。另外,从潜在消费者的角度来看,有些消费者可能具备了完全的支付能力,但是由于某些原因,暂时没有购买的愿望,但当市场条件发生变化时,就可能激发起消费者强烈的购买愿望。例如,当房地产价格降低,投资收益率升高时,就可能会激发起一部分消费者投资房地产进行增值保值的愿望,也可以将这部分需求视作潜在需求。潜在需求向有效需求的转变在很大程度上取决于外部条件的可变通程度。对于房地产营销人员,潜在需求是研究开发的重点,要研究各种条件变化对潜在需求的影响程度,以便在营销中对某些条件进行变通,将潜在需求转变为有效需求。

(三) 名义需求

名义需求是消费者愿意购买的商品数。名义需求是一种不要求具备支付能力的需求，仅仅是一种愿望。这种需求无法或很难转换为有效需求，除非影响消费者需求的某些因素发生质的变化。名义需求对房地产市场营销活动并不具有直接的意义，只是在对房地产市场进行宏观分析时，作为房地产企业进行投资决策和制定营销战略的参考依据。

二、需求层次理论

为什么人们有了两居室的住房以后，就期盼三、四居室的房子？为什么一些人有了洋房之后，又买了别墅？马斯洛的需求层次理论对此做了很好的解释。

这一理论根据主观因素和客观条件的不同，将人的基本需求由低到高依次分为生理需要、安全需要、归属与爱的需要、尊重需要和自我实现需要。这些需求相互联系，依次由低级向高级发展。生理需要是指人对食物、水、空气、性等用以维持个体生存和种族延续的物质的需要，这是人类最低限度的基本需要。安全需要表现为人们要求稳定、安全、受到保护、有秩序、能免除恐惧和焦虑、医疗和退休保险等。归属与爱的需要表现为人们要求与其他人建立感情联系或关系，如交朋友、追求爱情、得到所在团体的承认等。尊重需要包括自尊和受到他人尊重。自我实现需要则是指人们力求发展并施展自己的能力或潜能，以达到最完美境界的成长需要。由于这五种需要的排列形状像一个金字塔，需求层次理论又被称为需求金字塔理论（图4-1）。

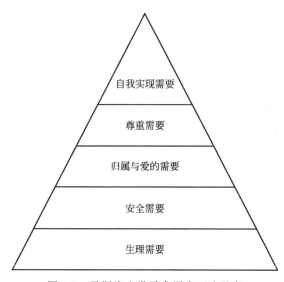

图4-1 马斯洛人类需求层次理论示意

马斯洛认为，每个人的行为动机一般受到不同需要的支配，需求层次理论可以帮助房地产营销人员了解目标顾客的需求层次，不断发现消费者未被满足的需要并给予最大限度的满足，根据目标顾客的需求层次提供适宜的房地产产品，或者将营销刺激集中于多层次的消费需要，以获得最大成功。

三、需求的特征

需求具有对象性与周期性、多样复杂性、发展可变性、伸缩性及可诱导性五个基本特征。

（一）需求的对象性与周期性

需求的对象性是指人们的需求总是指向某一特定的、具体的对象，否则满足需求就无从谈起。需求的周期性是指一些消费需求满足后，一段时间内这些需求可能不再产生，但随着时间的推移又会出现。消费者需求的周期性是由人的生理运行机制所引起的。消费者需求的周期性还同商品使用寿命、社会时尚以及个人的购买习惯、工作与闲暇时间等因素有关。需求虽然周而复始地不断产生，但每一次都不是上一次需求的简单重复，而是在对象、满足方式、强度等方面有所变化。例如，在经历了欧陆风情、地中海风情、新加坡风情等建筑风格之后，20世纪90年代末，深圳住房市场中具有岭南风格的建筑得到了人们的青睐。

（二）需求的多样复杂性

人是社会的人，不仅具有情感、意志、兴趣爱好、气质人格等方面的个体差异，而且总是隶属于不同的国家、民族、地域，具有不同的信念，遵循不同的风俗习惯与行为方式。由于个人的、自然的、社会的原因，对同一类或同一方面的需求，不同个体可以赋予全然不同的内容，采取不同的满足方式；而同一个体在不同的时期会有不同的需求产生，即使是同一个体的同一需求，在不同场合的具体表现也各不相同。这就是需求的多样复杂性。例如，因为消费者的收入水平、文化程度、职业、性别、年龄、民族、习惯、爱好、兴趣不同，其对房地产商品和服务的需求也就不同。需求的多样复杂性使市场细分有了充足的理论依据，也为众多的开发商不遗余力地追求房地产的"个性"提供了很好的解释。

（三）需求的发展可变性

根据马斯洛的需求层次理论，低级需要得到一定程度的满足之后，就会产生新的高一级的需要。也就是说，需求是不断发展变化的。人们对商品和服务的需求是从低级向高级发展的。在低层次需求得到满足后，人们就会产生高层次的社会和精神需求。

（四）需求的伸缩性

在现实生活中，由于消费者的各种需求受内、外多种因素的影响和制约，在需求的多少、强弱、满足水平和方式等方面具有一定的弹性。在特定情况下，人的需求可以被抑制、转化、降级或停滞在某一水平上，还可以通过某种方式有限度地同时满足几种不同的需求。例如，在国家福利分房时代尚未结束时，一些人即使手中有钱，也不会自己掏钱买房。在福利分房时代结束之后，一些人即使钱不充裕也会采用银行贷款或按揭的方式购置房屋。从消费者自身来看，影响需求伸缩性的主要因素有个性特点、经济收入、社会地位、审美价值观、工作和闲暇时间等；从商品和销售方面看，主要因素有商品供应、广告宣传、售中服务和售后服务、销售、环境、商品性能等。一般来说，基本生活用品的消费需求弹性较小，而非生活用品或中、高档消费品的消费需求弹性较大。

（五）需求的可诱导性

从需求的伸缩性可以看出，需求是可以变化的，因而也是可以引导和培养的，可以被调节和控制的。需求的可诱导性包括两种情况。一种是从无到有。例如在电视机出现之前，人们没有购买电视机的需求。另一种是从弱到强，从可有可无到必须有。还以电视机为例，最初人们有黑白电视机看，心理需求已得到了充分的满足，但后来生产出彩色电视机，在商家宣传和彩色电视机本身巨大的诱惑下，人们放弃了黑白电视机，而追求彩色电视机，进而追求遥控、大屏幕、画中画、数码电视机等等。至于房地产产品，同样也是如此。从买房到买生活方式，从欧陆风情到岭南风格，从智能化到宽带网，从物业管理到贴身关怀，都是开发商对消费者诱导的结果。

四、影响消费者需求的因素

需求既然是一种购买力的需要，就不仅同价格密切相关，而且还取决于人们的收入、偏好等其他因素。一般来说，引起需求偏好等需求条件变化的因素大致有如下几方面。

（一）消费者收入水平的变化

消费者对商品的需求以一定支付能力为基础，而支付能力取决于消费者的收入水平。这里所说的收入是指消费者的实际收入（即扣除通货膨胀因素后消费者所持货币的实际购买力）的高低，而不是名义收入。因此在其他条件不变的情况下，消费者的收入水平越高，支付能力越大，能购买的商品数量也就越多，反之就越少。可见需求与收入是按同一方向变动的。

（二）相关商品价格的变化

由于消费者在一个时期内的收入是一定的，所以一般根据收入水平决定选购最必需的物品。但这种决定不是完全不可改变的。首先，消费者所需要的商品往往有许多替代品，即在效用上可以替代的商品。如消费者所需的楼房可以用平房替代，而当平房价格下降时，即使楼房价格不变，购买楼房的人也会相对减少，而购买平房的人会相对增多。其次，消费者所需要的商品还受互补商品价格变动的影响。有些商品必须与其他有关商品搭配使用，如钢笔与墨水、汽车与汽油等就必须配合使用才能满足人们的某种需求，称为互补商品。对于互补商品，如果其中之一价格上涨，不但影响其本身的需求量，还会影响到另一种商品的需求量。如汽油价格上涨，不仅使汽油需求量减少，还会使汽车需求量下降。由此可见，某种商品的互补商品价格上涨，会引起对这种商品需求的减少，而互补商品的价格下降，会引起对这种商品需求的增加。

（三）消费者对商品偏好程度的变化

偏好是消费者对商品的喜好程度，主要取决于消费者的文化水平、职业、年龄、心理因素等。由于广告等一些外界因素影响，消费者对商品的兴趣会发生变化。如果消费者对一种商品的偏好程度降低，市场对这种商品的需求就会减少；如果消费者对一种商品的偏好程度提高，市场对这种商品的需求就会增加。

（四）社会人口数量及构成的变化

一般来说，社会人口数量增加，对商品的需求量就会增多；社会人口数量减少，对商品的需求量就会减少。例如一个城市的人口不断增加，对房屋的需求量就会随之增加。人口的构成对商品的需求量也会产生一定的影响。

（五）消费者对未来的预测

消费者对未来的价格和收入水平的预期，会影响消费者当前的购买行为。如果消费者认为他希望购买的商品不久就会涨价，他现在就可能会购买。如果现在已经涨价，而今后很可能继续涨价，他也可能会迫不及待地抢着购买。反之则会不买或少购买。如果消费者预期他的收入不久就会增加或减少，也会使他现在的购买量增加而减少。

影响消费者需求的因素并不是单独作用的，往往是几个因素合在一起发生作用。例如，在特定的市场区域内，消费者对住宅的总体需求取决于两个方面的因素：一是购房者的区位偏好、购买能力，二是开发商提供房源的质量和数量。市场需求的物业类型和区位偏好则取决于购房者的特征，如年龄结构、家庭规模、收入和生活方式的偏好；对区位的偏好还与建筑密度、区域类型、交通条件、教育和医疗卫生设施的水平、环境条件以及其他许多因素有关，这些因素随着购房者本身的社会经济地位的变化而变化。

第二节　房地产购买行为的形成与内容

在市场经济环境中，消费者是企业的上帝，是企业的衣食父母，同时也是房地产市场营销活动的出发点。对消费者的购买行为进行分析和研究，可以为企业的营销工作提供依据。

一、房地产购买行为的形成

所谓房地产购买行为，是指房地产市场的消费者（包括个人和群体）为了满足生活或生产、投资等各种需求，在一定的购买动机驱使下，通过支出货币而取得房地产商品的一种活动，即购买活动。按照心理学规律，人的行为来源于动机，而动机又产生于需求。当人们受到外界环境的刺激时，便会产生某种需求，在需求形成而又没有得到满足之前，就会产生一种心理上的紧张感，这种紧张感自然使人们产生行动的念头，这一念头在心理学上叫作驱动力，即动机。动机推动人们产生一定的行为方向，从而达到目标或满足需求，至此紧张的心理基本消除。上述过程如图4-2所示。

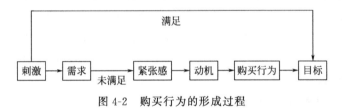

图4-2　购买行为的形成过程

房地产消费者需求的形成一般有直接需求和外界诱因两种途径。直接需求又称先天需求，是人们维持生命与生存繁衍的本能，即对住房这一基本生活资料的自然的、本能的需求，如遮风避雨、抵御寒冷等。当人们满足了这些基本的生活需求后，又会产生高一级的需求，如住得更宽敞、更安全、更舒适等，这种需求通常来源于一些外界因素的影响，诸如社会环境、经济环境、产品的特征等，这些因素及房地产企业的各种广告宣传等营销手段，比人的直接需求更复杂且多种多样。

需求形成以后，便会推动房地产消费者去寻求相应的满足，当必须通过购买行为才能满足其消费需求时，购买动机便随之产生。假如购买条件（即购买力）具备，将直接促使消费者产生购买行为。

心理学家提出了一种"刺激-反应"（S-R）模式来解释人的行为是如何受其心理活动的支配的。他们认为，人们行为的动机是一种内在的心理活动过程，看不见，摸不着，像是一只"黑箱"，是一个不可捉摸的神秘过程。外界的刺激经过这一黑箱，产生一系列的心理活动和反应，最终引起某种行为（图4-3）。只有通过对人的行为的研究，才能真正了解其心理活动过程。这里所要研究的，就是消费者对营销刺激和其他外界刺激的反应。

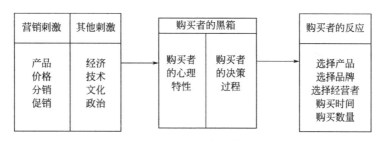

图 4-3 购买者行为模式

所谓营销刺激，指企业营销活动的各种可控因素，即"4P"：产品、价格、分销、促销；所谓其他刺激，主要指消费者所处的外界环境因素，如经济、技术、文化、政治等。这些刺激通过购买者的黑箱产生反应，形成购买行为。

刺激和反应之间的购买者黑箱包括两个部分。第一部分是购买者的心理特性，它受许多因素影响，并进而影响购买者对刺激的理解与反应，不同心理特性的购买者对同一种刺激会产生不同的理解和反应。第二部分是购买者的决策过程，它直接影响最后的结果。本章第三节和第四节将分别讨论这两部分的内容。

从上述分析可以得出，直接需求、外界刺激都可引起消费者的一系列心理活动，导致消费者的购买行为，这些在房地产市场的购买行为过程中也得到同样的反映。随着房地产商品在人们的生活和生产等方面的作用日益重要，对房地产市场消费者的购买行为形成的分析、研究也将成为必要。

二、房地产购买行为的内容

消费者购买行为是指消费者为获取、使用、处置消费物品或服务而采取的各种行动，包括决定这些活动的决策过程。房地产消费者购买行为的内容可以简单地概括为"5W1H"，即谁来购买房地产（Who），为什么要购买房地产（Why），在什么地点购买房地产（Where），在什么时候购买房地产（When），购买什么样的房地产（What），如何购买房地产（How）。

（一）谁来购买房地产（Who）

购买主体是实施房地产购买决策和购买行为的人，也即支付货币换取房地产商品的人。在这里主要分析研究谁是主要的消费者以及各种类型消费者的划分。

1. 谁是主要的消费者

即从房地产商品本身出发，要将房地产卖给什么样的消费对象，解决消费者层次定位的问题。例如，高档商住楼盘——营销的对象主要是在这一地区设立办事处或分公司的外省市的大型企业；商住楼既可以办公，又可以解决外地工作人员的住宿问题，而高档又决定了购买者必须是具有一定实力的较大型企业。又比如高标准的公寓——主要面向的消费对象可能是高收入人群，如外资企业的高级职员、成功的企业家等。

同时由于房地产商品所具有的价值高的特点，购买行为的过程中还存在许多参与者，如购买的决策者可能不是最终的使用者。因此在研究主要消费对象的同时，还要对参与购买决策的人员进行研究和分析，即需要研究谁进行购买决策，谁出资购买房地产，谁对购买决策产生影响，谁最终实际使用房地产。这里的重点是要对购买的决策者和购买决策的影响者进行研究和分析。确定主要消费者是对消费者购买行为进行描述的第一步,也是最重要的一步,它为房地产营销人员进行营销策划、划分最终的目标市场提供了依据。

【案例 4-1】 房地产购买行为的影响者

一位姓张的老先生要在居民小区买一套住房,但以后实际要来住的却是他在某公司工作的儿子,而做出决定为儿子购买婚房的则是张先生的夫人,但影响张夫人决定购买该小区住房的却是王先生,王先生是承担开发建设该小区的房地产公司的财务人员,由于他的大力推荐,张夫人才决定购买该小区的房产。由此可见产品的实际购买者、使用者、购买决策者、购买决策的影响者有时可能分属四方,这也就说明了房地产购买行为过程的复杂性。当然在实际购买活动中,也有四个行为主体同属一人的,如单身个人购买。但因房地产不是一般消费品,购买者一般特别慎重,往往要牵涉两个以上的行为主体。

作为房地产企业,在其营销过程中必须对不同的产品进行不同的分析,特别是对于购买决策者与影响决策者要有充分的了解与认识,并在广告宣传和推销策略上有明确的针对性,使营销活动收到较好的效果。

2. 消费者类型的划分

由于消费者所受的教育、文化修养、处事方式存在差异,即使确定了主要消费对象,这些消费对象的每个个体之间也存在很大的差异。因此仅仅确定主要消费者还是远远不够的,还应该对消费者进行分类,以便在营销活动中采取正确的策略来加以突破。一般来说,房地产商品的消费者可以大致划分为以下几类:

(1) 成熟稳健型。这类消费者通常具有丰富的房地产知识和投资经验,对房地产商品本身以及市场信息相当了解,与营销人员洽谈时深思熟虑,冷静稳健,遇到疑点一定会追根究底,不容易被营销人员说服。对待这类消费者要实事求是,以获取消费者的理性信任。

(2) 谨慎小心型。这类消费者的特点是仔细地研究售楼书等文件,对营销人员的介绍和提问反应冷漠,出言谨慎。对待这类消费者,营销人员先不要急于推销楼盘,态度要诚恳、亲切,消除消费者的怀疑,先争取消费者的信任和依赖感,然后再向消费者介绍楼盘的情况,可以事半功倍。

(3) 犹豫不决型。这类消费者往往对楼盘的要求并不高,但优柔寡断,反反复复,觉得这个也不错,那个也可以。对待这类消费者,营销人员的态度要坚决,以专家的自信帮助消费者下定决心。

(4) 欠缺经验型。这类消费者往往初次购房,对房地产可能一无所知,由于缺乏经验、信心不足,也不易做出决定。对待这类消费者,营销人员要细致耐心,不厌其烦地向消费者解说,提供具有说服力的证据;态度尤其要诚恳,以免消费者产生压迫感和恐惧感。

(二)为什么要购买房地产(Why)

消费者为什么购买房地产?为什么要购买这一区位、这一类型的房地产?这是购买原因,也就是房地产消费者的主导动机或真正的动机。消费者购买房地产商品,或者是由于生活必需,或者是由于收入增加、商品调价,或者出于兴趣、爱好、猎奇,或者是为了生产、投资等,而产生这些动机的原因又包括资金、品牌、产品性能、区位、物业管理等多方面的因素,不一而足。

一般来说,消费者的购买动机可以划分为以使用为主要目的和以得到心理满足为主要目的。前者是为了利用房地产商品的使用价值或性能，如购买房屋用于居住使用或办公。房地产企业关于建筑质量、房型、价格等方面的决策，就是主要以这种动机为根据的。后者是为了占有和使用房地产以获得某种心理满足，如通过购买物业来显示自己的身价。企业关于产品的定位、品牌的设计，主要是为了诱导这种动机。例如上海某房地产企业开发的新家坡美树馆小区，将物业定位于成功人士的家园，物业开盘后，在一个月内一期销售率达到90%。

（三）在什么地点购买房地产（Where）

这是指什么地点、什么样的场所和气氛更有利于消费者做出购买决定。通过对这些问题的分析和研究，可以为营销策划人员在制定渠道策略和促销策略时提供参考依据。

房地产商品具有价值量大和固定性的特点，在多数情况下，消费者都最终倾向于到现场进行实地了解、查看。因此，施工现场的环境（如建材放置井井有条会使消费者感觉管理井然有序，对质量也就有了信心）、接待中心的布置（给消费者营造一种随和、轻松的氛围，有利于增强消费者对营销人员所介绍内容的信任程度）、样板房的设计（样板房是消费者对未来房地产商品的直观感受，良好的设计效果会提高消费者购买的欲望）、现场所分发的广告宣传资料（现场资料对一些尚无法目睹的内容进行补充介绍）都会对消费者的购买决策产生影响，这些都是房地产企业营销人员需要重点研究的问题。

有些消费者可能因为工作繁忙等不便亲自去每个现场挑选，从而委托中介代理机构。因此通过对"Where"的研究，可以使营销人员发现哪些中介代理机构是消费者经常光顾的，以便营销人员在选择营销渠道时，可以选择那些信誉高、实力强、业绩好的中介代理机构作为中间商。

（四）在什么时候购买房地产（When）

研究消费者在什么时候购买或者是在什么时候更愿意表示购买的愿望，有助于营销策划人员选择最合适的时机将楼盘推向市场。

消费者购买商品往往有一定的时间性、季节性，如中秋买月饼，夏季买空调等。房地产的购买时间一般以购买者的工作性质和生活习性、季节变化等有直接联系，通常是节假日、年末或年初购买商品房居多，而夏天天气炎热，消费者不太愿意冒酷暑外出选购。房地产企业营销人员应及时把握时机，在销售旺季采取有效的促销和推销活动，扩大产品的销量。

（五）购买什么样的房地产（What）

这是指消费者想要购买哪种套型、式样、价格等的房地产商品。由于消费者所处的社会环境、经济条件不同以及心理因素的作用，消费者所需购买的房地产也是多样的。例如，新婚夫妇可能需要一室一厅，三口之家可能就需要两室一厅，孩子成年后可能就需要三室一厅。同时由于受到经济条件的制约，消费者在购买房地产的区位上也会有所选择。再如，在商业活跃、规模迅速扩大时，市场对商业用房的需求可能上升；地区经济发展水平迅速提高时，市场对办公用房的需求可能上升；居民生活水平迅速提高时，市场对住宅的需求可能上升。对消费者需要购买什么样的房地产进行研究分析，可以使房地产企业及时正确了解消费者的需求，适时推出合适的房地产商品。

（六）如何购买房地产（How）

购买方式主要是指房地产消费者购买商品时的货币支付方式。消费者购买房地产的方式，不仅会影响市场营销活动的状态，而且还会影响房地产产品的设计以及营销计划的制订。例如，消费者拥有足够的支付能力，会一次性付款；当支付能力不足时，消费将以分期付款或按揭的方式购买房地产。房地产营销人员对这些购买方式应有充分的认识，如何掌握与运用这些方式涉及许多技巧。

第三节　影响购买者行为的主要因素

房地产消费者的购买行为取决于需要和欲望，而人们的需要和欲望以至消费习惯和行为，是在许多复杂因素的影响下形成的。这些因素可分为心理因素、个人因素、社会因素和文化因素四大类。这四类因素属于不同的层次，对房地产消费者购买行为的影响程度也各不相同。

一、心理因素

一般商品的购买行为可能是一种简单的决策过程，不需要搜集、评价和鉴别资料，而房地产作为一种高价值的特殊商品，需要分析、解决许多问题后才能做出购买决策，完成购买行为。在这个角度，除了分析消费者的需求因素外，对消费者动机、感觉和知觉、学习、信念与态度及价值观念等因素的分析，对于简化完成购买任务是非常有用的。

（一）动机

动机是刺激与反应的中间变量，是一种控制行为的内在力量，推动人们为达到特定的目的而采取行动，它是行为的直接原因。市场营销人员必须熟悉消费者购买动机的形成过程，才能有针对性地引导他们购买自己公司的房地产产品。为了帮助市场营销人员了解一般消费者购买产品的动机，将其分为三大类。

1. 生理性购买动机

生理性购买动机是房地产消费者由于生理需要而产生的购买动机。例如，青年消费者为了结婚而准备的新房。生理性购买动机在消费者购买行为中所起作用的大小与消费者的收入水平有直接关系。消费者收入水平较低时，其消费活动首先要满足生理性需求，在购买住房时则注重住房的实际效用，而不大考虑其他因素。而当消费者的收入达到一定水平时，其生理性购买动机逐步减弱，而心理和社会性购买动机会逐步增强。

2. 心理性购买动机

心理性购买动机是房地产消费者由于心理需求而产生的购买动机。由于消费者心理活动的复杂性，心理性购买动机比生理性购买动机更为复杂多变、难以掌握。心理性购买动机又可分为感情动机、理智动机和惠顾动机。消费者的情感或情绪所引起的感情动机常常带有一定的冲动性、即景性和不稳定性。相反，消费者通过对房地产商品等的认识、分析、比较之后所产生的理智动机，则比较注意商品的品质，讲求实际效用等，因而这一动机所形成的购买行为具有周密性、控制性和稳定性。当某个房地产企业的商品在消费者中树立了良好的形象时，现有的消费者就会对潜在消费者产生很大的宣传影响作用，所以企业应尽力培养和激发消费者惠顾动机，不断争取更多的忠诚消费者。

3. 社会性购买动机

社会性购买动机是由社会性因素引起的购买动机。每个消费者都是生活在一定的社会环境之中，消费者的购买动机不可避免地受到科学文化、经济状况、相关群体、风俗习惯等因素的制约和影响。

(二) 感觉和知觉

1. 感觉

感觉是人脑对直接作用于感觉器官的当前客观事物的个别属性的反映。为使社会公众感觉到某个楼盘的存在，开发商往往不惜重金去做广告。广告一般要满足色彩鲜艳、篇幅巨大、形象生动、富有创意等要求。这些要求无非是要刺激消费者的感觉器官，造成冲击力和震撼感，给人留下深刻的印象。

有关研究表明，人们对事物若干影响因素的变化的感觉性是有差别的。即当事物的一些因素发生变化时，人们感觉深刻；而另一些因素发生变化时，人们反应迟钝。就商品房而言，相对于建材质量与单位面积售价因素，消费者对单价的变化较建材质量的差别更为敏感（顶级商品房除外）；相对于总价和单价而言，人们更多地考虑总价而忽略单价。根据这一心理学现象，开发商可以有针对性地实施销售策略。例如，对于市场定位于中低收入家庭的楼盘，开发商可以降低或维持较低的建筑成本，从而取得价格上的竞争优势；当楼盘单价降不下来时，可以考虑做小户型，降低单元总价，满足市场需要。

2. 知觉

知觉是一种"程序"，个人通过这个程序选择、组织和解释各种输入的信息，从而产生对客观世界的一幅有意义的图像。因此，知觉代表个人对刺激事物的印象。人的需要受到激励后形成动机，但行为如何，还要看他对客观情境的知觉如何，因此，两个具有同样动机和处于同样情境的人，由于他们对情境的知觉不同，可能导致不同的行为。下面从三个方面介绍知觉在市场营销中的作用。

(1) 消费者和开发商、经营商知觉的差异。消费者喜欢的产品和开发经营者、广告设计者的设想有很大差异。产生差异的原因是两类人对产品的评价标准不一样。所以，如果公司贸然采纳开发商、经营者和广告设计者的主观看法去开发营造某种房地产产品，很可能会与消费者的看法差距甚远，由此而招致损失是理所当然的。

(2) 价格的知觉。许多消费者往往认为价格是质量的指标，价格高是质量优良的保证。心理学家格博认为，在每个消费者的心目中都有一个产品价格的上限和下限，如果产品价格超过上限，则个人会认为太贵；如果价格低于下限，则个人会认为产品的质量值得怀疑。此外，还存在心理性价格的概念，如 1999 元/m^2 和 2000 元/m^2 在消费者心中是不一样的，他们往往会认为 1999 元/m^2 的房地产便宜。

消费者的知觉是价格拟定不可缺少的部分，其他市场营销因素也必须配合所拟定的价格。假如消费者坚持高价格与高质量的关系存在，则广告及促销渠道等必须能够反映出这种印象。

(3) 品牌形象。对于每个消费者而言，在品牌的作用及各种促销活动的影响下，对产品产生感召反应，会具有不同的知觉和特殊意义，这就是品牌形象。实际上，品牌形象并不是完全和原产品等同的，消费者经过对产品的认识及使用，把个人的需求、价值观念、动机等因素完全转移到产品上。所以，个人所接受的产品刺激已经完全变形了，但产品的所有方面并不是消费者能完全认识的，只有少部分得到注意，每个人注意的方向有所不同。因此，房地产产品只有部分特征会引起消费者的知觉，形成一种概念。

(三) 学习

基本的学习模式可利用驱动力、线索、反应及增强等来解释。驱动力是指引发个人产生行动的内在的紧张状态；线索是一种环境刺激；反应是指个人对环境中的线索所采取的行动；增强是反应的重复。当增强一再发生时，个人碰到刺激马上会做出某种固定反应，于是形成习惯。然而，假如反应在之后出现时没有得到增强，则学习的习惯会中止，这称为消除作用。市场营销人员应认识到"学习"在促销活动中的作用，并利用各种传播媒介加强消费者对本公司的广告及产品的印象，引导他们做出购买本公司房地产产品的决定。

（四）信念与态度

信念是指人对于某种事物所持的一种看法和相信程度。消费者对产品的信念构成了产品形象和品牌形象。人的行为多少会受个人信念的影响，因此房地产产品的开发商和经营者应关心消费者对其产品和服务的信念。如果发现消费者对其产品的某些信念不正确，就必须马上设法改变消费者的信念。

态度是人们通过成长和实践获得的，它是人对于客观事物所持的较长时期的评价、感觉以及行动倾向。许多心理学家认为态度是由三个因素组成的，即认知因素、感觉（感情）因素、行动因素，这三个因素互相关联，并且构成对某一事物的整体态度。个人态度一旦形成，个人很难察觉其态度的来源或形成的原因，但是个人态度却对个人的思考及行为有很大的影响。作为房地产营销策划人员，应充分认识到态度在市场营销中的作用，并注意以下几个具体问题。

（1）公司在市场营销中，必须了解消费者对其产品和服务的态度。例如消费者对本公司的产品和服务印象良好，营销设计人员就可能通过沟通系统的设计来维持并增强消费者良好的印象。反之，假如消费者对本公司的产品印象不佳，则改变态度的过程是必要的。而对于新上市的房地产产品，公司必然面临创造良好态度的挑战。

（2）公司应设法使其产品配合消费者的态度。因此，有的公司宁愿开辟新的房地产交易市场，以及选用具有更换品牌特性的人去说服，也不去改变那些对其他产品有忠诚态度的消费者。有时，为了改变消费者对本公司原有产品的不良态度，公司应该对本公司现有的产品进行改造，使其以新产品的形象重新进入交易市场，以创造良好的态度。

（3）态度可以用来解释品牌的市场占有率。当消费者对某家公司的态度良好时，其产品的出售率较高；当消费者对某家公司的态度不佳时，其产品的出售率则比较低。此外，态度的改变和行为的改变有着非常密切的关系。因此，可以利用消费者态度的改变来预测消费者行为，并测量广告的有效性。

（五）价值观念

价值观念是指导个人行为和影响态度与信念的一种标准，价值观念是以两种不同的层次存在的，即总体价值观念和某一范围或处境条件下的具体价值观念。总体价值观念在数量上比较少，且属于牢牢掌握的观念，在多数情况下，这种观念指导行动，因而，总体价值观念是抽象的和概括的。某一范围或处境条件下的具体价值观念，是在特定的处境或活动范围中通过体验而获得的。市场营销策划人员应充分了解消费者这两种价值观念的分布，洞察并迎合消费者的总体价值观念，同时，应设法改变消费者的具体价值观念，使自己的产品在众多消费者心中占有良好的地位。

二、个人因素

消费者的购买行为，除受个人的心理因素影响外，还受个人外在特性的影响，例如年龄、家庭生命周期阶段、职业、经济状况、生活方式、个性与自我概念等。

（一）年龄与家庭生命周期阶段

年龄对购买行为的影响是很明显的。不同年龄的消费者的欲望、兴趣和爱好各有不同，其购买行为也有不同的特征。就购买力而言，可将年龄结构分为如下几个阶段：27～35 岁阶段，36～55 岁阶段，56 岁以上阶段。表 4-1 列出了不同年龄阶段消费者的购买力。

表 4-1　不同年龄阶段消费者的购买力

年龄阶段	购买力
27～35 岁（青年消费者）	由于经济能力有限，往往购买小户型的住宅
36～55 岁（中年消费者）	经济实力强，购买力大，往往购买舒适、宽敞的住宅
56 岁以上（老年消费者）	对住宅的兴趣下降，往往可能将现有住宅调小

年龄结构对住房消费的影响还表现在住房消费方式上。例如，青年消费者可能选择租赁的方式，即使是购房也多选择分期付款的方式；而年长者经济实力强大，多选择一次性付款购房的方式。

营销人员应充分了解各年龄阶段的主要购物倾向，从中选择适合房地产产品的年龄阶段作为主要培养对象，同时也应在青少年中灌输有利于本公司的信息，使他们成为本公司未来的主要消费者。

购买决策除受年龄的影响外，也受"家庭生命周期"的影响，不同阶段的家庭，在购房时对住房的属性要求也不相同。发现家庭发展的不同阶段，确定每阶段的生活消费特征，并按这一特征分析每一阶段的家庭购买行为特点，可以使公司的市场营销计划制订得更具有针对性，更能适应购买者的要求。图 4-4 描述了国外住宅房地产消费者典型的生命周期住宅消费需求模式。

（二）职业

职业对消费者的购买行为有着重要影响。对于住宅产品而言，不同职业的消费者有不同的评估标准，所需的住宅产品也是千差万别的。一般来说，消费者所从事的职业不同，其社会地位和职业声望也不同。拥有较高职业声望的消费者，个人收入高，工作环境好，往往购买高档住宅，以符合和显示自己的身份和地位；而职业声望较低的消费者，收入水平低，工作环境差，往往购买中低档住宅。房地产营销人员应注意研究，是否有某些职业群体对本企业住宅产品的兴趣高于一般人群，是否存在巨大的职业群体需要某些特定的供不应求的住宅产品，从而可以有针对性地制订住宅产品营销计划，并建造有巨大市场潜力的住宅产品。

（三）经济状况

经济状况对购买行为的影响更为直接。经济状况取决于消费者的可支配收入（高低、稳定性、收入时间等）、储蓄与资产（多寡、流动性等）、负债（多寡、期限、付款条件等）等因素。在经济状况一定的条件下，购买能力取决于消费者对消费与储蓄的态度。个人的购买能力在很大程度上制约着个人的购买行为。消费者一般都在可支配收入的范围内考虑以最合理的方式安排消费，以便更有效地满足自己的需求。收入较低的消费者往往比收入较高的消费者更为关心价格的高低。消费者对消费与储蓄的态度，不仅受收入水平和消费习惯的制约，而且受利率、物价稳定程度和商品供求状况等因素的影响。房地产企业应密切注意个人收入、存款和利率等因素的动向，以便及时调整营销战略，保持本企业商品对目标消费者的吸引力。

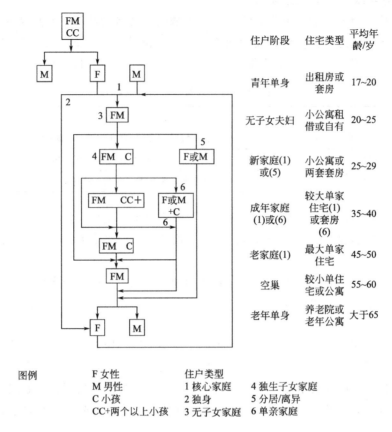

图 4-4 生命周期住宅消费需求模式

(四) 生活方式

生活方式就是人们根据个人的中心目标或价值观来支配时间、财富以及精力的特定习惯和倾向性方式。消费者的购买行为要受到生活方式的影响,不同的消费者,即使是处于相同的社会阶层,有着相同的职业和收入,也有可能有着不同的生活方式。不同的生活方式导致消费者对房地产的选择也不相同。比如,在城市中心居住和忙碌工作的人们,周末希望回到城市郊区和周边城镇的联排别墅(Town-House)享受,或者平时和更多的家庭成员居住在一起,在合适的时间,又希望随时回到另外一套房子作为自己的独享空间。因此,了解目标顾客的生活方式,对营销人员是很有意义的。营销人员可以从消费者个人的生活方式角度衡量,从中勾勒出消费者的行为模式,据此分析消费者的需求差异,从而争取对本企业有利的营销机会。

(五) 个性与自我概念

个性是指一个人身上经常地、稳定地表现出来的心理特点的总和,它是导致一个人对其客观环境做出一贯、持久反应的明显心理特征,如内向或外向、开放或保守、文静或急躁等。个性使消费者对环境产生持续的反应,直接或间接地影响消费者的购买行为。房地产营销人员应充分了解自己的客户,特别注意消费者在个性上的差异和目标顾客的个性特征,针对消费者的个性制定不同的营销策略。

与此相关联的另一个概念是购买者的自我形象(自我概念)。每个人都会自我认为有某种性格、习惯，有着独特的自我概念。这种自我概念包括自我估价、他人评价以及自己渴望与追求的理想形象。虽然这三者在现实生活中往往有一定的差距，但每个人总是以这种自我概念来衡量自己。显然，个性和自我概念是影响人们购买行为的一个因素。营销者必须了解其目标市场可能存在的消费者的个性特征和自我形象。营销者所设计的品牌形象，应当符合目标市场消费者的个性及自我形象。消费者一般会将购买行为视作自我形象的重要表现形式。

三、社会因素

影响消费者购买行为的社会因素有社会阶层、参考群体、家庭等。

（一）社会阶层

所谓社会阶层是指按生活方式、价值观念、行为态度等因素，把社会划分成许多不同等级的阶层，而同一阶层的成员则有较为一致的生活方式、价值观念、行为态度等。社会阶层不同，其选择房地产商品的层次往往不同，如高收入人群往往注意产品的质量和品牌，而一般收入人群往往更多地考虑产品价格和实用性。不同的社会阶层接触的媒体不同，信息的接收方式也不同。不同教育层次和文化知识水平的消费者，对商品的需求和选择也不相同。据广州一项调查显示，文化层次越高，对房地产消费的水平和档次要求越高，这从某种程度上反映了受教育程度对消费购买行为的影响。

实际上，社会阶层的划分不可能有明显的界线，而是一种连续性的变化。了解社会阶层的划分，可以对企业的营销计划产生以下作用。

1. 细分市场

不同社会阶层对于产品的使用和品牌的选择，存在着很大的差异。房地产营销人员可以根据不同的社会阶层进行市场细分，开发、生产不同档次、标准的房地产商品，以满足各社会阶层的需求和偏好。

2. 公司的挑选

不同社会阶层的人群，在购买产品时选择的公司也有很大的差别。名气大的房地产公司，手续费和价格一般也较高，但质量可以得到保证，多为高收入人群所青睐。市场营销人员应根据自己公司的实力，针对性地选择不同的社会阶层作为自己的目标市场。

3. 媒体的接触和广告信息的接收

不同的社会阶层接触的媒体也不同。因此，房地产公司的营销人员在确定本公司的目标市场后，就应有针对性地选择目标市场所包括的阶层较喜欢的媒体渠道作为本公司产品的播放渠道，这样可以做到有的放矢。

（二）参考群体

参考群体是指能够影响一个人的价值观念、态度及行为的社会群体，它可能是个人所属群体，也可能是个人向往的群体。在群体中，人们交际频繁，往往会形成一定的群体习惯、群体风格等，这种影响是潜移默化的，通常在不知不觉中影响个人的所思所为。在一个群体中，某些成员是倡导者，他们的主张影响着相关群体内其他成员的购买行为和决策。房地产企业在销售产品时，应该注意联系、影响这些倡导者，如把广告刊登于他们爱读的刊物、报纸上，组织他们参观公司所开发和建设的项目，向他们提供精美的宣传品等等。

【案例 4-2】 群体倡导者的号召力和影响力

苏州有一中外合资房地产企业，它所开发建设的一个高档别墅区一直销售不景气。一次偶然机会，该公司销售人员接触到一位随团来观光的台湾省颇为富裕地区的"乡长"，经过一系列的公关和推销工作，该"乡长"购买了一幢豪华别墅，那位销售人员也因此得到了公司的奖励。但故事并没有就此结束。一个月后，那位"乡长"的几位乡民同时来购买该别墅区的花园洋房，没有过多的询问，几幢洋房就轻松地出售。这个成功的例子说明，群体倡导者的号召力和影响力有时是非常巨大的，同时也提醒房地产企业在销售方面应多注意联系和影响那些倡导者。

（三）家庭

家庭是消费最基本的单位，房地产产品也不例外，因此，对家庭的分析是企业市场营销的重要内容。

1. 家庭的消费模式受文化和社会阶层的影响

由于所处的文化环境和社会阶层等因素的影响，家庭的消费模式有不同的类型。有些家庭重视家庭和睦，致力于子女的教育和家族的发展，恪守传统的文化、道德和伦理观念，这类家庭的消费模式是以家庭为中心的；有些家庭则有很强的事业心，家庭的精力和时间主要投放于事业的发展，因而，这类家庭的消费模式是以事业为中心的；还有些家庭力争提高目前的生活水平，把同生活享受有关的商品、劳务支出、奢侈品支出和旅游支出摆在极重要的位置，这类家庭的消费模式是以消费为中心的。

此外，一个家庭的社会地位和家庭主要成员的职业对家庭消费方式也有重大影响。分析研究各种不同类型的家庭，可以了解各主要市场的消费状况，有利于公司做出正确的目标选择，同时也为营销计划的正确制订和实施打下坚实的基础。

2. 家庭成员在购买过程中所扮演的角色

对房地产产品而言，参与购买的家庭成员一般包括丈夫、妻子和年龄较大的子女。此时，市场营销人员应该弄清每个参与者在购买过程中所扮演的角色。一般来说，这些参与者在整个决策过程中扮演的角色大致有以下几种：发起者、影响者、决定者、购买者和使用者。具体分析研究这5种角色的地位、年龄、性格、职业、价值观念和他们对购买行为不同程度的影响，对于市场营销人员来说是至关重要的。

四、文化因素

文化是人类在社会发展过程中所创造和形成的价值观、信仰、态度、道德、习俗以及其他精神财富的总和，包括人类的各种行为模式。文化因素对消费者的购买行为具有最广泛、最深远的影响。不同的文化会产生不同的审美观念、不同的消费心理，形成不同的生活方式、对产品的不同态度和不同的购买习惯，因此会产生不同的购买行为。

亚文化是为某个群体所奉行的文化。每种社会文化都包含若干种亚文化，亚文化主要有四种类型，即由于民族不同而形成的民族亚文化，由于宗教信仰不同而形成的宗教亚文化，由于种族不同而形成的种族亚文化，由于地域不同而形成的地理区域亚文化。每种文化群体内部都包含若干个亚文化群。亚文化群是在共享整体文化要素的同时，还共享他们独特文化要素的相同的人群。不同的亚文化在语言文字、价值观念、生活习俗、艺术及审美观念等方面都存在很大差异。而在同一亚文化群内部，人们的态度、价值观念和购买决策等方面则具有相似性。

文化和亚文化因素都会对消费者行为产生直接或间接的影响。因为人的行为大部分是后天学习而来的,人们从小就在一定的文化环境中成长,自然形成了一定的观念和习惯。而这些受文化影响的行为规范、道德规范、社会习俗都在影响着消费者的购买行为。对文化不了解或者有悖文化而行,将意味着整个营销活动的失败。而随着人类文明的进化,文化又是在不断发生变化的,文化的变化必然意味着行为模式的变化,而行为模式的变化必然会创造新的市场机会。如果能把握住文化的变化,很大程度上也就把握住了新的市场。

第四节　房地产购买决策过程分析

分析与研究消费者决策过程的主要目的是针对消费者在决策过程各环节的心理活动与行为,不失时机地采取适当的营销措施,唤起和强化消费者的需求,影响消费者的购买决策,引导消费者的购买行为朝着有利于实现房地产企业营销目标的方向发展。

一、购买行为的类型

根据购买者的参与程度,以及品牌间的差异程度,可以确定出四种类型的消费购买行为,即复杂的购买行为、寻求平衡的购买行为、习惯性购买行为及寻求变化的购买行为。毫无疑问,房地产消费行为需要消费者的高度参与,属于复杂的购买行为。

二、房地产消费者购买决策过程的阶段分析

消费者的购买决策行为并非独立的单一行为,而是一系列的连续行为。分析这个过程,目的在于使房地产营销人员针对决策过程不同步骤的主要问题和矛盾,采取有效的促销措施,取得良好的销售业绩。按照美国营销学家菲利普·科特勒的划分方法,可把购买决策过程分为五个步骤,如图4-5所示。

确认需要 → 信息收集 → 方案评估 → 购买决策 → 购后行为

图4-5　购买决策过程的步骤

(一)确认需要

消费者认识到自己有某种需要时,是其购买决策过程的开始。这种需要,可能是由内在的生理活动引起的,也可能是受外界的某种刺激引起的,或者是内外两方面的因素共同作用的结果。对于因内部原因如寒冷、遮风避雨等引起的需求,房地产企业一般难以发挥其影响力;对于因外界刺激如收入增加、价格下降、消费潮流等引起的需求,房地产企业可以通过有效的促销措施来增加消费者的购买兴趣,特别的,可以由房地产企业的广告、优良的产品质量、适宜的价格加深消费者对某种房地产商品的需要的认识。任何购买行为都是由动机支配的,而动机又是由需要激发的,所以可以认为消费者对于某一需要的认知是购买行为的起点。

房地产企业必须十分清楚地了解社会对本企业房地产产品的实际的或潜在的需要状况,以及可以满足消费者哪些内在需求,同时还要了解通过哪些因素的刺激可诱发消费者的需求。研究表明,一项产品可以同时满足消费者的需求越多,且经过适当的刺激,就越可能成

为人们梦寐以求的产品。如在我国香港，拥有山顶的房地产不仅能满足人们居住的需要，还成为权力和财富的象征，可以使拥有者得到心理的满足。

(二) 信息收集

如果引起的消费者的需求很强烈，或者说引起的消费者的关心程度足够高，消费者就希望立即满足自己的需求。然而在多数情况下，被引起的消费者的需求是无法立即得到满足的，这时便会促使消费者积极收集有关的资料来进一步增加对产品知识的积累，以便为下一步的方案评估提供参考依据，并做出最终的购买决策。一般来说，消费者收集资料的来源主要有四个渠道：①人际来源，即从家人、朋友、邻居、同事和其他熟人处得到信息；②商业来源，即从广告、推销员、经销商、产品介绍、图片报道、样品房、透视图、鸟瞰图、展销会等途径得到信息，此信息源最为广泛，信息量也最大；③公共来源，即从报刊、电视等大众宣传媒介的客观报道和消费者团体的评论中得到信息；④经验来源，即通过触摸、试验和使用产品得到信息，此信息源比较真实、可靠。

这些信息资料来源中，商业来源起到了一个告知、传达的作用，而人际来源和经验来源的信息发挥着权衡和鉴别的作用。对于消费者而言，来自商业来源的资料信息最多，而来自人际来源的资料信息则最具影响力。

每一种信息来源在影响消费者购买决策方面起着不尽相同的作用。营销人员必须借助各种渠道，将各种有利于做出本企业房地产商品选择的信息传递给消费者，进而影响消费者的态度。当消费者购买产品后，如果感觉满意，他们会推荐其他人购买，成为其他消费者获取资料信息的人际来源。

(三) 方案评估

消费者得到的各种有关信息，可能是重复的，甚至是互相矛盾的，因此还要进行分析、评估和选择，通过对房屋的质量、结构、地理位置、设计格调、价格等综合比较，最后选定能满足自己需要的房屋，这是购买决策过程中具有决定性的一环。房地产的消费者如何建立及使用何种标准来进行评估工作，是最为复杂和最不确定的一个问题。国内外学者提出了不少关于消费者评估过程的模式，其中最具有代表性和说服力的是"认识导向型"模式。该模式认为，消费者在有意识和理性的基础上，对商品进行分析比较时，首先考虑的是商品的属性，其次是商品的形象，最后得出一个"理想产品"的概念，并针对其在市场上实际获得的期望效用与"理想产品"之间的距离，考虑、选择最接近"理想产品"的商品。根据这一模式，房地产企业应当力求通过补充消费者购买决策时所需的各种信息，使自己的品牌产品进入潜在消费者的知晓范围、考虑范围和选择范围，使其成为消费者决定购买的首选对象。此外，房地产企业还应进一步了解哪些其他品牌也进入消费者选择、考虑范围，以便熟悉竞争状况，并加强广告宣传规则和竞争策略的制定与实施。

(四) 购买决策

方案评估后，那些具有购买需要的消费者会产生购买意图，继续此后的购买行为，并产生购买决定。然而从购买意图到购买决定，还要受两个因素的影响，如图4-6所示。消费者在采取购买行为之前，会首先做出购买决策。购买决策是对许多因素考虑后做出的总判断，这些因素包括：购买哪一区位的房地产，购买这一区位中哪一楼盘，购买何种房型，以何种价格购买，面积多少，以何种方式付款等。

1. 其他人的态度

例如，某人已准备购买某房地产开发公司的房屋，但他的家人或亲友持反对态度，这就

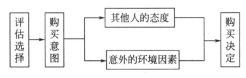

图 4-6 影响购买决定的两个因素

会影响其购买意图。反对态度越强烈，或持反对态度者与购买者关系越密切，则改变购买意图的可能性就越大。

2. 意外的环境因素

购买意图是在预期家庭收入、预期价格和预期获益的基础上形成的。如果发生了意外情况，如收入的意外支出、房产涨价，则消费者很可能改变购买意图。

消费者修改、延迟或取消某个购买决定，往往是受已察觉的风险的影响。察觉风险的大小，随购买房屋价格大小、性能的确定程度和购买者的信心强弱而定。因此，营销人员应设法尽量减少消费者所承担的风险，促使消费者做出最后的购买决定并付诸行动。对于营销人员而言，就是要清除（或减少）干扰决策的因素。例如，一方面可以向消费者提供更多且更为详细的信息资料，便于消费者进行抉择；另一方面，向消费者提供良好的销售服务，造成方便消费者的态势，促使其做出购买的决断。

（五）购后行为

消费者购买之后的行为主要分为两种：一是购后的满意程度，二是购后活动。

1. 购后的满意程度

消费者的满意程度，取决于消费者对房地产产品的预期性能及服务与房地产产品使用中的实际性能及获得的服务之间的对比，也就是说，如果购后在实际使用中性能及服务符合消费者预期的效果，则感到满意；超过预期，则很满意；未能达到预期，则不满意或者很不满意。实际和预期的差距愈大，不满意的程度也就愈大。因此，房地产营销人员的广告宣传必须实事求是，符合房屋的实际性能，避免言过其实，以便使购买者感到满意。

2. 购后活动

消费者在购买房地产商品后，往往会通过使用与自己在进行购买决策时对商品建立的期望进行对比检验，考虑自己的购买决策是否明智，是否合算，这就形成了购买后的感受。这种购买后的感受会直接影响到今后其他消费者的购买行为。若消费者感到满意，他会向其他消费者介绍该物业的种种好处，成为企业最有说服力的范例和义务的推销员，为企业带来更多的购买者；相反，若消费者感到失望，则不仅消费者对企业和商品原有的态度会转变，同时还会影响到其他消费者的购买行为。因此，营销人员最重要的是在营销过程中不要夸大其词，以免引起消费者过高的期望值，最终因企业无法达到消费者要求，而主动制造"失望"的顾客。房地产营销人员应与购买者进行购后的联系，采取一些必要的措施，促使购买者肯定其购买决策的正确性，以建立良好的双方关系。

三、购房决策准则

在购买行为的决策过程中，房地产消费者往往遵循一定的准则。

（一）整体属性最佳准则

一般而言，任何消费者都希望某物业的各种属性都是最优的，假设一物业价格最低，建筑面积最合适，得房率最高，小区物业管理好，交通方便，则消费者必定会选择购买。生活中这种情况似乎非常少见。

（二）非报酬决策准则

在消费者购买行为的决策过程中，房地产产品的一些属性是非常重要的，其他因素再好也无法弥补和替代。例如，一个楼盘距离某个消费者的工作地点太远，或者价格太高，那么无论这个楼盘建筑风格、物业管理、企业品牌等方面再好，这个消费者也不会购买。因此，非报酬决策准则是绝对的。

（三）补偿与权衡准则

一个楼盘在满足非报酬决策准则的基础上，楼盘的其他属性可以相互弥补，消费者可以运用加权平均的方法进行权衡，选择称心的楼盘。

以下举例说明非报酬决策准则和补偿与权衡准则的运用过程。

某消费者希望购买一套两室一厅的住房，经过信息搜集，找到了四个物业，有关资料见表 4-2。

表 4-2 四个物业的资料

物业	出行时间/min	价格/(元/m²)	建筑面积/m²	得房率/%	物业管理得分
A	25	5200	85	74	100
B	40	4500	82	73	70
C	40	4500	82	70	90
D	60	4200	63	65	80

从表 4-2 中可以看出，由于 D 物业交通不便，由 D 楼盘到该消费者工作地点需要 1 小时，依据非报酬决策准则，D 楼盘首先被该消费者排除在外；根据自身的经济情况，该消费者确定了高于 5000 元/m² 的楼盘不买的原则，因此，A 物业也被剔除。

剩下 B、C 两个物业，采用加权平均法进行权衡。根据该消费者的态度，给得房率赋以 35% 的权重，物业管理赋以 65% 的权重。则 B 物业的综合得分是：73×35%＋70×65%＝71.05；C 物业的综合得分是：70×35%＋90×65%＝83。最终该消费者会选择购买 C 物业。

有时消费者会发现，使用全部决策规则会排除所有的可能的方案，因此规则需要修改。这会导致根据决策规则的重要性来建立规则的层次。

对项目策划人员来说，了解消费者如何决策，显而易见是很有用的。例如，对使用补偿与权衡准则的消费者来说，了解具有最大权重的属性是哪一个是非常有用的。市场销售人员的最小目的必须确保产品是在大多数消费者的考虑范围之内。目前，不少策划人员都强调房地产开发中应坚持均好性原则、木桶理论（一个木桶的装水量与桶的最短边一致），实质上是为了满足房地产消费者的购房决策准则。

本章小结

房地产消费者的需求是处在不断变化之中的，具有对象性与周期性、多样复杂性、发展可变性、伸缩性、可诱导性的特点。房地产消费者购买行为是指消费者个人或家庭满足自己物质和精神生活的需要，在某种购买动机的驱使下，用货币换取房地产商品的活动。本章对购买行为的形成与内容（即"5W1H"）进行了介绍，对影响房地产消费者购买行为的相关因素进行了详细分析，这些因素分为心理因素、个人因素、社会因素和文化因素。其中，心理因素对购买者的行为和意识起着指导作用,个人因素对其购买行为起着决定性作用,文化因素则对消费者购买行为具有最广泛、最深远的影响,社会因素对消费者的购买行为不可避免地有着最直接的影响。消费者购买行为的决策过程一般可以分为五个步骤,即确认需要、信息收集、方案评估、购买决策和购后行为。在购买行为的决策过程中,房地产消费者往往遵循整体属性最佳、非报酬决策、补偿与权衡的准则。

复 习 题

1. 需求的影响因素有哪些?
2. 房地产消费者购买行为的内容有哪些?
3. 影响房地产购买行为的因素有哪些?
4. 简述房地产购买行为决策过程。

思考与讨论

1. 你是否做过兼职售楼员?如果做过,请结合自己的售楼经历,描述一下你所遇到的消费者的个性特征,并谈一谈你的售楼体会。
2. 针对本地房地产项目进行调查,分析消费者购买行为特征。

案例分析

住宅消费者购买行为"十最"

目前,与其他消费者相比,住宅消费者购买行为的特征主要体现在以下十个方面。
(1) 生活相关性最显著;
(2) 决策最困难;
(3) 专业性最强;
(4) 决策参考信息最广泛;
(5) 决策参与人最多;
(6) 决策过程最长;
(7) 后验性最强;
(8) 综合成本最高;
(9) 风险最大;
(10) 最为理性。

思考:请结合以上内容,从置业者的角度谈谈购置房地产的决策心理与过程。

第五章　房地产市场调查与市场预测

房地产市场调查与市场预测是房地产市场营销中的必要环节。通过科学的市场调查，及时、准确、广泛地了解和掌握房地产市场信息并在此基础上对市场做出科学的预测，是房地产企业制定正确营销策略的基础，同时也是营销活动取得成功的保证。

第一节　房地产市场调查

一、房地产市场调查的基本内涵和作用

（一）房地产市场调查的内涵

房地产市场调查，就是房地产企业为实现特定的经营目标，运用科学的理论和方法及现代化的调查技术手段，通过各种途径收集、整理、分析有关房地产市场的资料信息，包括房地产产品信息、市场外部环境和内部环境、业内其他企业营销状况等资料，进而对现有的和潜在的房地产市场进行研究与分析，正确判断和把握市场的现状以及发展趋势，并为企业科学决策提供正确依据的一种活动。

房地产市场调查的内涵具体包括以下几个方面。

（1）房地产市场调查是个人或组织的一种有目的的活动。

（2）房地产市场调查具有客观性。客观性要求实事求是地对房地产市场进行分析和评价，它是房地产市场调查的本质，主观的判断或估计都不是一种科学的调查方法。

（3）房地产市场调查包含对信息的判断、收集、记录、整理、分析、研究和传播等活动。

（二）房地产市场调查的作用

房地产市场调查既是房地产企业整体活动的起点，又贯穿于企业整体营销活动的始终。房地产市场调查对帮助房地产企业做出正确的决策有着极为重要的作用。

1. 市场调查有助于房地产企业改善经营管理，提高经济效益

有些房地产企业经营不善，甚至严重亏损，其症结之一在于不懂市场，不重视市场调查，在瞬息万变的市场和竞争复杂的新形势下，或束手无策，或盲目经营。在竞争日趋激烈的情况下，房地产开发企业必须注意市场动向，研究消费者行为和消费心理，分析供求关系，才能提高企业经营管理水平，促进企业经营效益的提高。

2. 市场调查有助于房地产企业确定正确的发展方向

通过市场调查可以了解到市场的现状与变动趋势，如市场需要什么样的房地产产品，各类产品资源供应情况，国内市场与国际市场衔接状况，竞争对手活动意向等，从而确定企业今后的经营方向，在错综复杂的市场现象中探求到企业生存和发展的立足点。

3. 市场调查有助于房地产企业适时进行产品更新换代

房地产产品如同其他各类产品,有着其特定的市场生命周期,通过市场调查,能随时掌握企业的产品处于市场生命周期的哪一个阶段,从而及时确定正确的产品策略。

4. 市场调查有助于房地产企业实施营销控制,调整营销策略

房地产企业通过市场调查不仅可以制定正确的营销策略,而且还可以在营销策略的实施过程中,根据市场的变化及营销效果的反馈及时调整策略,使企业实现预期的营销目标。因此,房地产市场调查贯穿整个房地产市场营销过程。

5. 市场调查有助于房地产企业实施正确的价格策略,促进商品销售

房地产产品价格虽然有其特殊性,但并不完全取决于房地产的生产成本,还依赖于市场供求状况和竞争策略等多种市场因素。市场调查可以帮助企业依据消费者的需求及心理承受能力,抓住机遇,确定可行的市场价格,有针对性地开展各种促销活动,从而保证销售成功。

二、房地产市场调查的类型与基本原则

(一) 房地产市场调查的类型

根据调查的深入程度,可将房地产市场调查划分为探索性调查、描述性调查、因果性调查和预测性调查。

1. 探索性调查

当房地产企业对需要研究的问题和范围不明确,无法确定应该调查哪些内容时,可以采用探索性调查来找出症结所在,然后再做进一步研究。探索性调查主要是发现问题和提出问题,以便确定调查重点。如某房地产公司近几个月来销售量下降,由于影响房地产销售的因素很多,企业一时难以分辨,这时企业可以采用探索性调查的方法,从中间商或消费者那里收集资料,以便找出最有可能的情况。探索性调查只是收集一些有关资料,以确定问题所在,至于问题应如何解决则有待进一步调查研究。简言之,探索性调查要解决的是"做什么"的问题。

2. 描述性调查

描述性调查是对市场调查的问题、市场的特征做出尽可能准确的描述。描述性调查的目的主要是了解有关问题的相关因素及其关系,而不追究何是因、何为果。这种调查一般要对资料进行收集、记录、整理和分析,对已找出的问题或假设存在的问题的性质、形式、存在变化等具体情况做出现象性或本质性的描述。如假设已查清企业商品房滞销与产品价格偏高、居民购买力下降等因素有关,在此基础上可对调查的问题进行描述,如对商品房价格构成进行描述分析,对消费者现实购买力水平及变化、消费者对商品房价格的承受能力等进行具体描述。描述性调查一般较为严格规范,有详细而周密的调查方案设计,其调查的结果相对来说也比较实用。简言之,描述性调查要解决的是"是什么"的问题。

3. 因果性调查

因果性调查是为找出现象的原因和结果之间的相互联系而进行的调查。描述性研究给出的是问题中各因素的关联现象;因果性研究则要找出产生这种现象的原因,找出诸现象因素之间的因果关系,并对诸因素之间的主从关系、自变量与因变量的关系进行定量的研究和定性的分析,以便对"因"加以控制,获得好的"果"。因果性市场调查涉及问题的本质,即影响事物发展变化的内在原因,房地产开发经营企业的决策者更多的是根据事物之间内在的

因果联系做出经营决策。简言之，因果性调查要解决的是"为什么"的问题。

4. 预测性调查

顾名思义，预测性调查是为了对企业未来的发展状况或对企业经营活动的预期效果进行预测所做的调查。它要在收集、整理相关调查资料的基础上，通过有经验的专家对企业的市场环境和产品供需变动进行分析预测，以及时调整企业经营计划，纠正错误与偏差。如某企业通过预测性调查发现，在未来两年内高档商品住宅将趋于饱和，而经济适用型住房更受欢迎，企业就可据此对企业经营计划做出相应调整，做出正确的决策。简言之，预测性调查要解决的是"会怎样"的问题。

(二) 房地产市场调查的原则

1. 准确性原则

资料的准确与可靠性是房地产市场调查的核心。因为只有掌握客观真实的情况，才能做出正确有效的决策。因此，在房地产市场调查中，必须保持资料的准确性，客观如实地反映房地产市场情况。同时也要对收集到的市场情报进行认真的鉴定和评价，以去伪存真，做到准确可靠。

2. 及时性原则

房地产市场是瞬息万变的，若不及时调查发现问题并做出适当决策，就会错失良机，使企业失去市场，甚至使企业亏损或破产。因此，一份好的调查资料应该是最新的。只有最新的调查资料，才能反映市场的现实状况，并成为企业制定市场经营战略的客观依据。

3. 计划性原则

房地产市场调查不仅是一项复杂而细致的工作，而且面广量大，所以在进行房地产市场调查时，必须要有周密的计划，围绕主题、分清主次、突出重点、统筹安排、严密组织。

4. 系统性原则

对房地产市场调查所取得的信息资料要认真整理、合并分类，做到条理化、系统化和经常化，这样才能对市场情况做出比较正确全面的判断，克服片面性。

5. 针对性原则

不同物业的目标客户群体是不同的，不同客户群体对房屋的偏好各异，市场调查的目的，就是要准确把握住不同客户群体间显著或是细微的差别，最终抓住目标客户群，这也是物业销售成功的关键之一。

6. 经济效益合理性原则

经济效益合理性即用最少的费用取得最佳的调查效果。因为调查的目的就是减少消耗，提高效益，避免经营的盲目性，所以在房地产市场调查过程中同样要体现这一原则，即采用科学的调查方法，以减少调查费用的开支。

三、房地产市场调查的内容

(一) 房地产市场调查的一般内容

1. 房地产市场环境调研

房地产企业的生存发展是以适应房地产市场环境为前提的，对房地产企业来说，市场环境大多是不可控因素，房地产企业的生产与营销活动必须与之相协调和适应。

(1) 政治法律环境调研。政治法律环境调研主要是了解对房地产市场起影响和制约作用的政治形势，国家对房地产行业管理的有关方针政策、有关法律法规。具体包括：①国际和国内政治形势、政府的重大人事变动等；②政府有关法律法规；③政府有关方针和政策；④各级政府有关房地产开发经营的方针政策；⑤各级政府有关国民经济社会发展计划和发展规划、土地利用规划、城市规划和区域规划等。

（2）经济环境调研。经济环境调研应该把握企业所在地区的总的经济发展前景。一般来说，对于经济迅速发展的地区，房地产市场的前景也将十分广阔，市场机会相对多。具体包括：①国家、地区或城市的经济特性；②项目所在地区的经济结构、人口及就业状况；③一般利率水平；④国民经济产业结构和主导产业；⑤居民收入水平、消费结构和消费水平；⑥物价水平及通货膨胀等。

（3）社会文化环境调研。社会文化环境主要是居民的生活习惯、生活方式、消费观念、消费心理乃至对生活的态度、对人生的价值取向等。它在很大程度上决定着人们的价值观念和购买行为，影响着房地产消费者购买房地产产品的动机、种类、方式。主要包括：①居民职业构成、教育程度、文化水平等；②家庭人口规模及构成；③居民家庭生活习惯、审美观念及价值取向等；④消费者民族与宗教信仰、社会风俗等。

（4）社区环境调研。社区环境直接影响着房地产产品的价格，这是房地产商品特有的属性。优良的社区环境，对发挥房地产商品的效能，提高其使用价值和经济效益具有重要作用。社区环境调研内容包括社区繁荣程度、购物条件、文化氛围、居民素质、交通和教育的便利、安全保障程度、卫生、空气和水源质量及景观等方面。

2. 房地产市场需求调研

房地产企业为了使其产品适销对路，必须事先了解消费者的构成、购买动机和购买行为特征，真正做到按照消费者的实际需求进行企业的生产经营活动。主要包括以下方面。

（1）房地产消费市场容量调研。房地产消费市场容量调研，主要是调研房地产消费者的数量及其构成。主要包括：①消费者对某类房地产的总需求量及其饱和点、房地产市场需求发展趋势；②房地产现实与潜在消费者的数量与结构；③消费者的经济来源和经济收入水平；④消费者的实际支付能力；⑤消费者对房地产产品质量、价格、服务等方面的要求和意见等。

（2）房地产消费动机调研。房地产消费动机就是为满足一定的需要而引起人们购买房地产产品的愿望和意念。房地产消费动机是激励房地产消费者产生房地产消费行为的内在原因。主要包括消费者的购买意向、影响消费者购买动机的因素、消费者购买动机的类型等。

（3）房地产消费行为调研。房地产消费行为是房地产消费者在实际房地产消费过程中的具体表现。房地产消费行为调研的内容主要包括：①消费者购买房地产商品的数量及种类；②消费者对房屋设计、价格、质量及位置的要求；③消费者对本企业房地产商品的信赖程度和印象；④房地产商品购买行为的主要决策者和影响者情况等。

3. 房地产市场供给调研

房地产市场的供给是指在某时期内为房地产市场提供房地产产品的总量。主要调研以下几个方面。

（1）行情调研。即调研整个地区房地产市场现有产品的供给总量、供给结构、供给变化趋势、市场占有率；房地产市场的销售状况与销售潜力；房地产市场产品的市场生命周期；房地产产品供给的充足程度、房地产企业的种类和数量、是否存在市场空隙；有关同类房地产企业的生产经营成本、价格、利润的比较；整个房地产产品价格水平的现状和趋势，最适于客户接受的价格策略；新产品定价及价格变动幅度等。

（2）现有房地产租售客户和业主对房地产的环境、功能、格局、售后服务的意见及对某种房地产产品的接受程度。

（3）新技术、新产品、新工艺、新材料的出现及其在房地产产品上的应用情况。

（4）建筑设计及施工企业的有关情况。

4. 房地产市场营销活动调研

房地产市场营销活动是一系列活动的组合，涉及房地产市场竞争、价格、促销、营销渠道等要素。因此房地产市场营销活动调研应围绕这些营销组合要素展开。

（1）房地产市场竞争情况调研。房地产市场竞争情况调研对于房地产企业制定市场营销策略有着重要的作用。因此，企业在制定各种重要的市场营销策略之前，必须认真调查和研究竞争对手可能做出的各种反应，并时刻注意竞争者的各种动向。

调查内容主要包括：①竞争企业的数量、规模、实力状况；②竞争企业的生产能力、技术装备水平和社会信誉；③竞争企业所采取的市场营销策略以及新开发产品的开发情况；④房地产企业未来市场竞争情况的分析；⑤竞争产品的设计、结构、质量、服务状况；⑥竞争产品的市场定价及反应情况；⑦竞争产品的市场占有率；⑧消费者对竞争产品的态度和接受情况等。

（2）房地产价格调研。房地产价格的高低对房地产企业的市场销售和盈利有着直接的影响，积极开展房地产价格的调研，对企业进行正确的市场产品定价具有重要的作用。价格调研的内容包括：①影响房地产价格变化的因素；②房地产市场供求情况的变化趋势；③房地产商品价格需求弹性和供给弹性的大小；④开发商各种不同的价格策略和定价方法对房地产租售量的影响；⑤国际、国内相关房地产市场的价格；⑥开发个案所在城市及街区房地产市场价格。

（3）房地产促销调研。广告是促进房地产商品市场销售的重要手段，广告促销的效果是房地产企业所关注的一个问题。促销调研的主要内容包括：①房地产企业促销方式，广告媒介的比较、选择；②房地产广告的时空分布及广告效果测定；③房地产广告媒体使用情况；④房地产商品广告计划和预算的拟定；⑤房地产广告代理公司的选择；⑥人员促销的配备状况；⑦各种营业推广活动的租售绩效。

（4）房地产营销渠道调研。主要内容包括：①房地产营销渠道的选择、控制与调整情况；②房地产市场营销方式的采用情况、发展趋势及其原因；③租售代理商的数量、素质及租售代理的情况；④房地产租售客户对租售代理商的评价。

（二）房地产不同营销阶段的调查内容

房地产市场营销活动可以划分为不同阶段，每个阶段市场调查的内容也不一样。

1. 房地产项目定位阶段的市场调查

房地产项目定位阶段的市场调查从了解开发项目的土地状况调查入手，分析和判断其所具有的居住、商务、景观价值；调查区域项目的供给状况；分析街区价值；分析潜在消费者的生活模式，分析其对居住空间的偏好。只有做好上述调查工作，房地产项目的定位才能在信息充足的基础上开展。

（1）项目地块现状调查。不论是住宅、商业或工业用地，都可以从这几个方面进行调查，具体情况见表5-1。

表 5-1 地块现状调查表

项目	内容
地块地理形势	方向、风向、地质、景观方向、地形、排水方向
地块地上物状况	地上物特殊状况
邻地状况	地块与邻地情况、防火设施、邻地建筑、邻地地下室深度
地块道路及给排水状况	市级道路、主要出入道、基地给排水
公共设施及交通状况	公共设施(公园、学校)及其与地块距离的远近,以及地块的可及性

(2) 项目交通状况调查。交通流量能带来人潮,使人潮驻留地的商业价值提升。交通流量因道路形态不同而有很大的差异,而道路形态也因使用车种、使用时间、使用目的的不同而有不同的发展。一般所指的交通流量资料包含机动车流量、小客车流量、大客车流量、货车流量、双向行人道流量,以及这些流量的路线及可到达的区域。每一种不同类型的道路,其交通工具的种类、比例、流量,以及大众运输工具的便利性,都对道路沿线商业发展造成不同的影响。

(3) 项目周边景观调查。从市场的发展看,消费者对景观的关注度越来越高。因此,需要了解房地产项目周边的自然景观、人文景观、遮挡物,以及可能对景观造成的破坏。对景观的调查要详细,要了解经过划分的不同景观区域,如东、南、西、北、东南、东北、西南、西北不同方向的自然景观、人文景观、遮挡物等内容。

(4) 商务圈和商圈调查。商务圈是办公大厦的集中区域,商圈是指消费者选择的购物地点分布的地区范围。商务圈调查的内容包括周边写字楼的数量、等级,租住公司的规模,行业分布等;商圈调查的内容包括周边人群的家庭户数、人口特性、生活形态、消费行为等。

(5) 区域基本信息调查。通过对当前区域基本状况的调查和分析,可以判断出未来物业的基本开发走向。区域基本信息调查的内容包括区域开发结构、房地产的供应状况、总体价格水平、物业租售总体状况等。

(6) 相关项目基本信息调查。房地产项目的定位细节包括许多内容,从户型比例、项目配套到装修、设备。了解相关项目的基本信息,可以很好地安排自身项目的空间和配置相关设施。相关项目基本信息调查内容包括开发商、位置、交通状况、规划要点、建筑面积、户数、层数、配套(会所、设备)、装修、景观、户型种类、户型面积、户型比例(写字楼按间隔划分,商铺按铺型调查)。

(7) 客户产品需求调查。产品是为了满足客户的需求,因此调查客户对产品的需求是必需的。客户产品需求调查内容包括客户对住宅类型、户型布局、楼层、楼盘建筑风格、配套设施、停车位、景观、装修标准的偏好等。

2. 房地产市场推广阶段的市场调查

分析市场供求状况,单凭宏观的统计信息如土地供应量、批租量是不够的。只有调查市场的供给和需求状况,才能明确判断市场的供求关系,才能对项目销售价格策略的制定有直接的帮助。

(1) 竞争项目基本信息调查。了解竞争项目的基本信息有助于对市场供求进行明确判断。竞争项目基本信息调查的内容包括开发商、位置、交通状况、规划要点、建筑面积、户数、层数、配套(会所、设备)、装修、景观、户型种类、户型面积、户型比例等。

(2) 竞争项目销售信息调查。房地产项目的入市时间不一,调查竞争项目剩余和售出的单位对判断同一客户群的竞争状况，制定出有助于销售的竞争策略极为必要。竞争项目销售信息调查的内容包括项目的开售时间、价格（不同户型的价格、价格差、朝向差）、付款方式、代理商、不同户型的销售状况、消费群体取向、广告主题等。

（3）客户需求和接触媒体习惯调查。销售的对象是客户，客户是如何想的，其支付能力如何，日常接触哪些媒体等，都需要通过市场调查去获知。客户需求和接触媒体习惯调查的内容包括客户置业计划、购房目的（自用或出租）、对区域的选择偏好、装修偏好（自己装修或提供装修）、付款方式、购房决策过程、计划置业客户的特征（家庭结构、工作地点、从事行业、月收入、教育程度）、客户喜欢的媒体等。

3. 房地产销售阶段的市场调查

房地产项目进入销售阶段，需要根据实际情况的变化对预先制定的价格策略、销售策略、推广策略进行调整。

（1）市场推广调查和测评。在销售过程中，市场推广是一项重要的工作。市场推广效果如何，受众接收的信息是否准确需要市场验证。一般通过座谈会的方式召集销售人员调查推广的效果。推广调查内容包括电话进线量、上门客户量、电话咨询主题、上门客户询问内容。

（2）成交客户问卷调查。房地产企业对于客户部分的市场调查存在客户群识别的问题，比如某项目主力户型是四房两厅，户型面积140平方米，总价在80万元以上，客户群的取样难度就相当高。假如以某一富人区为调查区域，可能选取的样本在收入方面满足要求，但这部分客户的实际要求是别墅或户型面积在250平方米以上。而由代理公司进行的成交客户问卷调查就不受客户群识别的制约。成交客户问卷调查内容可以涵盖几乎所有客户调查的内容，包括一些难度很高的定位客户调查，如对户型布局的偏好，被调查对象对这样的调查也很乐意配合。

（3）销售难点调查。销售出现障碍时，需要调查出现销售障碍的原因。销售人员在接待客户的过程中经常会听到上门客户对楼盘的抱怨，而这些抱怨很大可能积存在销售人员的意识之中。实际工作中需要经常召集销售人员调查分析成交和不成交的原因。销售难点调查包括客户的家具安排、房间人员安排、日常家居活动安排等内容。

四、房地产市场调查的方法

房地产市场调查的方法有很多，企业市场调查人员可以根据需要加以具体的选择，下面根据不同的标准，将这些方法进行适当的分类。

（一）按调查范围划分

1. 全面调研

全面调研又叫普查，是对调研对象总体所包含的全部单位进行调研。如果能对一个城市人口的年龄、家庭结构、职业分布、收入分布等情况系统调研了解，对房地产开发将是十分有利的。由于普查工作量很大，要耗费大量人力、物力、财力，调研周期较长，一般只在较小范围内采用。当然，有些资料可以借用国家权威部门的普查结果，如借用全国人口普查所得到的有关数据资料等。

2. 重点调研

重点调研是以有代表性的区位或消费者作为调研对象，进而推断出一般结论。采用这种调研方式，由于重点被调研的对象数目不多，企业可以用较少的人力、物力、财力在很短时期内完成。如调研高档住宅需求情况，可选择一些购买大户作为调研对象，往往这些大户对住宅的需求量、对住宅功能的要求占整个高档商品住宅需求量的绝大多数，从而推断出整个市场对高档住宅的需求量。当然由于所选对象并非全部，调研结果难免有一定误差，市场调研人员应高度重视，特别是当外部环境发生较大变化时，所选择重点对象可能不再具有代表性。在这种情况下，房地产市场调查人员应重新选取市场调查的对象，尽量使调查结果反映被调查总体的实际情况。

3. 抽样调研

抽样调研就是从调查对象全体（总体）中选择若干个具有代表性的个体组成样本，对样本进行调查，然后根据调查结果可推断总体特征的方法。抽样调研大体上可以分成两大类：一是随机抽样，二是非随机抽样。

随机抽样最主要的特征是从母体中任意抽取样本，每一样本有相等的机会，事件发生的概率是相等的，可以根据调研的样本空间的结果来推断母体的情况。随机抽样又可以分为3种：①简单随机抽样，即整体中所有个体都有同等的机会被选作样本；②分层随机抽样，即对总体按某种特征（如年龄、性别、职业等）分组（分层），然后从各组中随机抽取一定数量的样本；③分群随机抽样，即将总体按一定特征分成若干群体，随机抽取其中一部分作为样本。分群抽样与分层抽样是有区别的：分群抽样是先将样本总体划分为若干不同群体，这些群体间的性质相同，然后再对每个群体进行随机抽样，这样每个群体内部存在性质不同的样本；而分层抽样是将样本总体划分为几大类，这几大类之间是有差别的，而每一类内部则由性质相同的样本构成。二者具体区别如图5-1所示。

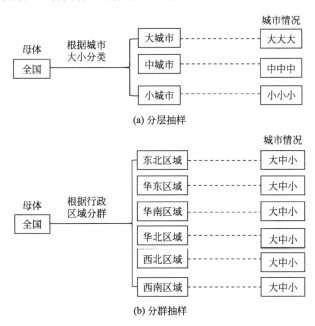

图 5-1　分层抽样与分群抽样的区别

非随机抽样是指市场调研人员在选取样本时并不是随机选取，而是先确定某个标准，然后再选取样本，这样每个样本被选择的机会并不是相等的。非随机抽样也分为3种具体方法：

（1）就便抽样，也称为随意抽样调研法。即市场调研人员根据最方便的时间、地点任意选择样本，如在街头上随意找一些行人询问其对某产品的看法和印象。这在商圈调研中是常用的方法。

（2）判断抽样。即通过市场调研人员根据自己的以往经验判断由哪些个体作为样本的一种方法。当样本数目不多，样本之间的差异又较为明显时，采用此法能起到一定效果。

（3）配额抽样。即市场调研人员通过确定一些控制特征，将样本空间进行分类，然后由调研人员从各组中任意抽取一定数量的样本。例如某房地产公司需要调查消费者购买房屋的潜力，特别要了解中、低收入的消费者对购房的欲望，以便使企业把握机遇、做好投资的准备。先根据收入与年龄对消费者进行分类，收入的标准为高、中、低档，年龄根据我国国情划定为27岁以上（已婚居多）和27岁以下（未婚居多），调查人数为300人，在对每个标准分配不同比例后，得出每个类别的样本数。详见下面及表5-2。

高收入　27岁以下　　　　300×10％＝30人
高收入　27岁以上　　　　300×10％＝30人
中收入　27岁以下　　　　300×10％＝30人
中收入　27岁以上　　　　300×30％＝90人
低收入　27岁以下　　　　300×10％＝30人
低收入　27岁以上　　　　300×30％＝90人

表5-2　配额抽样表　　　　　　　　　　　　　　　　　　单位：％

收入标准	年龄占比		总计
	27岁以下	27岁以上	
高	10	10	20
中	10	30	40
低	10	30	40
总计	30	70	100

（二）按资料、信息收集的具体方式和途径划分

1. 访问法

访问法是指房地产市场调研人员通过口头、电话或书面等形式向被调研人员提出问题、了解情况、收集资料。

访问法分为如下3种形式。

（1）答卷法。调研人员将被调研人员集中在一起，要求每人答一份卷，在规定时间内答完，被调研人员不能彼此交换意见，从而使个人意见充分表达出来。此种方法不受调研人员的影响，能充分表达个人意见，且不要求被调研人员署名，收集到的意见、资料较为客观、真实，调查结果可靠性高。

（2）谈话法。市场调研人员与被调研人员进行面对面谈话，如召开座谈会，大家畅所欲言。然后还可针对某种重点调研对象进行个别谈话，深入调研。这种方法的最大优点是十分灵活，可以调研许多问题，可以弥补调研表所遗漏的一些重要问题。但是采用该方法对调研人员的要求高，耗时较长。

（3）电话调研。即市场调研人员借助电话了解消费者意见的一种方法。电话调研的优点是：①取得信息的速度快，节省时间；②成本比较低，回答率高；③可以统一询问格式，整理归类比较容易。其缺点是：①不能看到对方的表情、姿态等非语言交流信息，交谈时间不宜太长；②不能询问较为重要的问题，不宜收集深层信息。

2. 观察法

观察法是指调研人员通过被调研人员的行为来收集信息资料或者通过被调研人员的行为痕迹来收集信息资料的方法。采用这种方法时，调研人员不与被调研人员正面接触，被调研人员无压力，表现得自然，因此调研效果也较理想。

观察法有下列3种形式：①直接观察法，即派人到现场对调研对象进行观察。②实际痕迹测量法，即调研人员不是亲自观察购买者的行为，而是观察行为发生后的痕迹。③行为记录法，即在取得被调研人员同意之后，用一定装置记录调研对象的某一行为。

观察法的优点主要有：①被调研人员没有意识到自己正在接受调查，处于自然状态，因此结果比较客观；②可以获得那些被调研人员不愿意以及言语无法提供的信息。观察法的缺点有：①调研人员只能观察消费者的外在行为，不能提问或让消费者回答问题；②由于不能提问，只能观察，无法得到被调研人员的感情、态度等行为和动机等信息，因此，调研人员通常将观察法与其他方法组合起来使用。

3. 实验法

实验法是指将调研范围缩小到一个比较小的规模，进行实验后得出一定结果，然后再推断出样本总体可能结果的调研方法。例如研究广告对销售的影响，在其他因素不变的情况下，销售量增加就可以看成完全是广告的影响造成的。当然市场情况受多种因素影响，在市场实验期间，消费者的偏好、竞争对手的策略都可能有所改变，从而影响实验的结果。尽管如此，对于研究因果关系，实验法能提供访问法、观察法所不能供给的材料，运用范围较为广泛。这种方法的优点是科学、显示灵敏、结果比较准确，但是实验时间较长，成本较高。

五、房地产市场调查的程序

由于房地产市场调查的内容很多也很复杂，为了使整个房地产市场调查工作得以顺利完成，房地产企业必须按照一定的程序开展调查。一般情况下，房地产市场调查的程序包括三个阶段、七个具体步骤，如图5-2所示。

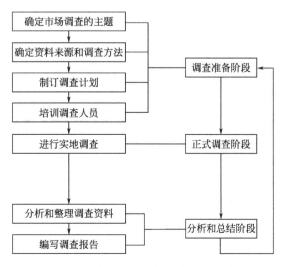

图5-2 房地产市场调查的基本程序

(一) 调查准备阶段

房地产市场调查准备阶段是调查工作的开端。准备是否充分对于实际调查工作和调查质量的影响很大。一个良好的开端往往可收到事半功倍之效。在房地产市场调查的准备阶段，主要应做好以下几项工作。

1. 确定市场调查的主题

所有的房地产市场调查都要从选题开始。通过选题，明确整个房地产市场调查工作的方向和目标，使调查有的放矢，确保调查工作取得成功。选题的正确与否将直接关系到房地产市场调查的成败。如果选题不当，整个房地产市场调查工作有可能成为徒劳之举。

2. 确定资料来源和调查方法

房地产市场调查的主题确定以后，调查人员就应着手进行资料的收集。房地产市场调查所需要的资料可分为两类：一手资料和二手资料。一手资料又称原始资料、初始资料，指研究者基于某个研究项目而特别亲自收集的资料。二手资料又称次级资料、延伸资料，指那些并非为正在进行的项目营销研究而是为其他目的已经收集起来的统计资料。对于一个特定的房地产调查问题，仅凭二手资料往往不能满足需要，因此市场调查人员必须通过实地调查获得原始资料，即一手资料。

不同来源的资料，收集的难易程度不一，因而需要采取不同的方法。房地产市场调查的方法一经确定，调查人员就需要设计调查表（包括问卷和采盘表）。问卷是进行市场调查的具体工具，在正式的市场调查之前须根据调查目的和具体要求进行设计（详见本章第一节第六点说明），调查表或问卷设计的好坏将直接影响到房地产市场调查的最终效果。

3. 制订调查计划

房地产市场调查人员应该在正式实地调查之前，制订具体的调查计划，提交企业营销管理部门审批。在调查计划中应明确所要调查的问题、目标、资料来源以及调查方法等，并对调查活动过程、人员和时间进行安排，对调查成本及费用支出情况进行预算，对调查结果给企业营销决策带来的作用有一个初步的概括与估计。房地产企业营销管理部门在对整个市场调查计划认真审阅的基础上应及时做出答复。

4. 培训调查人员

房地产市场调查人员的素质、能力，在很大程度上影响着调查的质量和效果，因此，房地产企业在正式市场调查前有必要对市场调查人员进行专门的培训，并从中挑选出合格的人员来担当具体的调查工作。

(二) 正式调查阶段

房地产市场调查方案和调查计划经认真审阅确认后，就进入了调查实施阶段，这个阶段的主要任务是组织调查人员深入实际，按照调查方案或调查提纲的要求，系统地收集各种资料和数据，听取被调查者的意见。主要应做好以下工作。

(1) 时间进度安排。要有市场调查日程表或网络图，并留有机动时间以便遇到特殊情况时能够灵活调查。

(2) 实施具体的调查方法。根据不同的调查范围，考虑房地产企业的实际情况，采取全面普查、抽样调查和重点调查等具体形式进行调查，同时针对实际需要，采用观察法、访问法和实验法等实践操作方法进行实地资料的收集。

(3) 安排访问或问卷调查。每次访问前要事先安排好访问的内容、对象、方式、时间等，避免杂乱无章，工作效率低。以调查表或问卷的形式调查时，调查人员要热情、诚恳地请求被调查者的合作，送交调查表或问卷时要简明扼要地讲清调查的意图和目的。

（三）分析和总结阶段

这是房地产市场调查的最后一个阶段，该阶段的主要工作具体包括分析、整理调查资料和编写调查报告两个基本步骤。

1. 分析和整理调查资料

实地调查过程中直接通过调查表或问卷等工具所取得的资料往往是纷繁复杂、无法直接使用的。为了更好地发挥这些资料在房地产市场营销中的作用，必须对它们进行科学的分析和整理。

（1）编辑整理。就是把零碎的、杂乱的、分散的资料加以筛选，去粗存精、去伪存真，以保证资料的系统性、完整性和可靠性。

（2）分类编号。就是把调查资料编入适当的类别，并编上号码，以便于查找、归档和使用。

（3）统计分析。将已经分类的资料进行统计计算，系统地制成各种计算表、统计表、统计图，对各项资料中的数据和事实进行比较分析后得出必要的结论。

2. 编写调查报告

编写调查报告是房地产市场调查的最后一个步骤，也是调查工作的最终成果和企业营销决策的重要依据。

房地产市场调查报告的结构，一般包括序言、摘要、正文、附件四个部分。序言部分扼要介绍有关该项调查的基本情况；摘要部分概括说明调查的主要结果、结论和建议；正文部分是报告的主体，应当说明调查的目的、主题、对象和范围，调查所采用的方法，调查的结果、结论及相应建议；若有重要的统计图表和原始参考资料，还应作为报告的附件列于报告后面。

六、房地产调查问卷的设计

问卷调查是房地产市场调查的一种重要方法，而调查问卷的设计又是问卷调查中的关键环节，对问卷调查质量具有重大的影响。根据房地产市场调查目的、研究对象等的不同，调查问卷可以分为市场环境调查问卷、竞争项目调查问卷及消费需求调查问卷等类型。下面以消费需求调查问卷为例，介绍调查问卷的构成、调查问卷设计的原则和技巧。

（一）调查问卷的构成

调查问卷一般由标题、开头、正文（主要由调查内容组成）和结尾四个部分构成。

1. 问卷标题

问卷标题是对调查主题的高度概括，即调查问卷的总标题。问卷的标题应该开门见山、简明扼要，易于引起回答者的兴趣。例如"某小区物业管理服务满意度调查""某商业中心投资需求调查"等。

2. 开头

调查问卷的开头主要包括问候语、填表说明及问卷编号。问候语应该礼貌、亲切、诚恳，并说明调查的目的、调查者的身份、保密原则及奖励措施，以消除被调查者的疑虑，激发被调查者的参与意识；填表说明的设置目的主要在于规范和帮助被调查者对问卷的回答（填表说明也可以分散放到各个相关问题之前）；问卷编号主要用于检查校对和整理资料。

3. 正文

调查问卷的正文一般包括被调查者的背景资料和调查的主题内容两部分。被调查者的背景资料是指被访者的一些主要特征，如性别、年龄、文化程度、职业等。这些资料对分析不同消费者的消费倾向和偏好有很好的参考价值。

调查的主题内容是研究者所要了解的基本内容，也是调查问卷中最重要的部分。它主要以提问的形式提供给被调查者，这部分内容设计的质量直接影响调查的价值。调查内容主要包括：①对人们的行为进行调查，包括对被调查者本人行为进行了解或通过被调查者了解他人的行为；②对人们的行为后果进行调查；③对人们的态度、意见、感觉、偏好等进行调查。

4. 结尾

调查问卷的结尾可以设置开放式问题，征询被调查者的意见和感受，或者记录调查情况，也可以是感谢语及其他补充说明。

（二）调查问卷设计的原则

对于不同的项目，虽然问卷类型和问卷内容各有不同，但都需要满足问卷设计的基本要求，即在一定成本下获取误差最小的有效数据，因此问卷设计需要满足如下原则。

（1）一致性原则。调查问卷的内容应该与调查者所希望了解的内容相一致。

（2）完整性原则。调查问卷的内容应该能够涵盖调查者所需要了解的所有内容。完整性不仅包括问题的完整性，而且包括备选答案的完整性，即不应出现被调查者找不到合适选项的情况。

（3）准确性原则。作为搜集数据的工具，问卷应保证数据的准确性。要求问卷的措辞、结构、顺序、版式等能够保证被调查者准确理解问题并准确回答问题，而且尽可能使被调查者的回答是可量化的。

（4）效率性原则。就是在保证获得同样信息的条件下，选择最简单的询问方式，使得问卷长度、题量和难度最小，节约调查成本。一方面，在一定的成本条件下，要使问卷尽量获取全面、准确和有效的信息并不一定要一味追求容量大、信息多，与本次调查无关的问题不要询问，否则不仅造成人力、物力和财力的浪费，还有可能引起被调查者的反感，造成拒访和数据质量下降；另一方面，追求高效率并不是简单的降低成本。

（5）模块化原则。为使问卷结构分明，便于维护更新，可以考虑使用模块化的设计方法，即将问题划分为若干个功能模块，每个模块由若干道题组成，模块内部具有较强的联系，模块之间具有相对的独立性。

应该指出的是，上述几项原则有时难以同时满足，并且由于调查费用等客观因素的限制，问卷设计不可能做到尽善尽美，在实践中如何权衡贯彻各项原则，还需要凭经验加以判断。

（三）调查问卷设计的技巧

问卷设计在贯彻上述原则的同时，还应该注意一些处理细节问题的技巧。

1. 设置问题的形式

（1）开放式问题。开放式问题也称为自由回答式问题，指对问题的回答方式没有固定的要求，由调查者针对所提的问题自由表达自己的看法。开放式问题的优点是：①答案没有具体的限制，得到的信息比较分散；②得到的信息量较大。其缺点是对信息的分析处理比较困难。

（2）封闭式问题。封闭式问题指问题的答案已经确定，由调查者按指定的要求回答的问题。封闭式问题的优点是：①答案有限，易表格化，便于被调查者回答；②得到的信息相对集中，且比较标准化；③容易整理，分析方便。其缺点是：①答案较少，获得的信息量少；②易受设置问题的人的思维限制；③被调查者失去回答的自由性。

2. 设计问卷应注意的事项

房地产市场调查能否成功，问卷的设计非常关键。设计问卷时应注意以下事项：①问题的用词要通俗，文字要简短；②每个问题只能包含一项内容；③问题中不要使用专门术语；④问题答案不宜过多；⑤要注意问题的提问方式；⑥确定好问题的排列顺序。

【案例 5-1】 某房地产市场需求问卷调查表

尊敬的先生/女士：

您好！

我是××公司的调查员，为了更好地服务我市市民，建造更经济、更适合居住的住宅，我们很需要您能够给我们提供多方面的意见，只要它能够真实地反映您的想法，对我们就是很大的帮助。调查资料涉及的您的个人信息，我们保证完全保密。感谢您在百忙之中抽出时间，对于您的帮助我们深表感谢！

调查员记录

被调查者姓名：　　　　　　　　被调查者家庭住址：

被调查者身份证号码：　　　　　被调查者联系电话：

调查员姓名：　　　　　　　　　调查员编号：

调查员所属部门：　　　　　　　调查员职位：

调查日期：　　年　　月　　日　调查起止时间：

（一）甄别部分

S1 请问您是否在房地产相关行业工作（开发、设计、施工、监理、营销、策划等）？

　　A. 是　　　　　　　　　　B. 否

若回答"是"，则中止调查。

S2 请问您近几年是否打算买房？

　　A. 是　　　　　　　　　　B. 否

若回答"否"，则中止调查。

（二）主体问卷

住房现状调查

1. 您现在的住房的户型是：_____。

　　A. 一室一厅　　B. 两室一厅　　C. 三室一厅　　D. 三室两厅

　　E. 四室两厅　　F. 其他（请注明）

2. 您现在的住房的建筑面积（m^2）是：_____。

　　A. 70 以下　　B. 71～90　　C. 91～110　　D. 111～130

　　E. 131～150　　F. 其他（请注明）

3. 您现在的住房来源是：_____。

　　A. 商品房　　B. 经济适用房　　C. 单位福利房　　D. 廉租房

E. 市场租赁　　　F. 其他（请注明）

住房需求调查

4. 您准备在_____买房。
　　A. 半年内　　　B. 一年内　　　C. 两年内　　　D. 更长时间

5. 您买房的目的或原因是：_____。
　　A. 结婚　　　　　　　　　　B. 现有住房太小
　　C. 想拥有自己的房子　　　　D. 给亲友买房
　　E. 投资　　　　　　　　　　F. 其他（请注明）

6. 若购买商品房，您准备选择什么户型？_____
　　A. 一室一厅　　B. 两室一厅　　C. 三室一厅　　D. 三室两厅
　　E. 四室两厅　　F. 其他（请注明）

7. 若购买商品房，您准备购买多大的建筑面积（m^2）？_____
　　A. 70以下　　　B. 71~90　　　C. 91~110　　　D. 111~130
　　E. 131~150　　F. 其他（请注明）

8. 您打算购买的住宅类型是：_____。
　　A. 多层　　　　B. 高层　　　　C. 小高层（8~12层）
　　D. 别墅　　　　E. 其他（请注明）

9. 您认为对住宅来说最重要的因素是什么？_____
　　A. 质量　　　　B. 户型　　　　C. 舒适　　　　D. 安静
　　E. 美观　　　　F. 气派　　　　G. 便捷　　　　H. 其他（请注明）

10. 您希望住宅小区内有哪些配套设施（可选择多项）？_____
　　A. 运动场所　　B. 诊所　　　　C. 超市　　　　D. 休闲娱乐
　　E. 美容院　　　F. 其他（请注明）

11. 买房时您最关注哪个因素？_____
　　A. 单价　　　　B. 总价　　　　C. 户型　　　　D. 地段
　　E. 交通　　　　F. 开发商品牌　　G. 物业管理　　H. 付款方式
　　I. 景观环境　　J. 配套设施　　K. 其他（请注明）

12. 您希望所购住房的装修标准是：_____。
　　A. 毛坯房　　　B. 简单装修房　　C. 精装修房　　D. 厨卫装修，其他毛坯
　　E. 开发商提供多种装修方案供买家选择　　　　F. 其他（请注明）

13. 您理想的客厅面积是多大（建筑面积，m^2）？_____
　　A. 10~15　　　B. 16~20　　　C. 21~25　　　D. 26~30
　　E. 30以上　　 F. 越大越好　　G. 无所谓

14. 您理想的主卧面积是多大（建筑面积，m^2）？_____
　　A. 10以下　　 B. 11~15　　　C. 16~20　　　D. 21~25
　　E. 25以上　　 F. 越大越好　　G. 无所谓

15. 您对主卧带卫生间的设计如何考虑？_____
　　A. 主卧必须带卫生间　　　　B 主卧最好带卫生间
　　C. 主卧不要带卫生间　　　　D. 无所谓

16. 您喜欢哪一种阳台设计？_____

A. 传统外挑阳台　　B. 挑高阳台　　C. 凹阳台　　D. 无所谓

E. 其他（请注明）

17. 您能接受的单价是（建筑面积，元/m²）：_____。

　　A. <3000　　　　　　　　　　B. ≥3000~<5000

　　C. ≥5000~<8000　　　　　　　D. ≥8000~<10000

　　E. ≥10000~<15000　　　　　　F. ≥15000~<20000

　　G. ≥20000　　　　　　　　　 H. 无所谓

18. 您能接受的总价是（万元/套）：_____。

　　A. <30　　B. ≥30~<50　　C. ≥50~<80　　D. ≥80~<100

　　E. ≥100~<150　　F. ≥150~<200　　G. ≥200　　H. 无所谓

19. 您获取房地产广告的主要来源是（可选择多项）：_____。

　　A. 报纸　　B. 电视　　C. 电台　　D. 户外媒体

　　E. 朋友介绍　　F. 网络　　G. 其他

最后，我想问几个关于您个人的问题，以供资料分析使用，请您不要介意。

20. 您的性别是：_____。

21. 您的年龄是：_____。

22. 您的职业是：_____。

23. 您的爱好是：_____。

24. 您的文化程度是：_____。

　　A. 中专以下　　B. 中专　　C. 大专　　D. 大学本科

　　E. 硕士　　F. 博士及以上

25. 您在单位的职位是：_____。

　　A. 高层　　B. 中层　　C. 普通员工　　D. 编制外员工

　　E. 其他

26. 您的家庭人口数量是：_____。

　　A. 1人　　B. 2人　　C. 3人　　D. 4人

　　E. 5人　　F. 5人以上

27. 请问您大多数朋友的月收入（元）属于：_____。

　　A. <2000　　　　　　　　　　B. ≥2000~<3000

　　C. ≥3000~<5000　　　　　　　D. ≥5000~<8000

　　E. ≥8000~<10000　　　　　　 F. ≥10000~<20000

　　G. ≥20000　　　　　　　　　 H. 拒绝回答

访问到此结束，再次感谢您的支持！

以下由调查员记录：

B1 被调查者的理解程度：A. 完全理解　B. 比较理解　C. 一般　D. 不大理解

B2 被调查者的认真程度：A. 很认真　B. 比较认真　C. 一般　D. 随意　E. 敷衍

B3 被调查者的合作程度：A. 很合作　B. 比较合作　C. 一般　D. 不大合作

B4 获得资料的真实性评价：A. 比较客观　B. 一般　C. 不可信

第二节 房地产市场预测

一、房地产市场预测概述

(一) 房地产市场预测的概念和作用

房地产市场预测是房地产企业在市场调查的基础上,利用已获取的各种信息资料,运用科学的方法和手段,对影响房地产市场发展变化的各种因素进行综合分析,对各种条件下市场的发展趋势及状态进行估计和判断,从而为房地产企业的经营决策提供依据。

房地产经营决策是房地产经营管理的关键,经营决策的前提是做好房地产市场的预测工作,做好房地产预测工作对房地产企业的生产经营有着重要的作用。

(1) 房地产市场预测可以减少经营的盲目性及风险性。房地产市场受到许多因素的影响,房地产市场在蕴含着巨大机会的同时具有极大的不确定性,但并不意味着市场毫无规律可循。任何事物的发展总存在一定的规律性或延续性,房地产市场也是如此。企业可以通过借助市场预测根据过去的市场信息资料对未来市场的发展趋势进行预测,这种预测可能不是百分之百的精确,但它确实使房地产企业能够对未来的市场有一个大致了解,减少由市场不确定性带来的风险。

(2) 房地产市场预测是房地产企业进行决策的基础。房地产企业进行正确有效的决策是企业经营活动正常开展的先决条件,市场预测可为企业制定、优化决策方案,进行正确的决策提供基础和参考依据。

(3) 房地产市场预测有利于提高企业的竞争能力。通过市场预测,清楚掌握市场的动向,就容易做出准确的判断和估计,大大提高房地产企业的经营管理水平,使房地产企业可以先于对手采取一系列市场对策,从而大大增强企业在市场竞争中的主动性。

(二) 房地产市场预测的种类

市场预测的分类标准有以下几种。

1. 按预测对象的范围划分

(1) 宏观预测。宏观预测是从较大的角度(全社会)研究市场,分析总结市场的供求情况,涉及的范围大,牵涉面广。例如,对人口结构变化、经济发展速度以及影响房地产市场的其他政治法律因素的预测。

(2) 微观预测。微观预测是从企业的角度进行市场预测,对房地产市场潜在需求量和未来供应情况及其发展趋势进行预测。

2. 按预测的时间划分

(1) 长期发展趋势预测。长期发展趋势预测是指房地产企业对今后几年或更长时期(一般是五年以上)的房地产市场做出预测,作为企业制定长期战略目标的依据。

(2) 中短期预测。中短期预测主要是指房地产企业对今后几年(通常二三年内)的房地产市场做出预测。

3. 按预测方法的性质划分

(1) 定性预测。定性预测主要研究和探讨预测对象在未来所表现出的性质,如事物发展的总趋势、事件发生和发展的各种可能性及其产生的影响。定性预测主要是通过对历史信息资料的分析和对未来各因素的研究,凭借预测者的实践经验和逻辑推理能力,对事物未来表现的总趋势或性质的规定性进行推测和判断。

（2）定量预测。定量预测是在了解历史资料和统计数据的基础上，运用数理统计学以及其他分析技术，建立可以表现数量关系的模型，并利用模型计算预测对象在未来可能表现出的数量，对预测对象未来量的规定性加以确定。

（三）房地产市场预测的内容

房地产市场预测的内容十分广泛，从预测对象来看，它既包括对房地产市场供求关系及发展趋势的预测，也包括对与房地产市场相联系的各种经济、社会、自然环境等一切因素及其发展变化对房地产市场供求关系的影响与影响程度的预测。这里所说的预测内容，是指在通常情况下进行房地产市场预测应当包括的主要内容，如国家经济发展趋势预测、国家宏观经济政策预测、房地产市场需求量预测、市场占有率预测、技术发展预测、营销前景预测、价格走势预测，以及产品生命周期预测、企业盈亏预测等。

二、房地产市场预测的步骤

（一）确定目标

确定预测目标是市场预测工作的第一步。预测目标关系到预测的一系列问题：为什么搜集资料，怎么搜集资料，采用什么预测方法等。只有目标明确，才能使预测工作有序进行。

（二）搜集整理资料

信息资料是整个预测工作的基础。在搜集资料时应注意：一是信息资料的广泛性，除了与房地产直接有关方面的因素外，还要注意对房地产市场的未来发展会造成较大影响的其他因素。二是信息来源的多渠道性，使得信息具有代表性、准确性、系统性、完整性和可比性，在搜集资料的过程中还要分析筛选，整理出对预测有实用价值的资料和信息。

（三）选定预测方法和预测模型进行预测

预测是一项综合性的复杂工作，采用不同的预测方法或选定不同的预测模型会直接影响预测结果的精确程度。因此，在选择预测方法和预测模型时应充分考虑预测的目的、预测时间的长短、所能搜集的统计资料的多少及完整程度等方面因素，慎重地选择一种或几种方法或模型来做出预测。

（四）评价修正预测结果

由于市场预测毕竟只是对未来市场供求状况及变化趋势的一种设想和估计，并且市场需求变化具有动态性和多变性，预测值同未来的实际值总是有误差的，这时应对误差、误差的大小及产生误差的原因进行分析。如果是随机误差，则可以通过数据修正来减小误差；如果是系统误差，则应重新选取预测方法和模型。

（五）撰写预测报告

预测之后应及时编写预测报告。房地产市场预测报告中既要有定性分析，也要有定量分析，尽量做到数据真实准确、论据充分可靠、建议切实可行。然后，还要对预测的结果进行判断、评价，重点是预测误差的分析。

三、房地产市场预测的方法

房地产市场预测的准确性在很大程度上取决于对经营活动深入研究的程度和所选择的预测方法是否合适。选择预测方法要从预测对象的特点出发，根据预测的目的和要求、收集资料的状况、预测费用与效益的比较等因素,进行综合考虑。预测方法种类繁多,常用的有数十种之多,而每种方法都有自己的特点、用途和适用范围。因此在具体应用过程中,关键在于选择得当,确定适用的、有效的方法。有时也可以同时采用几种方法进行预测,以便相互检验和补充。市场预测方法基本上有两大类,一类是定性预测,另一类是定量预测。

(一) 定性预测方法

定性预测方法又称为经验判断法。它是根据已掌握的历史资料和现实材料,凭借个人的经验、知识和分析判断能力,对预测对象未来发展趋势做出性质和程度的判断。

由于定性预测方法主要是凭借个人的知识、经验和分析能力来进行,因此,对于一些缺乏历史资料、影响因素复杂又难以分清主次或对主要影响因素难以进行定量分析的情况,使用这种预测方法是最为有效的。常用的定性预测方法有以下几种。

1. 经理人员意见法

由企业经理召集计划、销售、财务等有关部门负责人,广泛交换意见,共同讨论市场趋势,由经理做出判断,对市场前景进行预测。这种方法集中了各个负责人的经验和智慧,解决问题比较快。但不足之处是各个据以判断的情报、资料可能会有片面性,而且主管人员的主观判断往往受到当时乐观或悲观气氛的影响。

2. 销售人员意见法

销售人员意见法是预测组织者汇集销售人员对市场销售额、销售量的估计值后,经过统计分析,做出预测的方法。这里的销售人员除了直接从事销售的人员,还包括管理部门的工作人员和销售主管等人员。用此方法得出的预测数比较接近实际,这是因为销售人员直接接触市场和消费者,比较了解消费者和竞争公司的动向,所以销售人员所做出的销售预测有较高的可靠性。

3. 顾客意见法

顾客意见法即直接听取顾客意见后再确定预测数。由于只有潜在消费者最为清楚自己将来想要购买的商品及其数量,因而他们可以提供的情报是可靠的。此法除走访调查外,还可采用房地产展销会、订货会等方式。但顾客意见法能取得成功,主要靠顾客的合作。如果顾客因保密、关系不好或不重视调查等而采取应付或不合作态度,就难以得到可靠、准确的预测结果。

4. 德尔菲法

德尔菲法也称专家意见法。此方法是由专家们对未来可能出现的各种趋势做出评价的方法。德尔菲法是在专家座谈会发展过程中为了消除座谈会中专家面对面交谈可能产生的心理影响,于20世纪40年代末期由美国兰德公司提出来的。德尔菲法应用非常广泛:不仅可以用于技术预测,而且可以用于经济预测;不仅可以用于短期预测,而且还可以用于长期预测;不仅可以预测事物的量度过程,而且还可以预测事物的质变过程。因而近几十年来,德尔菲法已逐渐成为一种重要的预测方法。

德尔菲法概括地说就是反复函询的调查法,即将所要预测的问题和必要的背景材料,用通信的方法向专家们提出,然后将他们回答的意见综合整理、归纳,匿名反馈给各个专家,再次征求意见,然后再加以综合、反馈。如此经过多次反复,直到预测问题的目标得到较为满意的结果为止。其特点有以下几个方面:一是匿名性,德尔菲法采用匿名函调征求意见,即专家的意见互不相通,避免心理上的相互干扰,以提出较理想的预测值;二是反馈性,即把意见整理、集中,匿名返回到每位专家手中,再次征求其意见,使他们权衡各种意见,不断修正自己的判断；三是集中判断，对各位专家的预测值进行统计，并反复研究，把各种意见用中位数或平均数加以综合，从而为决策提供依据。

德尔菲法的优点是：预测速度快，节省资金，可以得到多种有价值的观点和意见，适用于数据资料不足、不可测的因素较多的情况。不足之处是：专家的意见难免带有主观片面性或脱离实际，因此一般用于长期预测、宏观预测和对新产品投产的预测。

（二）定量预测方法

定量预测方法又称数学分析法，是在占有各项有关资料的基础上，根据预测的目标和要求，选择合适的数学模型进行预测，然后根据企业内部和外部的变化情况加以分析，以取得所需要的预测值的方法。

1. 时间序列法

时间序列法是将历史上积累起来的资料按年、月或按周期排列，构成一个统计数列，并根据其发展动向向前推测，实际上是一种"外延推断"方法。这种方法在市场比较稳定的情况下，或对于某些需求弹性和价格弹性比较小的产品使用起来较为有效，特别是用于短期预测效果更好。

运用时间序列法，要受到一定条件的制约。首先，必须具备时间序列资料，并且这些资料中存在一定的模式或趋势，数据随时间的变化波动不是很大。其次，未来发展情况必须与过去的发展情况相似，至少影响市场的各种因素在未来与过去是大体相似的。因此，时间序列法一般适用于短期预测。

下面简单介绍几种时间序列推测的具体方法。

（1）简单平均法。简单平均法是用算术平均值作为新一期的预测值的方法。即在时间序列的几个实际值 x_1、x_2、$x_3 \cdots x_n$ 中，求出它们的算术平均值作为新一期的预测值。

其计算公式如下：

$$\bar{x} = \frac{x_1 + x_2 + x_3 + \cdots + x_n}{n} = \frac{\sum_{i=1}^{n} x_i}{n}$$

式中　$\bar{x}$——平均数，即用算术平均值进行预测时的预测值；

　　　n——实际资料数；

　　　x_i——第 i 期的实际销售数（$i=1, 2, \cdots, n$）。

例如，某房地产公司1月到6月的实际销售量如表5-3所示，预测7月份销售量。

表5-3　1月到6月的实际销售量　　　　　　　　　　单位：m²

月份	1	2	3	4	5	6
实际销售量	4400	5000	4500	6000	5500	7000

按简单平均法预测，7月份销售量为：

$$x_7 = \bar{x} = \frac{4400+5000+4500+6000+5500+7000}{6} = 5400 (\text{m}^2)$$

从这个例子可以看出，用简单平均法预测7月份的销售量，其预测值为5400m²。但此预测方法只能在销售量比较平衡的情况下采用，如果销售量波动情况较大时，采用此方法进行预测，其误差就比较大。

（2）加权平均法。加权平均法是对企业各个时期的实际销售量进行加权，再除以各个时期对实际销量所加的权数之和,求得下期的预测值。此种方法对近期的最新实际销售量较为重视,所以权数也最大。至于以前各期的实际销售量,则愈早者所加权数愈小。加权平均法可以在销售量波动较大的情况下预测下期销售量。其计算公式如下:

$$x_t = \bar{x} = \frac{\sum_{i=1}^{n} w_i x_i}{\sum_{i=1}^{n} w_i}$$

式中 x_t——第 t 期的预测值;

w_i——第 i 期的加权数;

x_i——第 i 期的实际销售量。

仍用上例资料,根据加权平均法预测 7 月份销售量。假设 6 月份实际销售量的加权数为 4,5 月份为 3,4 月份为 2,其他月份均为 1。按上述公式计算 7 月份的预测值为:

$$x_7 = \bar{x} = \frac{7000 \times 4 + 5500 \times 3 + 6000 \times 2 + 4500 \times 1 + 5000 \times 1 + 4400 \times 1}{4+3+2+1+1+1}$$

$$= \frac{70400}{12} = 5866.7 (\text{m}^2)$$

(3) 移动平均法。移动平均法是在简单平均法的基础上发展起来的,是把算术平均数改为分段平均,并且按时间序列数据的顺序逐点推移,得到新的预测值时间序列,算出新一期的预测值。即根据时间序列实际值,从第一项开始,按一定的项数分段,求其算术平均数。在时间往后移时,每测一期均取前若干期的实际销售量的平均数作为当期的预测量。

移动平均法的计算公式如下:

$$M_t = \frac{1}{N}(x_t + x_{t-1} + \cdots + x_{t-(N-1)})$$

或

$$M_t = M_{t-1} + x_t - x_{t-N}$$

式中 M_t——第 t 期的移动平均值;

N——分段的数据的数目;

x_t——时间序列在第 t 期的实际值。

在实践中,对 N 的取值是大些好还是小些好,要全面考虑。N 取值若大,其移动平均数对干扰的敏感性低,数据比较平稳保险,但容易落后于可能的发展趋势;N 取值若小,移动平均数对干扰的反应过度敏感,容易造成错觉。可见,如何选择 N 的取值是移动平均法的关键,通常是对 N 取多种方案进行计算,以利于分析和比较,最后做出预测。

例如,某房地产公司 1 至 6 月的实际销售量如表 5-4 所示,假定 3 个月移动一次,要预测 4 至 7 月的销售量。

表 5-4　1 至 6 月的实际销售量　　　　　单位:m²

时间	1月	2月	3月	4月	5月	6月	7月
实际销售量	6700	5500	6900	7600	7800	9300	
平均预测数				6400	6700	7400	8200

将数据代入公式:

4 月份预测值 $= \dfrac{6700+5500+6900}{3} = 6400$(m²)

5月份预测值 $=\dfrac{5500+6900+7600}{3}=6700$ （m²）

6月份预测值 $=\dfrac{6900+7600+7800}{3}=7400$ （m²）

7月份预测值 $=\dfrac{7600+7800+9300}{3}=8200$ （m²）

由于这种方法主要是不断引进新的数据来修正平均值，以消除销售量变动的不稳定因素，而且还可以看出其发展趋势，所以一般适用于易受随机变量影响的销售情况，也可用于趋向性或季节性的预测。但应在掌握足够期数的数据时方能采用。

（4）指数平滑法。指数平滑法是在移动平均法的基础上发展起来的，它既具备了移动平均法的优点，又考虑了数据的时间性，同时可以减少数据的存储量，因此应用也较广泛。

指数平滑法是利用预测期前一期的实际值和前一期的指数平滑预测值进行加权平均来取得预测值的方法，实际上是一种特殊的加权移动平均法。其计算公式为：

本期预测值 $=\alpha\times$ 上期实际发生值 $+(1-\alpha)\times$ 上期预测值

式中 α——平滑系数，且 $0\leq\alpha\leq 1$。

当 $\alpha=1$ 时，预测值＝上期实际发生值；当 $\alpha=0$ 时，预测值＝上期预测值。

在实际工作中，平滑系数一般是根据原预测数与实际数的差异大小来确定。差异较大时，α 应适当取较大值；差异较小时，α 应适当取较小值。为了计算方便，一般根据经验估计：当差异较大时，α 取 $0.7\sim0.8$ 为宜；当差异较小时，α 取 $0.2\sim0.3$ 为宜。

例如，某房地产公司 2018 年 7 至 12 月实际销售量及预测值如表 5-5 所示。如果设 $\alpha=0.3$，求 2019 年 1 月销售量的预测值。

$$1月预测值 =\alpha\times 上期实际销售量 +(1-\alpha)\times 上期预测值$$
$$=0.3\times 6000+(1-0.3)\times 5800$$
$$=1800+4060=5860(m^2)$$

即 2019 年 1 月销售量的预测值为 5860m²。

表 5-5　7 至 12 月实际销售量和预测值　　　　　　　　　　单位：m²

月份	实际销售量	预测值
7	5000	5200
8	4800	5000
9	5200	5300
10	4900	5000
11	5500	5300
12	6000	5800

2. 回归分析法

回归分析法是建立在大量数据的基础上，寻求随机性后面的统计规律性的一种方法。影响市场的各类因素是相互联系、相互制约的，各因素变量之间客观上存在着一定的关系。通过对掌握的大量数据的分析，可以发现数据变化的规律性，找出变量之间的关系，这种关系便是回归关系。

回归分析法研究的内容是：从一组数据出发，确定变量间的定量关系表达式，这个表达式称为回归方程式；对这些关系式的可信程度进行检验；从影响某一个量的许多变量中，判断哪些变量的影响是显著的，哪些是不显著的；利用回归方程对市场进行预测。

运用回归法进行市场定量预测已是一种比较成熟的方法。随着房地产市场的发展和统计数据的完善，回归分析法将更多地运用于房地产市场的定量预测领域。

本章小结

房地产市场调查是房地产企业开展营销策划活动的基础，也是房地产项目运作的各项工作的起点。房地产市场调查的类型可分为探索性调查、描述性调查、因果性调查和预测性调查。房地产市场调查的方法有多种。按房地产市场调查范围的不同可以划分为全面调查、重点调查、抽样调查；按照收集市场资料、信息的具体方式和途径的不同可以划分为访问法、观察法、实验法。在实际的调查活动中，调查问卷是经常运用的一种工具。调查问卷的设计应遵循一致性、完整性、准确性、效率性和模块化等原则。房地产市场调查应遵循一定的流程，一个完整的调查过程可分为调查准备、正式调查以及分析和总结三个阶段。对于调研收集到的资料应进行整理和统计分析，制成相应的统计图表。

房地产市场预测是通过对资料数据的分析和人的经验判断然后做出对某一种房屋类型的市场潜力的预测，以指导房地产企业开发适销对路的房屋。房地产市场预测的方法概括来说可以分为两大类，一类是定性预测，一类是定量预测。定性预测方法主要包括经理人员意见法、销售人员意见法、顾客意见法和德尔菲法，定量预测方法主要包括时间序列法、回归分析法等。但是在实际预测中，需要将定性预测与定量预测结合起来，将经验判断预测和数据统计分析预测相结合。

复 习 题

1. 房地产市场调查的基本内容有哪些？
2. 如何认识房地产市场调查和市场预测的重要性？
3. 房地产市场调查有哪些主要方法，应如何进行？
4. 房地产市场预测有哪些主要方法，应如何进行？
5. 运用德尔菲法进行房地产市场预测的程序有哪些？

思考与讨论

1. 请设计一份完整的房地产消费者市场调查问卷。
2. 针对某一具体的房地产项目，对其进行调研，撰写一份楼盘市场调研报告。

案例分析

某企业房地产项目市场调研计划方案

一、调研目的

（1）降低项目开发成本，提高项目开发投资回报率。

（2）确定适应市场需求的商业城业态组合。
（3）积累项目推广经验与信心。
（4）分析目标买家（包括投资者与自用经营者）的消费心理及承受能力。
（5）分析目前与商业城定位相符的经营者投资商业城的意向及其强烈程度。

二、商业城项目简介

（一）商业城具体位置（略）
（二）商业城规模（略）
（三）商业城周边交通情况
（1）商业城周边共有6条公交线路，主要路线方向略。
（2）未来3年内，将建成距商业城2公里的轨道交通。
（四）商业城周边消费需求情况
（1）商业城项目周边目前居民约4万人，未来3年内预计会达到6万人。
（2）商业城项目周边地区方圆3公里内，共有写字楼6座，约有15000人办公。

三、调研报告内容规划

（一）商业城所在城市商业物业宏观环境研究
（二）商业城所在城市社会宏观环境研究
（三）商业城入驻业态的定位和规划研究
（四）商业城营销媒介研究

四、调研方法

（一）定性与定量相结合

本次调研活动采用定性调研方法和定量调研方法相结合的调研模式，具体调研方法包括以下内容：①举办调研座谈会，开展定性调研。②实行问卷调查，通过统计分析，进行定量调研。③实行入户访问调查，搜集分析数据。④实行文献搜集，获取基础信息和资料。

（二）具体研究内容所使用的调研方法

调研方法包括：①商业城所在城市商业物业宏观环境研究。通过统计机构资料查阅、报纸和专业期刊提供资料、召开座谈会的方法获取信息。②商业城所在城市社会宏观环境研究。通过查阅相关行政机关网站，包括国家部委、全国人大网站等，了解新政策和相关法律法规。③商业城入驻业态的定位和规划研究。通过定量问卷调查和入户调查进行分析。④商业城营销媒介研究。通过市图书馆、主要媒介座谈访问等方式搜集信息。

五、调研的具体安排

（一）座谈会

（1）第一场共邀请××人，主要对象包括相关行业私企业主、个体工商户及其他代表。
（2）第二场共邀请××人，主要对象包括本市主要媒体机构人员。

(二) 问卷调查

(1) 问卷调查采取随机发放问卷形式，预计发放调查问卷共 300 份，采取街头发放和入户调查相结合的原则。

(2) 对问卷调查结果采用 SPSS 软件进行统计分析。

六、调研所使用的分析方法

(一) 聚类分析（略）

(二) 因子分析（略）

(三) 联合分析（略）

(四) 回归分析（略）

七、质量控制

(一) 对程序的质量控制方法

(1) 对参与调研的人员进行调研培训，促使其充分理解市场调研的目的和要求。

(2) 在调研开展之前，要充分了解调研的背景，做好相关的工具准备工作等。

(3) 利用文献法收集的资料要保证可靠性和真实性。

(4) 对于入户开展的问卷调查要进行电话复核。

(二) 对所收集数据的质量控制方法

(1) 数据分析结果的偏差控制在××%以内。

(2) 对所有数据结果进行 100% 的逻辑编辑。

(3) 安排专人对数据和数据结果进行复查和分析。

八、项目研究人员分工

(一) 人员分类

(1) 项目经理（包括姓名、人物简介）。

(2) 专家组成（包括姓名、人物简介）。

(3) 执行人员（包括姓名、人物简介）。

(二) 工作任务分配

调研工作任务分配的具体内容如表 5-6 所示。

表 5-6　调研工作任务分配

调研人员类别	主要工作
地产研究专家	负责市场宏观环境等方面的信息收集和筛选工作
问卷调查人员	负责街头随机调查和入户调查工作
会谈组织人员	负责选择会谈的人员、组织座谈会、分析座谈结果
文献资料收集人员	负责通过报纸、期刊、网络、图书馆等收集各类文献资料

九、调研日程安排

调研日程的具体安排如表 5-7 所示。

表 5-7 调研活动日程安排

工作进度	工作时间/天	备注
调研准备	3	
设计、测试、评估调研内容	3	
座谈会样本选择和预约	2	
座谈会召开	1	
培训问卷调查人员	1	
实施问卷调查	2	
数据录入和分析	2	
数据统计	1	
撰写调研报告	3	

本次调研的时间约为 18 天，最多不超过 20 天。

需要说明的是，本次调研的专家邀请及专家所实施的调研活动与其他调研活动同时进行，不再另行安排时间。

十、调研费用预算

调研活动各项费用支出预算如表 5-8 所示。

表 5-8 调研费用预算明细表

调研项目	所需数量	单价/元	金额/元	备注
项目调查研究设计			3000	
专家费用			5000	
座谈会费用	2 场	3000	6000	
人员招聘、培训	17 人	80	1360	
入户调查	10 人	100	1000	
街头调查	5 人	80	400	
数据处理、统计分析			4000	
报告制作			6000	
其他			3000	
共计			29760	

思考：假如有一房地产开发项目，其投资商是你的客户，委托你公司对该项目进行市场调研，以帮助其进行投资决策，请你针对该投资项目，制订一份详细的市场调研计划。

第六章　房地产 STP 市场营销战略

　　任何一个房地产企业都无法凭借自身的力量来满足整个房地产市场的全部需要，因此，准确地选择一个或若干目标市场，有针对性地满足一个或某些消费层次的需要，就成为企业成功进入房地产市场的关键。而选择目标市场的前提是企业必须正确地细分市场，并根据选定目标市场的需要来进行有针对性的产品定位。因此，进行市场细分、目标市场选择与产品定位研究，对于房地产企业加强市场营销管理以及提供有效需求，具有十分现实的意义。

　　20 世纪 90 年代，国际营销学大师、著名营销学教授菲利普·科特勒在他畅销全球 30 多年的《营销管理》（第 9 版）中系统地提出了目标市场营销，也即 STP 市场营销战略，又称为 STP 三部曲：S——Segmentation（市场细分）、T——Targeting（目标市场选择）、P——Positioning（产品定位）。该战略的提出是现代市场营销思想的一个重大突破，已被世界 500 强企业广泛应用。

第一节　房地产市场细分

一、房地产市场细分的概念及作用

（一）市场细分概述

1. 市场细分概念的提出

　　从市场细分的发展历程来看，市场营销主要经历了大量营销、产品差异化营销和目标市场营销三个阶段。

　　在倡导大量营销方式的时期，销售者大量生产，向所有客户大量配销和大量促销一种模式的产品。这种传统观点认为大量营销方式便于降低成本及价格，从而创造更大的潜在市场。但社会经济发展到一定时期，人们越来越追求商品的多样化，这种大量营销策略也便没有了"市场"。于是，销售者转为生产或开发具有不同特点、风格、质量、档次、大小的产品，以便为客户提供多种选择，这样便进入了产品差异化营销阶段。产品差异化营销的传统观点认为：客户有不同的喜好，而且随着时间的推移、社会的发展，其喜好也在变化，因而客户也在寻求差异化。随着社会经济的进一步发展，生活方式不同的人希望通过不同的销售渠道寻求不同的产品，并采取不同的交流方式，结果使大型的市场细分为数百个"微型市场"。此时销售者先从整个市场中区分出主要的细分市场，而后进一步针对各个不同的细分市场的需求差异，加以区别、评价，选择一个或几个细分市场作为目标市场，开发适销对路的产品，发展相应的市场营销组合，以满足目标市场的需要，这就是目标市场营销策略。

　　市场细分的概念是美国市场营销学家温德尔·史密斯于 20 世纪 50 年代中期提出的。作为现代市场营销思想的一个突破，这一概念一经提出，很快受到学术界的重视和企业界的广泛应用。菲利普·科特勒定义细分市场是由一个具有相似需求的客户群体所组成的市场。尽管客户的需求、动机、购买行为具有多样性，但可以根据某些因素将具有类似需求、动机、购买行为的客户归为一类。因此，所谓市场细分，是指从消费者需求的差别出发，以消费者的需求为立足点，根据消费者购买行为的差异性，把消费者市场划分为具有类似特点的若干不同的购买群体，即子市场及亚市场，使企业可以从中认定目标市场的过程和策略。

市场细分是企业进入市场的有效战略，是企业选择目标市场的基本方法，任何一个规模和实力强劲的企业都不可能为所有客户服务，企业需要选择它能为之提供最有效服务的细分市场。

2. 市场细分和市场分类的区别

需要注意的是，市场细分和市场分类是两个不同的概念。尽管市场细分和市场分类都把特定的整体市场划分成不同的部分，但这两个概念的含义完全不同。

（1）市场细分和市场分类在"市场"概念的运用上不同。前者使用的"市场"指消费者，后者使用的"市场"可以不是消费者。

（2）市场细分的营销主体是指企业，而市场分类可以有不同的行为主体。

（3）市场细分的对象是消费者，即把消费者按照不同的标准进行划分，而市场分类则可以有其他的划分标准。

（4）市场细分要求被划分后的市场具有营销意义，便于企业制定营销决策，而市场分类则不一定具有营销意义。

（5）市场细分不是对产品进行分类，而是对针对同一类产品有不同需求的客户进行分类，是识别具有不同要求和需要的客户群体的活动；而市场分类不一定是针对特定产品的，既可按产品划分，如消费品市场、工业品市场、技术市场，也可以按管理体制划分，如自由市场、国家市场等。

（二）房地产市场细分的概念

房地产市场细分是指为了更好地满足消费者的需求，进而选择目标市场和制定营销决策，从房地产市场需求者的差别出发，根据房地产市场需求者行为的差异，按照一定的标准把整个房地产市场划分为若干具有相似需求和欲望的房地产消费者或购买群体的过程。

房地产市场细分包含以下三层含义：首先，房地产市场细分与目标市场营销观念是一脉相承的，事实上，房地产市场细分是房地产开发经营企业实行目标市场营销战略的基础环节和必要前提；其次，房地产市场细分的依据是反映房地产市场中消费者现实需求、欲望的一系列细分变量；最后，通过房地产市场细分，最终是要把房地产市场中的买方总体划分为一个个需求、欲望相似的消费者群或购买者群。对消费者总体而言，房地产市场细分是"分"，即将买方总体分为需求、欲望不同的若干群；对单个消费者而言，房地产市场细分是"合"，即将需求、欲望相同的消费者有机组合起来。

（三）房地产市场细分的作用

在制订战略性的房地产市场营销计划时，房地产企业的基本任务是发现和了解它的市场机会，然后制定并执行一个有效的营销方案，而房地产市场细分是完成这一任务的关键和核心，其作用在于以下几个方面。

1. 有利于房地产开发企业发现新的市场营销机会，开拓与占领市场

市场营销机会是指客观存在于市场中但尚未得到满足的潜在需求。通过市场细分，房地产企业可以对每一个细分市场的购买潜力、满足程度、竞争情况等进行分析对比，探索有利于本企业的市场机会,进而发现尚未被满足或未被充分满足的市场需求,这些尚未被满足或未被充分满足的细分市场往往存在极好的市场机会。房地产企业应从中找出适合本企业的可以满足的需求,进而抓住市场机会,制定最佳的市场营销战略,及时开拓新市场。

2. 有利于房地产开发企业提高经营效益,有效地与竞争对手相抗衡

每一个房地产开发企业的市场营销能力总是有限的,通过房地产市场细分,把自己的优势力量集中在目标市场上,做到有的放矢,就能取得更大的经济效益。尤其是小规模及新入市的房地产开发企业,如果能发现一类特定的房地产购买者的需求未得到满足,细分出一个小市场,集中优势力量开发出相应的房地产产品,就往往比较容易占领市场。此外,通过市场细分,房地产开发企业还可以发现目标消费者群的需求特征,及时、准确地调整产品结构,增加产品特色,使产品适销对路,从而提高企业的市场竞争能力,有效地与竞争对手相抗衡。

3. 有利于房地产开发企业有针对性地制定营销决策

首先,市场细分后,每个市场都变得小而具体,房地产开发企业就可以了解和把握消费者的需求,增强市场调研的针对性,从而把有限的资源集中投入目标市场,开创出适合企业自身的、有特色的房地产开发经营之路,提高企业的知名度和市场占有率。其次,在房地产市场细分的情况下,房地产开发企业比较容易察觉和估计顾客的反应,当房地产市场情况发生变化时,也有比较灵活的应变能力,从而及时地调整营销决策。

4. 有利于满足不断变化的、千差万别的社会消费需要

现代营销战略的核心是市场细分、目标市场选择和产品定位,而大多数开发商越来越认识到营销战略的重要性。社会发展程度越高,消费者需求的异质性越大,对市场细分化程度的要求必然越高,而细分市场又是确定目标市场和产品定位的前提,是制定营销战略的第一步,所以有效的市场细分有利于满足不断变化的、千差万别的社会消费需要,为房地产企业在激烈的竞争环境中立足提供强有力的支持。

二、房地产市场细分的原则和依据

(一) 房地产市场细分的原则

房地产市场细分是房地产市场营销决策制定的基础,在很大程度上决定了房地产市场营销的成效。在进行房地产市场细分时,必须遵循可衡量、盈利性、可实施、稳定性四项原则。

1. 可衡量原则

可衡量原则是指各个细分市场的现实(或潜在)购买力和市场规模的大小是可以大致测定的。即细分市场的区分必须是明确的,细分市场的规模和购买力应该是可以衡量的。细分的标准明确,细分市场才会呈现明显的、易于辨认的形态,使得细分市场的规模能够衡量。例如,需要购买可自由分隔和装修的毛坯房的消费者群规模有多大,他们的购买力和地段选择性怎样,这些情况都要有确切的实际调查资料来显示。如果能做到这一点,这个细分市场才符合可衡量原则,从而实现有效的细分。

2. 盈利性原则

盈利性原则指房地产经营企业所选定的细分市场的规模足以使本企业有利可图。细分市场应具有一定的规模,有足够的需求量,是值得房地产企业专门制订营销计划为其服务的市场,它能够给房地产企业带来效益。一个细分市场应该是适合为其制订独立的市场营销计划的最小单位,并且具有相当的发展潜力。如果细分市场小到难以使企业获利,或获利水平非常低,企业机会成本很大,那么这样的细分市场也就没有实际意义。

3. 可实施原则

可实施原则是指房地产经营企业有能力进入所选定的细分市场。也就是说,企业拥有足够的资源和竞争力进入该细分市场,而且该细分市场与企业的发展战略相一致。考虑细分市场的可实施性,实际上也就是考虑企业在该细分市场上开展市场营销活动的可实施性。

细分市场对于企业是否具有可实施性可从以下三个方面来判断:①企业是否具有进入该细分市场的条件;②企业是否能将产品推广到该细分市场的消费者面前;③产品是否能够进入该细分市场。

4. 稳定性原则

稳定性原则指细分市场的需求在一定时间内保持相对稳定,这样才有利于企业长期营销战略的贯彻和实施。当然,市场的稳定是暂时的,企业应尽量选择相对稳定的市场,并随时预测市场的变化趋势,及时调整营销策略。

(二)房地产市场细分的依据

消费者需求的差异性是市场细分的基础,而产生这些差异的原因是消费者的社会经济地位、生理特征和心理性格等因素各不相同,这就引出了市场细分化的各种标准。对于不同企业、不同的营销环境,细分市场的标准往往有所不同。由于房地产市场是一个多层次、多功能的复合市场,只能在分类的基础上再进行市场细分。以住宅市场为例,对其进行市场细分的依据主要有地理因素、人口因素、心理因素、行为因素等方面。

1. 地理因素

地理细分是按照消费者所在的国界、地区、行政区、城乡、地形、气候等因素来细分市场(表6-1)。地理因素对住宅消费者需求的影响主要表现在以下几方面:①对于处在不同城市的消费者来说,由于存在气候差异、文化差异、习惯差异等因素,他们对住宅产品有不同的需求偏好。比如北方地区和南方地区,由于在气候方面存在明显差异,因此,各地区消费者在房屋的保温、通风等诸多方面的要求明显有差别。②对处在同城市的消费者来说,由于房地产的不可移动性,不同消费者对房屋的地理位置有不同的要求。另外,房地产市场是区域性市场,其购买者并不一定完全是本区域的人群,因此在住宅市场的地理细分方面,可以考虑将住宅购买者划分为本市购买者和非本市购买者。其中本市购买者可分为本区域购买者和本市其他区域购买者,非本市购买者可以分为省内购买者、其他省市购买者、国外购买者等。

表6-1 按地理因素划分

地理因素	主要项目
国界	国内、国际
地区	某国的东部、西部、南部、北部
行政区	省、市、县等所属地区
城乡	城市、乡村,大城市、中城市、小城镇
地形	平原、高原、山地、盆地、丘陵
气候	热带、温带、寒带、亚热带等

2. 人口因素

人口细分是按照人口的一系列性质因素所造成的需求上的差异来细分市场(表6-2)。

人口细分中通常考虑的因素有年龄、性别、职业、收入水平、教育程度、家庭规模、家庭类型、家庭代际数等。其中，家庭规模主要是指家庭人口数量多少以及家庭组织范围大小；家庭类型是指家庭成员之间的关系；家庭代际数是指家庭成员由几代人构成，按照家庭代际数可以把家庭划分为一代家庭（单身家庭和夫妻家庭）、二代家庭（核心家庭）和多代家庭（三代以及三代以上家庭）。表6-3是引入家庭生命周期的市场细分情况，家庭生命周期主要考虑年龄和家庭结构，其中年龄分为青、中、老，家庭结构分为有无小孩、是否和父母同住，例如孩子三代表示25岁以上、与父母同住、有17岁以下小孩的消费群体。

表 6-2　按人口因素划分

人口因素	主要项目
年龄	婴儿、儿童、青少年、中年、老年
性别	男、女
收入	高、中、低
职业	工人、农民、职员、教师、学生、干部、文艺工作者
文化程度	文盲、小学、中学、大学
家庭人口构成	新婚、已婚无子女、已婚有子女、子女已成年
民族	主体民族、少数民族

表 6-3　以家庭生命周期为基础划分的住宅细分市场

项目		无小孩	有小孩			
			0～11岁	12～17岁	18～24岁	25岁或以上
父母不住	25～34岁	青年之家	小太阳	后小太阳	中年之家	
	35～44岁					
	45～64岁	老一代				青年持家
父母同住	25～34岁	青年持家	孩子三代		老三代	
	35～44岁	老二代				
	45～64岁					

3. 心理因素

心理细分是按照消费者的生活方式和个性进行市场细分（表6-4）。生活方式是指一个人或群体对消费、工作和娱乐的特定习惯和倾向性方式。来自不同文化背景、社会阶层的人们可能各有不同的生活方式，生活方式不同的消费者对住宅会有不同的需求。生活方式是个体所表现出来的对待生活的基本态度与基本看法，与个体的教育、文化、职业、生存环境、收入等有关。为了进行生活方式细分，可以从三个尺度测量消费者的生活方式：活动（如消费者的工作、业余消遣、运动、公共关系等活动）、兴趣（如消费者对家庭娱乐、家庭设备、色彩等的兴趣）、意见（如消费者对社会、经济、文化、环境的意见）。由于活动（Activities）、兴趣（Interest）、意见（Opinions）三个词的英文首字母分别为A、I、O，这种尺度又叫AIO尺度。企业可以详细调查和研究消费者的各种活动、兴趣、意见，从中区分生活方式不同的消费者群体。此外，企业还可以按照消费者不同的个性来细分住宅市场，如企业可以赋予房地产产品与某些消费者个性相似的高档住宅的品牌个性，树立品牌形象。

表 6-4　按心理因素划分

心理因素	主要项目
生活方式	活动、兴趣、意见
个性习惯	外向、内向，独立、依赖，乐观、悲观，激进、保守，开放、孤僻
价值观念	求实、求美、求新、求奇
偏爱程度	强烈、一般、弱

4. 行为因素

行为细分是按照消费者购买或使用某种产品的时机、追求的利益、使用者状况、品牌忠诚度等行为变量来细分住宅市场（表6-5）。购房时机是指根据消费者从产生购买意愿、收集信息到形成购买的不同时间，可以将消费者划分为不同的群体。例如，春秋季节由于气候宜人，是消费者购买住房的大好时机。追求利益是指消费者购买某种产品总是为了解决某类问题，满足某种需要。然而，同样是购买住宅，不同消费者对利益的追求亦有不同，如住宅的购买者有的追求经济实惠、价格低廉，有的追求购物方便，还有的则偏向于子女就学等。使用者状况是指根据消费者是否使用和使用程度，将消费者分为经常购买者、首次购买者、潜在购买者和非购买者。品牌忠诚度是指房地产开发企业可以根据消费者对产品的忠诚程度细分市场。在一般消费品领域，品牌忠诚度对市场营销决策的影响相当大。例如，有些消费者经常变换品牌，而另外一些消费者则在较长时期内专注于某一个或少数几个品牌。因此，产品定位时，应针对不同购买行为的需求，设计开发适宜的住房和提供相应的服务。

表 6-5　按行为因素划分

行为因素	主要项目
购买时机	时令性、季节性、节日、假日
追求利益	性价比、生活配套、社会地位
使用者状况	经常购买者、首次购买者、潜在购买者、非购买者
品牌忠诚度	单一品牌忠诚者、多品牌忠诚者、无品牌忠诚者

三、房地产市场细分的方法

房地产市场细分相关的因素很多，并且各种因素相互影响、共同作用。因此细分市场要讲究一定的方法。市场细分的方法很多，在此列举以下几种。

（一）单因素变量法

单因素变量法就是根据影响购房者需求的某一项重要因素划分房地产市场，如按用途可将房地产市场划分为住宅、办公室、商业物业、标准厂房等。表6-6是以价格为单一因素划分的住宅细分市场。

表 6-6　按价格因素划分的住宅细分市场

细分市场名称	细分市场1	细分市场2	细分市场3
价格	50万元以下	50万元~80万元	80万元以上

（二）多因素矩阵法

多因素矩阵法是将影响购房者需求的多个因素排列成矩阵关系，进而细分房地产市场。

当细分市场受到两个以上因素的影响时,可以选择几项因素将其排列成矩阵,综合评价选定细分市场。如用家庭收入、房产类型、装饰装修等因素将房地产市场细分为几个明显的细分市场,如图6-1所示。房地产企业可以根据自身的特色,选择其中几个细分市场,对不同细分市场实施不同的营销策略。

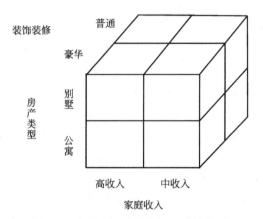

图6-1 多因素矩阵法市场细分结构图

(三) 主导因素排列法

主导因素排列法是指当一个子市场的选择存在多种因素时,可以从购房者的特征中确定占主导地位的因素,然后综合考虑其他因素,有机结合起来进一步细分房地产市场。所选的主导因素不同时,细分市场也就产生差异,以住宅市场为例的主导因素细分化可用图6-2、图6-3表示。

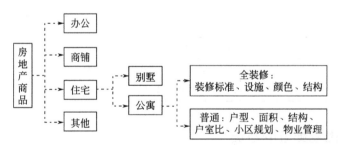

图6-2 住宅市场的主导因素细分化(产品)

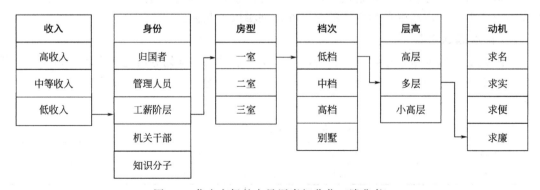

图6-3 住宅市场的主导因素细分化(消费者)

最后,还应指出,市场细分的确是寻找和选择目标市场的有效手段,但市场细分并非万应良药，并非有百利而无一弊，也不是对所有的开发商都有效，而且当开发商对此运用不当时，反而会产生误导，造成错误决策，导致不应有的开发失误。市场细分时应注意的问题和可能存在的弊端是：有可能增加开发成本和营销费用。这是因为市场细分使市场需求更具多样性，从而也增加了房地产商品的复杂性，而具有差异的产品越多，生产规模越受到限制，只能小批量生产，又不可能降低相应的营销成本，这意味着失去规模效益。所以，应当把握一个度，适可而止，不可过度细分，以确保细分市场能带来的利益超过因细分化而增加的成本。

当然有些市场是不必要细分或难以细分的。一个市场可能由于过小而不能进行有效的细分，或者没有足以辨别的特征用以细分。例如针对大学毕业生开发的过渡性质的公寓式住宅，其市场已经够小，很难且完全没有必要根据收入水平、租售动机、消费者偏好等变量再进行细分。当发现由于市场细分过细而给开发商带来不利影响时，就应该适当实施"反细分化"策略，即减少或略去某些细分市场，把多个细分市场合并成一个市场，集中起来进行营销，很可能会因为降低过高的开发成本和营销成本而增加利润。

总之，市场细分是有原则的，要在一定原则下使用这一策略和方法。

四、房地产市场细分的程序

市场细分是房地产经营企业决定目标市场和设计市场营销组合的重要前提。房地产市场细分作为一个过程，一般要经过下列几个程序来完成。

（一）选择一种产品或市场范围以供研究

房地产企业首先应根据市场的需求状况，结合自身的经营目标和资源状况，在广泛的市场需求中大致明确自己有能力服务的一定的房地产市场范围，即确定经营什么样的产品，这是进行市场细分的第一步，也是市场细分的基础。就房地产商品而言，包括各种不同类别的产品如住宅、办公楼、商业营业类用房等，实际上，细分化常常是在已经从一个整体市场划分出来的局部市场上进行的。当然，如果企业有了某种重大的技术突破，也可能会重新细分市场。

值得注意的是，产品市场范围是依据市场需求而非产品特征进行选择的。比如，一家房地产租赁公司打算建造一幢简朴的小公寓，从产品特性出发如房间大小、简朴程度等，该公司可能会以为小公寓应以低收入家庭为消费对象，但从市场需求的角度分析，可以看到许多并非低收入的家庭也是潜在顾客。如有的消费者在市区拥有宽敞舒适的居室，但又希望在宁静的乡间能再有一套住房，用作周末度假的去处。所以公司不应把这幢普通小公寓看成只是提供给低收入家庭居住的房子，而要在这种小公寓的市场范围中加入非低收入家庭的那部分需求。

（二）对消费者进行调查分析

市场细分的根本在于对消费者的研究，所以离不开对消费者的调查分析。对于房地产商品的消费者，这一步工作主要弄清楚的问题是：①主要的购房者属于哪一个社会群体；②这一群体的基本特征有哪些；③购房动机是什么；④购房动机的产生是自发的还是受外界因素的影响，哪些因素是关键的和主要的；⑤是哪些因素促使购房者最终做出购房决定；⑥购房者从动机的产生到做出决定需要多长时间，影响因素是什么；⑦购房决策过程中都做了哪些相关工作；等等。

通过对若干购房者群体的上述分析，开发商可以获得购房者群体的清晰形象，再通过对购房者群体的深入研究，开发商就可为下一步的细分工作打下坚实的基础。比如，上述那家租赁公司经调查了解到顾客基本需求和潜在顾客的不同需求，发现在校外租房住宿的大学生认为最重要的是遮风避雨、停放车辆、经济、方便上课和学习，新婚夫妇希望遮风避雨、停放车辆、不受外来干扰和有满意的公寓管理，较大的家庭住户要求遮风避雨、停放车辆、经济和有足够的儿童活动空间等，这时若干个顾客群体也就初步呈现出来。在调查分析后，那家租赁公司为各细分市场取名如下：好动者、老成者、新婚者、工作为主者、度假者、向往城市者、家庭住户。在认识各潜在顾客群体的特点时，该租赁公司进一步发现，新婚者群体与老成者群体的需求差别很大，应当作为两个细分市场。同样的公寓设计也许能同时迎合这两类顾客，但对他们的促销策略，比如广告主题和人员推销方式可能不大相同。企业要善于发现这些差别，假如他们原归属于一个细分市场，现在就应区分开来。

（三）分析、评估各个细分市场的规模和性质

通过调查研究，各个细分市场的轮廓已经清楚，并已编排完成，此时就要仔细审查、估量各细分市场的大小、竞争状况和变化趋势等。比如，上述租赁公司把好动者与人口因素相联系，可确定他们是 18~25 岁的年轻人，从有关部门可以找到详尽的年龄资料，计算出好动者占人口的比例，便可推算出不同地区属于好动者的顾客数量。上述简朴小公寓的不同细分市场的要求和特点如图 6-4 所示。

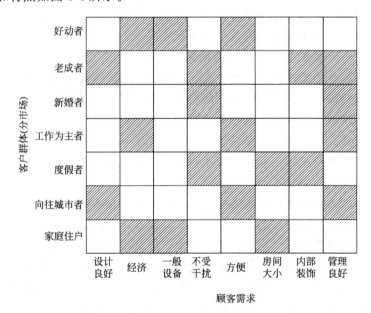

图 6-4 不同细分市场的要求和特点

（四）对开发商自身的分析

开发商自身的情况对开发经营工作有着重大的影响，是市场细分过程中不可忽略的重要因素之一，任何项目的市场都是相对的，是相对于开发商的经营活动而存在的。开发商在对自身经营活动的分析、对自身各相关条件的分析当中，主要考虑的问题有：①开发商有哪些渠道来拓展细分市场的市场影响，如地点的天然优势、接待技巧、公共关系、广告宣传等；②开发商对拓展细分市场影响的各渠道的利用措施是否得力；③开发商在经营活动的各个环节是否有动作灵活的市场信息反馈，是否有系统的分析、监督和调节机制；④开发商的经营活动是否建立在对潜在市场的科学分析的基础上；⑤开发商的资金、技术、人才、管理等各

种条件是否适合所确定的细分市场。

上述对开发商自身经营活动的分析可以使开发商明确所细分的市场有哪些正是自身的优势，这些优势对于抓住所分析的购房者群体是否足够，哪些优势有待加强，哪些劣势需要弥补等。

（五）选择细分市场，设计市场营销策略

通过调查分析可以发现，有利可图的细分市场往往不止一个，但企业的资源和短期生产能力又是有限的。因此，应将若干个有利可图的细分市场按盈利程度的大小排列成序，从盈利程度最高的细分市场开始按顺序选择目标市场，直至开发商的能力不能满足为止。然后，应当有针对性地分别制定市场营销策略，包括产品开发策略、价格策略、分销策略、促销策略等，以便有效地进入每个选作目标市场的细分市场。

以上步骤并非绝对，房地产营销人员可以根据自己的学识、经验及企业的实力灵活运用。

第二节 房地产目标市场选择

目标市场与细分市场是两个不同的概念，它们既有区别，又有联系：细分市场是按消费者需求划分不同消费者群的过程，而目标市场是指企业选择作为经营目标的细分市场；市场细分是目标市场选择的前提和基础，目标市场是在市场细分的基础上挑选一个或几个细分市场，作为企业经营活动的目标。在对房地产市场做出必要的细分之后，可形成若干个细分市场，但并非所有细分市场都对企业具有吸引力，且各个细分市场之间往往互相存在矛盾。为了更有效地发挥房地产企业资源的优势，争取最大的获利机会，必须进行目标市场的选择。所谓目标市场，就是房地产企业经过比较，选择并决定作为服务对象的相应的细分市场。选择和确定目标市场，明确企业的具体服务对象，关系到企业任务、企业形象的落实，是企业制定营销战略的首要内容和基本出发点。

一、目标市场选择

目标市场选择是企业的一项重要经营决策活动，它决定企业的营销策略，直接影响企业的经营效果，必须谨慎行事。在进行市场细分后，对目标市场进行分析评估便成了目标市场选择的必备环节，其实质也就是根据目标市场的基本要求综合评价每一个细分市场的过程。目标市场应当具有的基本条件主要有以下几个方面。

（一）有一定的规模和增长潜力

理想的目标市场，首先应当与房地产企业的实力相匹配。较小的目标市场不利于实力强大的房地产企业发挥其开发经营潜力；过大的目标市场对于实力较弱的房地产企业来说，难以完全有效地控制和占领。所以，目标市场一方面要有一定量的消费需求和购买力，以实现企业的销售目标；另一方面要有尚待满足的需求，有充分发展的潜力。只有具有一定规模和增长潜力的目标市场才能够给房地产企业带来可观的经济效益。如果目标市场无利可图，也没有发展潜力，那么这种目标市场是没有实际意义的，因为它违背了企业投资获利的宗旨。

（二）细分的市场有吸引力

盈利是企业生存和发展的基础，也是房地产企业选择目标市场的重要条件。企业的利润是销售收入和成本、费用之差,在分析利润指标时,企业要对销售数量、单位成本以及管理销售等费用指标的数量及其变化有准确的分析和估算。同时,企业要注意利润的整体优化,也就是说企业选择目标市场时,不能只看单个细分市场的局部盈利水平,而要看企业整个目标市场的整体盈利水平,不能只顾及眼前的盈利水平,还要考虑长期的盈利水平,从而选择能获取长期高额利润的细分市场组合。有可能几个单个盈利水平不太高的细分市场组合在一起,由于成本、费用的降低,整个目标市场的盈利水平却较高。

此外,一个细分市场的盈利能力及是否具有长期的内在吸引力,主要由五个方面的竞争力量反映并决定,即迈克尔·波特提出的"产业竞争五力模型"。这五种力量包括:新进入者的威胁、替代产品或服务的威胁、供应商讨价还价的能力、购买者讨价还价的能力,以及现有企业之间的竞争。

(1) 新进入者的威胁,是指新进入者在给行业带来新生产能力、新资源的同时,希望在已被现有企业瓜分完毕的市场中赢得一席之地,这就有可能与现有企业发生原材料与市场份额的竞争,最终导致行业中现有企业盈利水平降低,严重的话还有可能危及这些企业的生存。

(2) 替代产品或服务的威胁,是指两个处于同行业或不同行业中的企业,可能会由于所生产的产品是互为替代产品,从而在它们之间产生相互竞争行为。替代产品会限制细分市场内的价格和利润的增长,如果某个细分市场已经存在替代产品或有潜在的替代产品,该细分市场就失去了吸引力。因此企业必须密切关注替代产品的价格变动趋势,以及在市场上的整体状况,如果替代产品行业的技术发展很快,或者竞争激烈,则该细分市场的价格和利润就可能下降。

(3) 供应商讨价还价的能力,是指供应商主要通过其提高投入要素价格与降低单位价值质量的能力,来影响行业中现有企业的盈利能力与产品竞争力。

(4) 购买者讨价还价的能力,是指购买者通过其压价与要求提供较高的产品或服务质量的能力,来影响行业中现有企业的盈利能力。

(5) 现有企业之间的竞争。如果房地产市场内已经有了较多的强大的或者竞争意识强烈的竞争对手,企业之间的竞争就激烈。这就意味着房地产企业必须付出更多的努力,才能获得一定的市场份额,这样的目标市场就不具有太大的吸引力。这样的市场往往处于稳定或萎缩状态,供应商提供产品的能力不断扩大,导致开发商之间的价格战或广告争夺战,企业进入这样的市场必须付出较大的代价。

(三) 与公司现有目标和资源相吻合

选择的目标市场还应该符合房地产企业的目标和能力。某些细分市场也许有较大的规模和盈利水平,但不符合企业的长远目标,不能推动企业实现已经确立的经营目标,甚至分散企业的精力,使之无法完成主要的指标,因而只有放弃。同时企业必须对所拥有的现有资源能否满足进入和占领该市场进行分析。虽然细分市场可能符合企业的长期发展目标,但是企业的现有资源不能为企业提供强大的、有竞争力的竞争基础,那么企业也是无法进入这个细分市场的。企业只有在能够提供优于竞争对手的产品或服务,具有强于竞争对手的竞争优势时,才能进入所选择的细分市场。

二、房地产目标市场选择的模式

在对不同细分市场进行评估后,房地产开发企业会发现一个或若干个值得进入的细分市场。为此，企业必须决定进入哪个或哪几个细分市场，针对进入哪些市场和为多少个细分市场提供房地产产品做出决策。房地产开发企业所能选择的目标市场模式一般有五种，即密集单一模式、选择专业化模式、产品专业化模式、市场专业化模式和全市场覆盖模式（表6-7）。

表6-7 房地产目标市场模式类型

目标市场模式	说明	图例（P＝产品，M＝市场）
密集单一模式	企业只生产一种房地产产品，供应某一个顾客群。一般是小型企业采取该模式	P1占M1
选择专业化模式	企业决定同时进入互不相关的细分市场。追求市场机会不断增长的企业往往选择该模式	P1-M3, P2-M1, P3-M2
产品专业化模式	企业决定向各类顾客群提供同一类型而规模不同的产品系列。对提供某种产品有专门特长的企业通常选择该模式	P1占M1、M2、M3
市场专业化模式	企业决定向某一顾客群提供它所能生产的各种产品。采取该模式的企业一般具有较强的营销配套能力，并对某一顾客群的利益追求有透彻的了解	P1、P2、P3占M1
全市场覆盖模式	企业决定为所有的不同顾客群提供它所生产的各种产品。谋求行业市场领导地位的集团公司通常采取该模式	全部覆盖

(一) 密集单一模式

对房地产开发企业来说，最简单的方式是选择一个细分市场集中营销。通过密集营销，企业经营对象单一、集中，对该细分市场有较深的了解，可建立较高的渗透率，能使企业集中力量，在细分市场上有较高的市场占有率，巩固其在该细分市场中的地位。另外，企业通过针对某一特定细分市场进行房地产产品的开发、建设、营销和服务，也可以实现由专业化分工带来的经济效益。如果细分市场选择得当，企业的投资便可获得高报酬。但是，密集市场营销模式的风险较大，若消费者偏好转移或强有力的竞争对手出现，都会对该企业的开发建设和经营状况产生决定性的不利影响，企业可能陷入困境。因此，该策略适用于企业规模较小、资金有限，只能在一个细分市场经营，可能没有竞争对手的情况，大的房地产企业初次进入市场时，可把这个细分市场作为积累经验、扩大市场的起始点。

例如深圳万科股份公司开发建设的万科俊园。该项目位于深圳市文锦路与爱国路交会处的北侧，占地5466平方米，总建筑面积78000平方米，建筑总层数45层，高161米，是当时我国第一高住宅楼。在该项目的前期阶段，开发商通过市场细分后锁定了该市及周边地区拥有千万资产人士的目标市场，虽然这一目标市场十分狭窄，客户群体容量也十分有限，但由于这部分群体存在有效需求，开发企业把握了他们的需求信息，及时开发出他们所需要的物业产品——高层豪宅，结果市场反响热烈。

(二) 选择专业化模式

这一模式是指房地产开发企业有选择地进入若干个细分市场，因为这些细分市场在客观上都有吸引力，并且符合企业的目标和资源，但是，在所选择的各细分市场之间很少有或者根本没有任何联系，且每个细分市场都有可能盈利。这种多细分市场模式优于单一细分市场模式，因为这样可以分散房地产开发企业的经营风险，即使某个细分市场失去吸引力，该企业仍可继续在其他细分市场获取利润。但由于经营较为分散，给企业资源分配、营销活动带来困难，追求市场机会不断增长的房地产企业往往选择这种模式。

例如位于南京新街口中央商务区的标志性建筑天安国际大厦。它的目标客户群体定位于在南京CBD办公的不同白领阶层，该项目的1~8层为大洋百货公司，9~13层为高档写字楼，14~42层是公寓，开发商通过在一个楼盘中开发不同类型的物业，较好地满足了南京新街口CBD区域内的白领人士购物、餐饮娱乐、办公、居住等各种需求。

(三) 产品专业化模式

房地产开发企业集中开发、建设或经营一种房地产产品，向所有顾客提供同一种产品。由于该策略对房地产企业的资源要求较低，房地产企业在某个产品的开发建设方面容易树立很高的声誉，从而降低开发成本，增加利润。但企业面临的风险很大，一旦消费者需求偏好发生变化或相关技术发生变化，企业将陷入经营困境。

例如，某市一个大型房地产开发公司投资开发了总建筑面积达70万平方米的综合性购物中心（Shopping Mall）。该购物中心的承租客户包括面向市区居民的超市、高档服装店、儿童游乐城、运动服装店、体育用品店、玩具店、家具店、餐饮店、图书店、电影院、运动俱乐部等经营者。这些经营者不论是所经营产品（服务），还是经营模式都有很大的差异。对于这家房地产开发公司而言，这些经营者就是该商业地产的细分客户群。

(四) 市场专业化模式

市场专业化是指为专门满足某个顾客群体的各种需要而提供各种房地产产品及其相关服务的模式。这种模式可以分散风险，提高这一细分市场消费者的忠诚度，并在这类顾客中树立良好声誉。但这类顾客一旦购买力下降，或减少这方面的开支，企业效益就会随之大幅度下降。选择这种模式的企业一般具有较强的营销配备能力，并对某一顾客群的利益追求有透彻的了解。

例如北京某房地产开发公司精心打造的某高层住宅项目。该项目位于北京宣武区（现属于西城区），项目总建筑面积7万平方米，公寓的户型面积从75平方米到193平方米不等，涵盖了两室两厅、三室两厅、四室两厅等多种规格，开发商力图通过物业的开发建设来满足住宅目标客户（小康型住宅需求群体、富裕型住宅需求群体、豪华享受型住宅需求群体）的需求。

（五）全市场覆盖模式

该模式是指房地产开发企业以各种房地产产品满足各类顾客群体的需求。但这种模式对房地产项目开发来说困难是很大的。一般来说，只有实力强大的大型房地产开发企业才能采用全市场覆盖模式，正如国际商用机器公司在计算机市场、通用汽车公司在汽车市场以及可口可乐公司在饮料市场表现的一样。

需要说明的是，房地产开发企业在选择目标市场时，应综合考虑企业、产品和市场等多方面的因素，根据企业资源或实力、产品的同质性、市场的同质性、产品所处生命周期的不同阶段、竞争者的市场营销策略以及竞争者的数目等因素综合权衡。

三、确定房地产目标市场的策略

房地产企业在对目标市场的范围做出选择后，还必须进一步明确营销策略，主要有无差异市场营销策略、差异性市场营销策略和集中性市场营销策略三种目标市场营销策略可供选择。每种策略都有其优缺点和适用条件，企业应根据自身的资源、产品特点、市场特点以及竞争状况进行选择。这三种目标市场策略的营销手段与适应的市场范围见表6-8。

表6-8 目标市场策略表

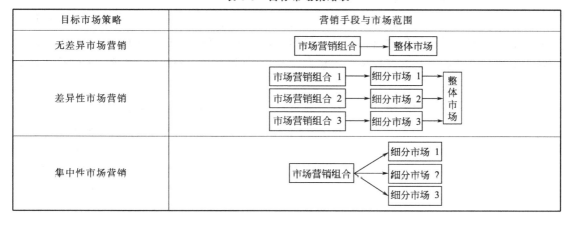

（一）无差异目标市场营销策略

无差异目标市场营销策略，又称为市场整体策略，是将整个房地产市场作为一个大的目标市场，只设计生产一种产品，以一种市场组合策略供应最大多数的消费者，其特点是只注意消费者需求的一致性，不考虑消费者需求的差异性。无差异目标市场营销策略建立在市场所有消费者对某种产品的需求都大致相同的基础上，在促销、价格、渠道等方面无须采取特殊策略。该策略除适用于市场同质的产品外，主要适用于需求广泛的、能够大量生产和销售的产品。采用无差异目标市场营销策略的企业一般拥有大规模的单一生产线、广泛的销售渠道，能够开展强大的推销活动，通过无差别的推销吸引尽可能多的消费者。

无差异市场策略的优点是：房地产企业提供商品的品种、规格、式样比较单一，有利于标准化和大规模开发建设，有利于企业提高工效，降低开发成本和销售费用，以便用低价争取更广泛的消费者。缺点是：产品单一，难以满足消费者多样化的需求；当大多数企业都采用这种策略时，市场竞争就会异常激烈；不能适应瞬息万变的市场形势，应变能力差。

(二) 差异性目标市场营销策略

差异性目标市场营销策略，又称为市场差别策略。该策略充分肯定消费者需求的差异性，在市场细分基础上选择若干个细分子市场作为经营对象，并有针对性地开展不同的营销活动。采用这种目标市场策略，可以进行小批量、多品种生产，具有很大的优越性。房地产企业采用差异性市场策略就是要推出多种产品，并配之以多种宣传促销手段，力图满足各种消费者不同的需求。

差异性市场策略的优点是：由于房地产企业面对多个细分市场，小批量、多品种生产能更好地满足顾客的不同需要；开发建设机动灵活、针对性强，提高了产品竞争力，有利于扩大房地产企业的销售额；还能提高消费者对企业的信赖程度和购买率，有利于分散经营风险。但是由于目标市场多，产品经营品种多，大幅增加了房地产企业的生产成本、销售（包括调研、促销、渠道管理）费用和管理费用，又因受到企业资源条件的限制，企业的资源配置往往不能有效集中，易引起企业经营注意力分散，很难形成拳头产品，资源缺乏的房地产企业难以采用该战略。因此房地产企业要在巩固自己拳头产品市场优势的前提下，逐步推出新产品，进入新市场，从而扩大市场占有规模和利润。

(三) 集中性目标市场营销策略

集中性目标市场营销策略，又称为市场密集型策略，是指房地产企业将整体市场细分后，选择一个或少数几个细分市场为目标市场，制定一套营销方案，集中力量在目标市场上开展专业化开发建设和销售的营销活动。采用这种策略通常是为了在一个较小或很小的细分市场上取得较高的甚至是支配地位的市场占有率，而不追求在整体市场或较大的细分市场上占有较小的份额。

集中性目标市场营销策略的优点在于经营对象比较集中，对范围窄小的细分市场可以做深入的分析，可以准确地了解顾客的需求，有针对性地采取营销策略，有利于集中使用有限的资源，充分发挥企业的资源优势，在特定的目标市场取得有利地位，并且由于经营范围小，可以节省各种费用开支。其不足之处是风险性较大，如果消费者的偏好发生了转移或市场的情况发生变化，会使企业发展受到限制。因此，该策略适合资源力量有限的中小型房地产企业，如果能集中资源优势，在大企业尚未顾及或尚未建立绝对优势的某个或某几个方面进行竞争，成功的可能性将更大。

上述三种策略中，无差异目标市场营销策略与差异性目标市场营销策略都力图覆盖整个市场。无差异目标市场营销策略以一种产品、一种营销组合策略面对整个市场；差异性目标市场营销策略是生产多种产品，采用多种营销组合策略以开拓各个细分市场；集中性目标市场营销策略是以一个细分市场作为目标市场。房地产企业在选择策略时绝不可随心所欲，必须从企业自身的实力，产品特点、市场特点，竞争对手策略等方面综合考虑，慎重选择适合于本企业的策略。

四、目标客户定位描述

目标市场的选择过程,在实务中其实就是客户定位的过程。通过细分市场可以识别出最可能将其作为目标客户的消费群体,经过目标市场评估、目标市场选择,即可确定目标客户,继而对客户进行定位。

客户定位是研究和分析房地产项目的目标消费群体及其行为特征的一项活动。客户定位需要研究消费者的消费行为、消费动机和消费方式,同时研究消费者自身的人格、观念、所处的阶层、环境、文化背景、偏好和生活方式等。如果客户定位不科学、不正确,那么房地产项目的营销过程将是盲目和被动的。在客户定位过程中,对目标客户特征进行描述尤为重要。目标客户是具有共同需求或特征的消费群体,对目标客户进行分析,确定目标群体所属的目标角色状态和追求的核心价值,指出主要目标客户的特征,包括目标客户的购买动机、需求、欲望等,后续才能更好地对产品进行定位。

【案例6-1】 LY 市房地产项目的目标客户定位描述

一、目标客户群的基本特征

根据市场细分,本项目的目标客户群锁定为 LY 市具有一定身份彰显性质的富裕群体。根据调查走访和深度访谈,目标客户群的基本特征如下。

(一)年龄特征

年龄主要集中在 35～45 岁。

(二)家庭结构

家庭结构以三口之家为主,并且子女处在中小学教育阶段。

(三)职业特征

职业特征主要有三类:一类是私营企业主,一类是政府高级公务员,还有一类是处于事业巅峰状态的企事业单位的中高层管理人员。

(四)经济实力

客户群多数拥有雄厚的资金积累和较为稳定的高收入,家庭年收入一般在 10 万元以上,且处在一个稳中有升的阶段或者有着收入不断提升的乐观预期。

(五)受教育程度

由于客户群职业的不同,受教育程度略有差别,总体上受教育程度不是太高。但是由于这部分客户群是社会的中坚力量,社会地位较高,眼界宽广,对于新事物、新信息的敏感度不亚于受过高等教育的人群,同时对于事物都有自己主观为主导的判断力,不容易盲从。

二、目标客户群的特征描述

经过调研发现,目前这批客户基本都已拥有住房,因此其居住需求和欲望还需要调动、刺激与引导,结合目前 LY 市市场的供需现状,可大致描述出这一群体的需求特征。

(一)功能区间

由于这一群体基本上都拥有了功能较为完备的住房,因此在住宅功能方面,该群体对居住的功能性和舒适性都有了一定的体验，也有着较高的要求。但对于舒适度的认识，多数人的理解还是在基本功能具备的基础上面积的增加。其次对于户型内部区间的排布，也有了一定的认知和要求，基本上比较认可的排布方式有：客厅要大，要宽敞明亮；主卧室要大，要朝南；等等。

（二）配套因素

由于这部分客户群多数拥有私家车，因此其活动范围和效率都要超过一般群体，因此对于居住地生活配套的便利性，更在乎的是档次。由于主力客户群的子女一般处在受教育的年龄，而居住地与小学和初中阶段的择校有较大的联系，因此比较关心下一代教育的客户群会在意中小学教育配套。

（三）物业管理

目前LY市物业管理水平较高的楼盘还非常少，但客户由于见多识广，对物业管理水平是非常在意的。因此好的物业管理更容易引起这部分消费者内心的共鸣，以高水平的服务质量凸显其身份和地位。

（四）购买决策因素

购买的前提是需求的自觉。LY市的这部分高端消费群体目前有些被带动起来形成了一定的需求，而有些则还没有自觉地感到需要更换居住环境，因此对于这部分人来说，要调动他们购买的积极性，就要有一个超过他们目前住所的产品，让他们认识到，居住原来可以这样。

因此，这批客户购买的决策因素中最重要的并不是价格，而是产品本身能够被他们所认可的价值，也就是物有所值。如果能让这批客户感觉到"好的房子就是应该这样"，价格并不是真正的问题。

第三节　房地产项目定位

在STP营销战略中，市场细分后，房地产企业要对选择进入哪些目标市场或为多少个目标市场服务做出决策，而后根据所选目标市场中消费者的需求进行产品定位。但在实操过程中，往往是从项目的角度思考，称为房地产项目定位，即房地产企业对市场细分、目标市场选择、产品定位进行综合考虑。

一、房地产项目定位的内容

房地产项目定位是在市场调研基础上研究和分析潜在消费者的客户定位，是对消费者使用方式和使用心理进行分析研究基础上的产品定位，是将产品按消费者的理解和偏好方式传达出去的形象定位。房地产项目定位的目的是通过好的定位形成项目的市场竞争优势。房地产项目定位包括客户定位、产品定位和形象定位三部分内容。

（一）客户定位

客户定位是确定房地产项目的目标消费群体和他们的需求特征。客户定位需要研究消费者的消费行为、消费动机以及消费方式，同时需要研究消费者自身的人格、观念、所处的阶层、环境、文化背景、偏好和生活方式等。在这部分研究中要回答的问题有：房地产项目针对哪些不同的消费群体；产品的差异对消费行为的影响程度和影响方式如何；消费者对房地产项目的消费习惯是什么；等等。客户定位具体内容详见本章第二节。

（二）产品定位

房地产企业通过市场细分进入目标市场，虽然面对的顾客目标群体具有针对性，但在同一细分市场仍有很多同类产品，如中低档多层普通住宅小区在一个城市往往有几处甚至几十处。如何使本楼盘与众不同，就需要进行产品定位。

房地产产品定位，是指根据产品在市场上所处的位置，针对顾客对楼盘某种特征或功能的需求程度，强有力地塑造本楼盘与众不同的、给人印象鲜明的个性或形象，并把这种个性或形象具体、清晰、生动地传递给顾客，从而使本楼盘在市场上确定适当的位置。

房地产产品定位，有的可以着重于楼盘实体，如设计水准、施工质量、建材标准、配套设施；有的可以聚集于顾客感受，如典雅、富丽、豪华、恢宏；有的则表现为价格优势和楼盘管理。

（三）形象定位

形象定位主要是找到房地产项目所特有、不同于竞争对手的、能进行概念化描述、能通过广告表达并能为目标客户所接受从而使其产生共鸣的特征。形象定位需要研究房地产项目的市场表现方式，确定房地产项目从产品到商品的过程中的最佳表达方式。在该部分研究中要回答的问题有：如何让消费者理解产品的内涵；如何对产品的特点进行描述和提升；如何让消费者对项目产生认同感从而发生购买行为；等等。形象定位一般通过统一的广告、包装、模型与样板房等形式表达。

房地产产品形象定位需要文字的提升。如可以将其描绘为古希腊的华美、法国的浪漫、新加坡的清新、多伦多的诗意，也可以使其体现出来自美国山地别墅的灵感、英伦阳光排屋的理念、澳大利亚建筑名师的手笔等。

二、房地产项目产品定位的方法

产品定位是指企业针对一个或几个目标市场的需求并结合企业所具有的资源优势，为目标客户提供满足其需求和欲望的产品的过程。房地产项目产品定位具体有以下三种方法。

（一）市场分析定位法

房地产市场营销主体需要了解和分析房地产产品的性质、购买该种房地产产品的消费者特征和该种产品供给者/生产者的性质和特征，这有助于深刻理解房地产市场。房地产产品市场分析定位法是指运用市场调查方法，对房地产项目市场环境进行数据搜集、归纳和整理，分析房地产市场现有产品特征，形成项目可能的产品定位方向，然后对数据进行竞争分析，利用普通逻辑的排除、类比、补缺等方法形成产品定位。

市场分析定位法的流程如图6-5所示。在市场分析定位法中，房地产市场环境研究的内容主要是外部市场环境和市场竞争环境。其中，外部市场环境是指经济环境和政策环境；市场竞争环境主要指同类项目的开发结构、市场供给量、潜在需求量、开发规模、城市及区域价格分布规律、产品级别指数、客户来源和客户资源情况。市场竞争环境分析是在外部市场环境分析的基础上进行的市场状况研究，它的主要目的是明确项目的直接竞争市场，确定产品定位的策略。

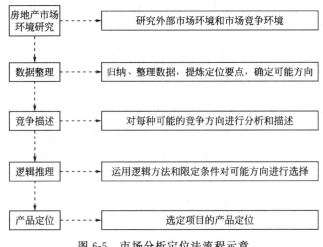

图 6-5 市场分析定位法流程示意

【案例 6-2】某住宅的产品定位

1. 市场环境研究
具体内容略。

2. 数据整理
方向一：标准型＋豪华型＋顶层复式，户型面积 120～160 平方米，片区竞争激烈。

方向二：全豪华型，户型面积 276 平方米，片区竞争强度小。

方向三：豪华小户型＋私家花园复式＋标准型，户型面积 60～80 平方米，片区竞争一般。

3. 竞争描述
方向一现实条件：该户型档位的市场未来竞争激烈，项目无太多外界条件支持，在现阶段户型设计可能成为销售中的最大难点，选择该户型定位方式，市场把握度难以确定。

方向二现实条件：优越的地理位置，优美景观（海景、江景、湖景、山景等），独特而尊贵的建筑设计、户型设计、小区环境设计，星级物管及人性化服务，顶级豪华会所，巨额的推广费用，缓慢的销售速度。

方向三现实条件：片区内小户型走势良好，未来 2 年内小户型推出量较小，项目所在片区是投资和过渡自住置业者重点选择的片区，避开未来的竞争密集段，市场有把握，能发挥价格优势、保证销售速度。

4. 逻辑推理
用排除法可以得到，方向二全豪华型的定位方向就现有条件来看成功的概率较小，应予排除。对于方向一标准型＋豪华型＋顶层复式和方向三豪华小户型＋私家花园复式＋标准型，还需进一步分析。

5. 数据归纳
数据一：片区内中大户型项目销售一览表。（略）

数据二：片区内小户型项目销售一览表。（略）

数据三：片区内混合户型项目销售一览表。（略）

数据四：片区内中大户型租赁情况一览表。（略）

数据五：片区内小户型租赁情况一览表。（略）

6. 数据分析

数据分析详见表6-9、表6-10。

表6-9 销售情况分析

种类	平均销售率/%	平均销售时间/年	均价/(元/m²)
中大户型	75	1.65	6700
小户型	85	0.88	6550

表6-10 租赁情况分析

项目	一房	二房	三房	四房
月租(基本装修)/[元/(月·m²)]	35.5	26.5	23	21.5
月租(精装修)/[元/(月·m²)]	37.5	29.5	25	25
比四房高出比例/%	50	18	0	—
出租率/%	94	90	77	62

7. 现象分析

调查现象，根据片区中大户型的成交客户分析结论：

二次置业者家庭殷实，有一定的社会地位，年龄35~45岁居多，收入高。他们对未来的收入很看好，对周边环境要求较高，多选择有景观的户型，对价格不过多计较。

首次置业者对中小户型需求较高；二次置业者对中大户型需求较高。中小户型客户对朝向较差、景观不好的接受程度较高；中大户型（超过100平方米）客户则对朝向差、无景观、无环境（自然环境差）的物业很难接受，对户型结构也很挑剔。

8. 现象推理

方向三豪华小户型＋私家花园复式＋标准型是市场的选择方向。

（二）项目SWOT分析定位法

SWOT战略分析模型是20世纪60年代由战略设计学派代表人物钱德勒和安德鲁提出的战略分析工具。SWOT是优势（Strength）、劣势（Weakness）、机会（Opportunity）和威胁（Threats）的合称。SWOT分析方法认为企业外部环境对企业战略形成重大影响，战略形成过程实际上是把企业内部优势和劣势与外部环境中的机会和威胁进行匹配的过程。在房地产产品定位中，房地产企业通过分析外部环境中的机会和威胁及其对项目的可能影响，寻找自身擅长的优势和特有的资源，并分析企业的劣势，通过匹配分析提出可能的房地产产品战略，流程如图6-6所示。具体分析过程详见第三章。

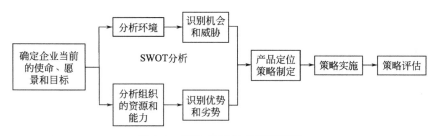

图6-6 项目SWOT分析流程图

【案例 6-3】 某项目 SWOT 策略分析

一、外部环境价值点（机会分析）

（1）优越的地理位置。
（2）临近交通干道，视野开阔，具有良好的昭示性。
（3）周边有大型商业街和超市，生活配套方便。
（4）闹中取静，虽近主干道，但环境相对幽静。
（5）部分楼盘销售业绩较好，造就小地段的知名度。

二、建筑本身弱势点（劣势分析）

（1）1997年烂尾楼，在居民心目中印象低下。
（2）户型设计陈旧，并有很多不完善的地方。
（3）工程现有进度给项目户型的改造带来相当难度。
（4）户型配比中对场地价值点的挖掘不充分。
（5）按原设计，容积率高，无环境（小区自然环境差）。

三、项目 WO 对策

（1）利用地理位置和本身的昭示性，对建筑外立面进行渲染，以其亮丽的色彩达到告知目的和体现档次。
（2）完善建筑本身细节，增加凸窗，对阳台栏板、建筑顶部、构件装饰等丰富效果。
（3）在最大限度保持原设计和成本控制的前提下，调配户型比例，使得环境优势价值最大化。
（4）现场环境改造，增加绿化面积和建筑小品，破除原有烂尾楼形象。
（5）对住宅公共部分进行重点投入，如对大堂、电梯间等进行包装，使用高速品牌电梯，对小区和楼宇实行智能化管理。
（6）对部分较差的户型，采取送装修的方式体现超值感。

（三）建筑策划定位法

房地产项目产品的核心集中体现在建筑环节，同时也是产品差异化竞争优势的产生方式。建筑方案确定房地产项目的使用功能、使用方式、表现形式，甚至决定使用者的生活行为，因此建筑方案对项目起着决定性的作用。

房地产项目的产品定位中使用的建筑及相关专业知识不等同于建筑设计本身，它是在建筑设计之前，在市场调研的基础上提出的建筑设计内容，是房地产项目产品构思、概念和形象的组成部分，是产品定位的重要构成部分。

1. 建筑策划定位法的概念

建筑策划就是根据总体目标，从建筑学的角度出发，依据相关经验和规范，以实际调查为基础，经过客观分析，最终实现产品目标的整个过程和基本方法。建筑策划为实现项目的经济目标、社会目标和环境目标提供了保证，包括确定项目的性质、品质、级别，建筑物的功能和空间组合的方式。房地产建筑策划不同于建筑设计，策划者不需要具备建筑设计师那样很强的专业知识，但策划者应该更加熟悉市场、经济、环境、社会等综合因素，应该是一个既有建筑专业知识又有各方面综合知识的咨询专家。

2. 建筑策划定位法的研究领域

根据研究对象的不同,建筑策划定位法的研究领域可分为第一领域和第二领域,如图 6-7 所示。

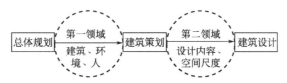

图 6-7 建筑策划定位法研究领域示意

(1)第一领域研究建筑、环境、人的课题。它受制于总体规划,在总体规划限定的红线范围内,依据总体规划确定的目标,对社会环境、人文环境和物质环境进行实态调查,对其经济效益进行分析,根据用地区域的功能性质划分,确定项目的性质、品质和级别。

(2)第二领域研究建筑功能和空间的组合方法。在建筑设计进行空间、功能、形式、体形等内容的图面研究前,对设计内容、规模、朝向、空间尺寸的可行性进行调查研究和数理分析,科学地制定设计任务书。

3. 建筑策划定位的主要内容

建筑策划定位的主要内容包括目标规模设定、使用者特征调查、空间设计方案构想等,在目标规模设定的基础上,结合使用者特征,为空间设计方案的制定奠定重要的基础。

(1)目标规模设定。目标规模的设定必须以满足使用为前提,同时避免不切合实际的浪费与虚设。它主要是求得抽象单位尺寸,在某种使用方式下的负荷人数和空间特征,以及项目在环境中的实际运行状况。抽象单位尺寸是指人均用地数量、人均用地面积、人均单位尺寸等指标。使用方式是对"使用时间-人数要素-使用空间"的考察。具体而言,目标规模设定包括建筑的高低、面积、容积、空间体量、建筑与街道的距离、建筑与环境的影响方式等方面的静态研究,使用者活动流线、轨迹,使用者由内到外对目标空间的使用方式,空间组合比例及环境空间使用量的配比等。

(2)使用者特征调查。使用者特征调查的内容包括功能要求、使用者条件、使用方式等。使用者对建筑空间的使用方式主要分为两类,即人与人的活动和人与物的活动。使用者既可分为空间固有使用者和空间外来者,又可分为服务者和被服务者。因此,对使用者的分类和特性的研究是建筑策划内部条件调查的关键,它决定空间主体的使用方式和空间的基本构成。建筑空间使用者与使用特征可概括为表 6-11。

表 6-11 建筑空间使用者的分类和特征

建筑类型	被服务者	服务者	使用特征
住宅	住户、来访者	物业管理人员	日常生活
写字楼	租用者、来访者	物业管理人员	日常工作
商店	客户	售货员、管理员	随机
酒店	旅客、来访者	管理和服务人员	24 小时服务
活动中心	活动参与者	管理者、筹办者	有组织、随机
客站	旅客	物业管理人员	24 小时服务

建筑实体必须满足空间功能条件、空间心理感观条件、空间文化条件。因此，其使用空间功能设计需在建筑内部和外部的空间中把握使用者的活动特征。

（3）空间设计方案构想。空间设计方案构想主要包括空间构想、空间动线、空间内容明细表以及感观环境，以空间构想为基础，进行空间动线策划，并制定空间内容明细表，进而策划各空间的感观环境。

① 空间构想。空间构想的主要内容为指定项目空间内容、分析空间动线、列出空间明细表，具体如图 6-8 所示。其中，活动空间"A"一般指人在其中有明确行为的内容空间，多为具体的房间；联系空间"C"一般指联络各个 A 空间中使用者行为流通的过渡空间，多为过道、通道、前厅等；领域空间"B"是由同种活动和连续有关行为形成的组群，即由 A 空间通过 C 空间相连而成。

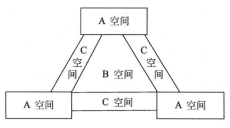

图 6-8　空间构想图示

② 空间动线。空间动线又称流线，是使用者在 C 空间中的轨迹，动线系统就是 C 空间系统。动线策划一定要简洁明了，力求选用距离短、直接的方式。

根据使用者的活动特征，建筑中的人类活动主要分为三类：一是无特定目的的运动（如散步）；二是往复运动（如从居室到卫生间的运动）；三是回复原地点的运动（从展览室入口出发，又回到入口）。空间动线不单是人或物的通道，也是使用者动线活动的集结场所。

③ 空间内容明细表。建设项目的空间内容明细表即为房间明细表，它是设计任务书的基本组成部分，包括两个方面：各空间名称的确定和空间规模的确定。

④ 感观环境。空间感观环境是指空间环境中对人的感观构成影响的环境物理量，主要包括空间的感觉、光和色彩的感觉、密度和尺度的感觉、时间的感觉。

【案例 6-4】 某项目建筑策划分析

一、分析

（1）住宅主要功能包括居住单元、花园、会所等主要部分，主要实现居住功能和一部分休闲功能。

（2）公共建筑功能包括商业、娱乐、观光、会议、居住和办公等，主要实现各式各样的交往功能。

（3）在工作日，人的时间分配为 8 小时工作、8 小时睡眠，剩余 8 小时在交流；休息日为 8 小时睡眠，剩余 16 小时在交流。人们对交流时间的处理通常为购物、运动、聚会、观光和休闲。

（4）通过以上分析可知，住宅功能的多样化决定了住宅建筑项目除了满足居住和休闲功能的需求以外，还应尽量满足交往需求。

(5) 定位为"空中城市"的项目的主要特点就是要最大限度满足居住的喜好和最大限度满足交流的需求。因此，项目提供多种户型选择和多种公共空间进行交流。

二、实施

(1) 一层入户大堂设置接待中心和商务中心，实现居家办公功能。
(2) 六、七层设置大型生态运动会所，满足休闲娱乐功能。
(3) 两塔楼之间的七个主题休闲连廊空间，满足聚会交流功能。
(4) 裙楼商场，满足购物功能。
(5) 顶层设置星空会所，包括观星台、华尔兹舞池、宴会厅，满足聚会和观光功能。

三、房地产项目的形象定位

在产品定位和客户定位的基础上，就可以确定项目的形象定位。形象定位诉求点源自产品诉求和客户诉求。产品定位和客户定位后，房地产企业和广告人员一起罗列项目产品定位和目标客户特征，内容包括一些易于展示的主题概念和卖场包装，其中包括楼盘名称、主打广告语等表现项目特点的内容。一般采用头脑风暴法共同确定项目形象定位。

项目形象定位应遵循以下原则。

(1) 项目形象应易于展示和传播。例如项目起名和广告主题，应有丰富的内涵和优美的表现，应该有利于该项目的展示和传播。
(2) 项目形象定位应与项目产品特征相符合。一个好的形象定位可以传递产品品质特征，引发消费者的联想。与产品特征毫无联系的形象定位，或牵强附会的形象定位，对项目销售绝无益处。
(3) 项目形象定位应与项目周边的资源条件相符合。例如定位于国际化社区的项目必须与周边的资源条件如国际学校、国际俱乐部等匹配。
(4) 项目形象定位应与目标客户群的需求特征相符合。项目定位应呼应目标客户的需求，向客户传递产品信息，在客户心目中引发"这就是我所要的"的触动和共鸣。
(5) 项目形象定位应充分考虑市场竞争的因素，与其他楼盘有比较明显的差异和区别。

【案例 6-5】 某项目形象定位

某项目为纯小户型住宅，面积 30～85 平方米。客户定位为平均年龄在 28～30 岁之间以白领为主的两口之家或单身家庭。这些客户的特征为：年轻，自信，追求时尚及高雅、浪漫的生活情调，受过高等教育，工作比较稳定，小有积蓄，希望尽早拥有独立的生活空间，有个性，喜欢运动，崇尚西方生活，喜爱咖啡、网络和音乐，比较感性，喜欢包装精致、品位高尚的商品。

本项目方圆 1.5 公里以内就有两家直接竞争项目，在地段、价格、社区环境没有太大的差异性优势的情况下，如何吸引、争夺客户？换言之，在理性比较的情况下都平分秋色，要想赢得市场就要看谁"感性冲击"砝码更重一些。因此，本项目的形象定位如下。

1. 外立面形象定位

亮丽醒目，不落俗套，有较强的标识性，体现楼盘的现代感、时尚感，以简洁、明快的直线条为主，可考虑大胆的配色处理以获得清新悦目的视觉效果，营造都市住宅的新风格。强调窗、阳台、遮阳板等功能性构件的细部处理。

2. 市场推广形象定位

由于目前商品房市场对小户型社区的使用过滥，在一定程度上"小户型等于低档次"的印象已植根于消费者心里。购买小户型本身是消费者退而求其次的选择，违背消费者购买心理，因此形象定位的目的之一就是打消消费者购买小户型的心理障碍，为消费者提供一个合适的、充分的购买理由。

事实上本项目本身在社区规划、户型设计、周边配套方面表现优秀，有足够的资本跳出小户型的局限，在尊重客观情况的前提下将本项目塑造成为高素质的、活跃的、灿烂的、蓬勃的，适合年轻的、思想活跃的消费者或向往这一切的消费者居住的楼盘。

本章小结

房地产市场细分，是指根据消费者的某种特征将市场中对特定房地产产品具有共同偏好的消费者进行分类的过程。房地产市场细分要遵循可衡量、盈利性、可实施、稳定性原则。进行住宅市场细分时通常可考虑地理因素、人口因素、心理因素、行为因素等。房地产市场细分的方法主要有单因素变量法、多因素矩阵法、主导因素排列法等。房地产市场细分过程一般按照一定程序进行。

在市场细分的基础上，企业为实现预期目标，满足现实的或潜在的目标消费者的需求，根据企业自身经营条件而选择的细分市场称为目标市场。房地产企业所能选择的目标市场模式一般有五种，即密集单一模式、选择专业化模式、产品专业化模式、市场专业化模式和全市场覆盖模式。房地产企业在对目标市场的范围做出选择后，还必须进一步明确其营销策略，主要有无差异市场营销策略、差异性市场营销策略和集中性市场营销策略三种。选择目标市场后，即可确定目标客户，继而对客户进行定位。在客户定位过程中，对目标客户特征进行描述尤为重要。

在实操过程中，房地产企业往往把市场细分、目标市场选择、产品定位进行综合考虑，即进行房地产项目定位。房地产项目定位包括客户定位、产品定位和形象定位三部分内容。其中，产品定位主要采用市场分析定位法、项目SWOT分析定位法、建筑策划定位法等。

复 习 题

1. 何谓房地产市场细分？
2. 房地产市场细分有何作用？
3. 房地产市场细分遵循哪些原则？
4. 住宅市场细分的主要依据有哪些？
5. 房地产市场细分的方法有哪些？
6. 目标市场选择一般有哪几种模式？
7. 房地产企业在制定目标市场策略时应考虑哪些因素？
8. 如何准确地进行房地产目标市场定位？
9. 什么是房地产项目定位？它包括哪些内容？
10. 房地产产品定位的方法有哪些？

思考与讨论

在本市的住宅小区项目中，选择一个你认为最成功的项目，剖析其市场调查、市场细分及目标市场选择的全过程，研究其成功的经验以及值得改善的地方。

案例分析

某地块位于浦东陆家嘴开发区，接近浦东大道、杨高路交通干道和施工中的地铁二号线车站，开发商的意向是建造价格高于 1200 美元/m^2 的外销住宅。

现调查结果如下。

（1）陆家嘴开发区内在建和建成的大楼有 140 多栋，绝大部分为高档办公写字楼，住宅相对较少。

（2）陆家嘴开发区内的住宅价格为 1200 美元/m^2 到 1900 美元/m^2，中高档内销房价格为 7000 元人民币/m^2 到 8000 元人民币/m^2，其他标准内销房价格为 2000 元人民币/m^2 到 3000 元人民币/m^2。

（3）外销楼盘消费者是海外客户，使用者是一些进驻浦东的海外跨国公司、银行的外籍高级职员。海外跨国公司、银行的中方员工居住在一些较低档次的住宅，如售价在 5000 元人民币/m^2 左右的中高档内销房，陆家嘴开发区尚无该档价位的房源。浦东开发力度不断加大。跨国公司、外省市公司逐渐进驻浦东，行政调控后市内机构、大型交易中心、银行东移，将有大量中方员工需要住房。

思考：请用房地产目标市场定位的有关知识，对该地块如何选择目标市场进行分析。

第七章 房地产营销产品策划

房地产产品是房地产企业开发经营的直接有效的物质成果。在房地产市场营销活动中，企业满足客户需求是通过开发特定的房地产来实现的，各种类型的房地产产品是买卖双方进行交易的基础。因而，正确确定企业的产品结构和经营范围，决定开发和销售何种房地产为客户服务，并满足他们利益的产品策略是房地产企业的一项重大决策，它是房地产企业市场营销的核心，也是制定其他市场营销策略的基础，而迎合市场需求的产品概念设计和产品规划始终是房地产产品顺畅销售的有力保证。

第一节 房地产产品的构成和类型

一、房地产产品的整体概念

房地产产品是指用于满足人们对生活、工作、生存、获利需要和欲望的人造空间内外所有物质或非物质的东西，包含房地产产品实物、各种相关的服务，即房地产产品有整体产品的特征。其整体概念可归结为：凡是提供给市场的能够满足消费者需求的任何有形建筑物、土地和各种无形服务或利益均为房地产产品。它是由核心产品、形式产品和延伸产品所组成的复合体，如图 7-1 所示。

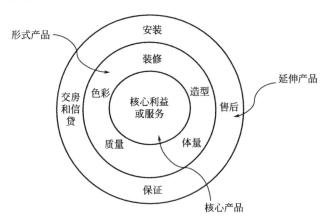

图 7-1 房地产产品整体结构图

1. 核心产品

房地产核心产品是房地产产品的第一层次，也叫实质产品，是指房地产产品为消费者提供的最基本的效用和利益。它是房地产产品最基本的层次，是从使用价值角度对房地产产品概念的理解。房地产核心产品是指能满足消费者的基本利益和使用功能的房地产产品，是满足消费者需要的核心内容。消费者购买房产，不是单纯为了拥有房产这一实体，其核心目的是要通过房产所提供的基本功能来满足自己的生活、居住或办公的需要,即购买它的基本效用,并从中获得利益。

2. **形式产品**

房地产形式产品是房地产产品的第二层次。房地产形式产品是房地产核心产品的基本载体,是指核心产品所展示的全部外部特征,主要包括地理位置、建筑风格、产品质量、平面布局与空间结构、自然环境等。产品的基本效用通过某些具体的形式才能得以实现,形式产品是消费者识别房地产产品的基本依据。因此,企业进行产品设计时,应在研究目标购买人群的心理和所追求的核心利益的基础上,重视应用独特新颖的形式将这种利益呈现给大众,满足购买者的视觉和心理需要,达到营销的目的。

3. **延伸产品**

房地产延伸产品是房地产产品的第三层次,又称附加产品,是指消费者通过房地产产品的购买和使用而得到的附加服务以及附加利益的总和。在市场经济环境下,房地产买方市场使得经营环境日益激烈,延伸产品已经成为房地产企业展开竞争的重要手段。企业要赢得竞争优势,应着眼于比竞争对手提供更多的附加利益,通过延伸产品给消费者带来更多的利益和满足感。

房地产营销不仅仅是提供形式产品,同时在核心产品、延伸产品方面也要精心策划,才能拓展思路形成"绝招",居高临下创造业绩;同时,这也表明在房地产产品开发前期导入市场需求因素和营销观念对房地产产品开发策略是大有好处的,因为房地产客户购买的是一整个房地产产品系统。

房地产产品结构中的核心产品、形式产品、延伸产品是不可分割、紧密相关的,它们构成了房地产产品的整体。其中,核心产品是基础,是本质;核心产品必须转变成形式产品才能得到实现;在提供形式产品的同时还要提供更广泛的服务和附加利益,形成延伸产品。因此,房地产企业应在充分考虑消费者需要的情况下,将核心产品转变为形式产品,并在此基础上附加多种利益,进一步满足消费者的需要。

二、房地产产品的类型

根据房地产产品的物质形态和用途,可将房地产产品分为居住物业、商业物业、工业物业、综合物业、特殊物业等类型。

(一) 居住物业

居住物业是指供人们生活居住的建筑,包括普通住宅、公寓、别墅等。居住物业作为满足人们居住需要的建筑物,在城市建设中所占比重最大,它经常以社区或居住小区等形式被成片开发建设。居住物业一般要考虑居住的安全性、私密性、交通方便、自然环境、配套设施等因素,人们对居住物业的需求随着生活水平的提高而不断向更高层次发展。

(1) 普通住宅。普通住宅针对大众市场,市场需求量大,在整个居住物业中占有较高比例。我国鼓励面向大众的普通住宅建设,并通过加强宏观调控措施,逐步、全方位规范房地产企业的开发和经营行为,最大限度地保护消费者的切身利益。普通住宅根据建筑层数和高度划分为多层住宅、小高层住宅和高层住宅等。

(2) 别墅。别墅是一种低楼层的豪华住宅,属于高档居住物业的一种。别墅一般选择在自然环境优美、风景秀丽、视野良好的地点修建,建筑容积率较低,一般讲究独立庭院、造型别致、人性化的生活空间、完备的配套设施。别墅在建筑形式上,一般分为独立式、双拼式和联排式三种类型。

（二）商业物业

商业物业既可以是进行商品交换和流通的建筑物和场所，如零售商店、百货商场、超市、购物中心、商业街；也可以是为客户提供住宿、饮食以及娱乐的建筑物和场所，如旅馆、酒店等；还可以是办公的场所，如写字楼。商业物业具有内部大空间设计、配套设施齐全、客流量大和人员复杂等特点。各种物业形态的规模、布局、配套设施是不同的，给房地产开发商带来的收益也是不同的。因此，选择适当的业态也是房地产商业产品定位的一个重要内容。

（三）工业物业

工业物业是为工业生产提供作业空间、活动空间的物业，主要包括厂房、仓库、堆场等。一般来说，工业物业由于其建筑物的设计、建造需要符合特定的工艺流程要求和设备安装需要，通常只适合特定用户使用。因此，工业厂房不易转手交易，往往以自建或租赁形式居多。

（四）综合物业

所谓综合物业包括传统的"建筑综合体"和新兴的"复合地产"。其中，建筑综合体是由多个功能不同的空间组合而成的建筑。它往往将城市中商业、办公、居住、旅馆、展览、餐饮、会议、娱乐等生活空间的三项以上进行组合，并在各部分之间建立一种相互依存、相互助益的能动关系，从而形成一个多功能、高效率的复杂而统一的综合体，如城市综合体。复合地产则是以某一产业为主导，与其相关产业进行附加叠合，形成新的业态，进而打造成为有机融合的复合物业，如旅游地产、老年地产、产业地产、特色小镇、田园综合体等。这种多功能、多业态的综合物业不但满足了人们在工作、生活、社交等方面的多元化需求，而且也丰富了城市景观，是现代化都市的重要标志。

（五）特殊物业

特殊物业是指满足人们特殊的生产生活需要的物业或重要场所。特殊物业主要有娱乐中心、高尔夫球场、汽车加油站、停车场、飞机场、车站、码头等物业。特殊物业的经营内容通常要得到政府的许可，所以特殊物业的市场交易很少。

第二节 房地产产品概念设计

开发商在对房地产项目进行充分的市场调研的基础上，锁定了市场，锁定了客户群，并解读了客户的需求，对自己将推出的产品进行了准确的定位，这一系列的工作最终只能在产品的建筑设计中反映出来。要使建筑设计准确地表达开发商的产品定位意图，房地产产品的概念设计是二者准确结合的纽带和桥梁。房地产产品的概念设计是指开发商（或策划者）对拟建项目提出的一种概念、意图、精神、思想，一种贯穿整个项目的灵魂，是项目开发的主题，因此有人认为，房地产产品的概念设计就是产品的主题策划。广州光大花园的"大榕树下，健康人家"的生态概念，奥林匹克花园"运动就在家门口"的健康概念，碧桂园"给你一个五星级的家"的身份概念和先办学校、再建房子的教育概念，以及北京现代城的"SOHO"概念等都是房地产项目策划概念设计有口皆碑的典范。

一、概念设计的内涵

房地产产品概念设计是指策划师根据房地产市场和消费者的需求状况以及房地产产品自身的特点来提炼并确定产品的主题思想,通过规划设计体现产品的独特优势和开发理念,并通过主题概念将这种独特的优势及开发理念准确地传达给市场与消费者,树立产品特定市场形象的过程。概念设计是一个思维创意过程,是产品集中表达的特殊优势和独特思想,是房地产产品与品牌的核心内容。

特殊优势是客观具备的有利条件,其中有些是一目了然的,无须过分强调,本身就有吸引力,如区位、地段、交通、环境等;有些则是潜在的,要通过反复调研、考察、分析,才逐步明了,而发展、昭示并且淋漓尽致地渲染和表达这些潜在优势,往往会使产品独具特色。

独特思想是主观创造的特殊概念个性,通过主动营造某种主题氛围,激发人们对特定生活意象的联想,使居住的物质环境变得人性化、亲情化。通过上面的分析可以看出,房地产开发概念设计的基本要素不外乎"生态、人性、文化"三个方面,相应构成策划思维推理模式的三个领域,或者说三种形态,即生态推理型、人性推理型、文化推理型。

二、概念设计的分类

(一) 狭义概念设计

狭义概念设计是指为规划设计或建筑设计所赋予的一种创意概念。其目的是企图通过规划设计和建筑设计的方式来传达开发商的产品策划意图。例如:

(1) "智能住宅"概念。这一概念要求设计者在设计中体现"智能"的概念,于是设计者就在设计中加入安全监控系统、综合布线、内部局域网、自动收费系统等智能化的东西。

(2) 广州光大花园"大榕树下,健康人家"的生态概念。设计者在规划设计中考虑生态环境设计、植被设计,考虑建筑节能,考虑如何利用太阳能、雨水等自然资源,这些内容最终就是在建筑设计中体现出来的。

(二) 广义概念设计

广义概念设计是指为产品开发所赋予的总体指导思想,是贯穿产品营销策划始终的"灵魂"。广义概念设计实际向人们传达了两层含义:第一是狭义上的概念设计,即利用设计概念指导产品的规划设计和建筑设计;第二是作为整个产品的策划,特别是在产品销售过程中的指导大纲。

例如,"SOHO"的概念设计。首先要求设计者在建筑设计的户型功能布置、设施设备设计中,必须考虑"生活+工作"的主题概念。其次,在房屋的销售过程中,开发商可以有针对性地选择"SOHO"住宅的使用者(白领中的软件工程师、经纪人等),向他们进行广告宣传、促销、销售。

三、概念设计的作用

房地产产品的概念设计是整个产品开发动作的指导思想,规划设计、营销策划、施工管理、物业管理等均从各个不同角度表达、诠释这一主题,围绕这一核心,从而大大丰富了房地产产品的文化层面,赋予了其"人格化""个性化"的灵魂。

(一) 能统率产品开发的各个环节

房地产产品开发需要经历很多环节，概念设计通过树立产品的开发理念和中心思想，能够统率、贯穿房地产产品开发的各个环节，保证房地产产品的规划设计、营销推广、社区文化建设等环节始终围绕着预定的目标和方向进行，而不致产生偏差。

(二) 能展现产品的竞争优势与独特个性

在竞争激烈的市场上，每种产品都应具有自己的独特优势，这些优势需要通过概念设计表现出来，从而引起市场的注意，获得消费者的认可。而且，概念设计能够赋予产品鲜明的特色与个性，加深市场对房地产产品的印象，满足消费者对房地产产品的个性化追求。概念设计所体现出来的产品个性，无论在内容、气质上，还是在形式、手段上均独具一格，别人难以模仿，从而形成竞争的优势，甚至形成市场垄断。

(三) 能提升产品的市场价值

概念设计作为资源，如果没有具体的内容来支撑是无价值可言的。建筑从物质形态上看是钢筋、水泥等的合成体，概念设计通过赋予没有生命的建筑个性鲜明的、富有文化及鲜活生命力的内涵与形象，从而增加房地产产品的附加值，最终实现提升项目经济价值的终极目标。

【案例 7-1】

"金地海湾"项目，为了突出"海洋文化"的概念，将海的主题渗透到项目的方方面面、点点滴滴：建筑立面设计中，屋顶有航标灯隐喻；室内设计中，墙面、家私大量运用海蓝色，天花板有海鸟图案装饰，地面有海砂，样板房有海螺、贝壳、海砂等装饰；架空层环境设计中，墙面、地面都大量使用了海浪的图案。营销策划、施工管理、物业管理也丝丝入扣地切中这一主题，将"海洋文化"深深印入顾客脑海。生活在海的怀抱是都市人的向往，客户争先恐后地购买这样的楼盘。金地集团看好这一趋势，所以后来又先后推出了"金地海景·翠堤湾""金地海景·翠堤湾·龙玺"等项目。

(四) 能满足住户的精神需求

房地产产品与其他商品相比，具有物质功能复杂、精神内涵丰富的特征，住宅产品更是如此。房地产产品在物质形态上由土地与建筑物构成，土地原本只是一种自然物质形态，但由于有了漫长历史过程中的人类活动，人与土地之间建立了一种潜意识的情感关联，使土地具有了某种精神价值。同时，建筑既是技术又是艺术，随着经济的发展和人民生活水平的提高，人们对建筑物也已不仅仅满足于物质层面的居住与办公需求。

优秀的概念设计通过对项目所处区位的历史与文脉的发掘，对建筑文化和艺术的发扬与光大，可以赋予房地产项目以文化、理念以及其他精神层面上的内涵，使房地产项目充满活力，具有生命与灵魂，使居住者获得精神上的满足与享受。优秀的概念设计在文化内涵上赋予人们精神上的愉悦和满足，在功能品质上给予人们舒适和满足。广东顺德碧桂园的主题概念是"给你一个五星级的家"。住户入住后享受五星级酒店的待遇，有"宾至如归"的感受，这种感受无论在精神上还是在物质上都是相当明显的。

(五) 能塑造项目的品牌形象

概念设计能够展现项目的竞争优势和独特个性，有助于加深消费者对房地产项目的印象，长此以往便能塑造房地产项目和企业的品牌形象。

四、概念设计的原则

(一) 运用独到的思想理念的原则

概念设计要取得较好的策划效果，与创新的策划思想理念指导是分不开的。房地产产品开发理念日新月异，各种新思想、新观念、新理念层出不穷，策划要深刻领会这些理念的精髓，把握它们的实质，灵活地运用到策划实践中去。运用这些新理念的同时，还要进行筛选，把独到的思想理念运用好，引导概念设计的新潮流。例如，奥林匹克花园"运动就在家门口"的健康概念，周末休闲的"5+2"生活概念等等，都是在不同时期推出的创新概念设计的典范。

(二) 领先引导消费者需求的原则

概念设计不但要满足消费者的需求，而且还要引领消费者的需求。这是因为主题策划总是走在市场的最前面，发现市场的潜在需求，为产品开发成功做好思想准备。当前，在竞争激烈的市场环境下，要努力引导市场，创造超越现有的生活需求，将自身对居住文化的理解和独特的审美品位融入房地产项目中。在引领消费者需求的同时，还要注重体现项目独特的功能需求，增加量身定做的空间和相应的设施，在开发理念和设计细节等各方面更深层次地体现"以人为本"的思想。

(三) 善于挖掘产品的文化、科技内涵的原则

在房地产策划中，人们往往运用"家居""社区""社会"等概念，把房地产经营提升为一个系统的文化工程，贴近生活的文化内涵。广州翠湖山庄，其万象翠园包罗万象，从苏州园林到美洲酒吧，从古烽火台到古罗马廊柱，一幅幅融会中西、贯通古今的时空画卷展现在人们面前。江南园林式的翠居用亭台、园门、小桥流水、竹篱柴扉勾画出一幅江南风情画；会所前的龙马广场，古朴的天然石块凝结了我国传统文化的精髓；利用地下应急通道出口而建的烽火台，沧桑味十足，是孩子们发挥时空想象的乐园；流水与瀑布相映的灵泉飞瀑、秋千椅和攀爬架组成的拾趣园以及十二生肖广场等，都显现了人与自然亲近的我国园林文化的妙处。

随着科技的发展，房地产企业运用各种科技概念策划产品的也为数不少，使产品呈现更加个性化的特色，在生态住宅、互联网、智能化、新科技、新材料的使用等方面，较之以往有更深层次的内涵挖掘。

(四) 注重建筑设计创新的原则

建筑设计创新不仅仅是开发商塑造产品个性特征，营造独特生活氛围的有力手段，同时也具有繁荣建筑创作、促进建筑文化、改善城市景观的良好社会效益。建筑设计是产品定型的主要阶段，这个阶段的建筑造型、建筑风格、建筑规划、平面布局以及立面效果等，在很大程度上影响项目的个性化和差异。如果在这个阶段没有把握好，在施工建设时要修改是相当困难的。因此，在建筑设计阶段要考虑好建筑设计创新问题，使产品跟上时代的要求。

五、概念设计的支持体系

提出的任何主题概念，无论具有多大的诱惑力与煽动性，都必须为其找到强有力的、可靠的支撑。因此，必须营造一个实现这一主题概念的支持体系。

产品主题概念设计的支持体系（图7-2）包括区位、生活方式、社区服务、购买方式等四个主要因素。其中，价位、建筑风格、社区格局形态、景观设计、环境绿化、物业管理、

市政设施等为硬件要素；顾客的生活方式、购买方式（如付款方式）、社区文化和治安环境等为软件要素。主题概念是产品的灵魂，有了以上这些承载的载体，就搭建起了实现这一主题概念的支持体系平台，消费者对产品的主题概念就有了实实在在的感觉和认识，产品就有了灵魂，消费者就有了实现理想或联想的舞台，同时也是消费者身份、地位和价值取向的外显，也是企业整体形象的基础和外显。否则，如果没有这种主题概念的支持体系平台，在市场和竞争中，主题概念就是虚无缥缈的，其对产品的作用不是支撑和支持，而是潜在的威胁，这种主题概念只不过是一种包装，经不起时间和实践的检验。因此，一个小区、一个商圈、一片楼盘如果离开了主题概念支持体系，就没有了主题概念，也就没有了灵魂，就等同于无人气、无灵气，当然也无卖点可言。

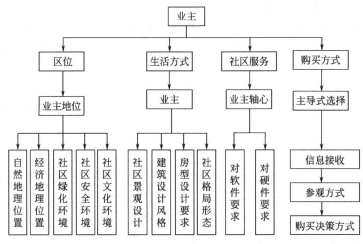

图 7-2　概念设计的支持体系

第三节　房地产产品规划

通过市场调查分析，已对项目本身和目标客户群有了更深入准确的了解，接下来，营销策划人员应根据项目自身的特点和目标客户群的需求特征，结合产品概念设计，对项目的产品规划提出建议。

一、房地产产品规划概述

房地产的产品规划可以从以下两个方面来理解。

第一方面，简称"体"。它是指单一空间的房型设计和室内的功能规划，以及由其延伸至整个大楼或小区的面积（格局）配比，外观造型、社区环境和总体功能规划等。它是产品最基本的要素，不但是客户购房时最为关心、最先考虑选择的条件之一，更是开发商在市场检验中，判断其投资是否成功的最为关键的一环。在营销组合的产品策略方面，因为"体"的变动更伤筋动骨，更费时费力，是最难调整的要件，所以，它的前期规划就显得尤其重要，一般到了中后期不做任何大的更改。

第二方面，简称"用"。它是指对整个大楼或小区，满足人们日常生活或工作需要的各项设施的全面配置，包括水、电、煤气、通信、装潢、保安和保洁等各个方面的最基本功能配置，是对"体"的充实和完善。随着人们生活水平的不断提高和科学技术的迅猛发展，不但一些基本配置的标准在逐渐提高,而且有很多额外的娱乐休闲性质的公共配套设施也已经在不少住宅小区中出现,如社区俱乐部、网球场、游泳池等。

和前者比较,"用"的要素对客户而言,虽然在购房时的直观感受不怎么强烈,但与今后的日常生活却密切相关,恰当的细节表现有时也会增加对客户的影响程度。对开发商来说,"用"在产品策略方面种类最多,可塑性最强,最易于调整,而且是在促销中最容易表现的因素,因此许多好的设想和大量资金会集中在这个方面。

随着市场的竞争日趋激烈,简单的配置已不再具有吸引力,通过更符合时尚的房型设计、新型建材的运用和一些娱乐休闲设施配套的添加来提高产品的竞争力,吸引更多的客户,渐渐成为开发商们的共识。

二、房地产产品规划建议

以住宅为对象,着重从住宅小区总体规划与设计、功能定位、建筑风格、园林景观设计、户型设计、配套设施和物业管理等方面进行介绍。

(一)住宅小区总体规划与设计

住宅小区总体规划与设计是房地产产品规划的基础,其合理性与科学性不仅会影响产品概念设计的实现程度,还会对住宅小区细部规划设计起到制约作用,从而影响整个住宅小区的品质。住宅小区总体规划与设计应注重空间布局的合理化、科学化,建筑设计应内涵丰富、极具特色,交通道路应合理分流,有效满足消费者的需求。

(二)住宅小区功能定位

住宅小区的功能定位涉及多个方面,如明确住宅产品是以毛坯的形式出售,还是以精装修的形式出售,若采用精装修,应确定精装修的具体标准等。此外,科学技术的运用以及智能化程度也是住宅小区功能定位的重要内容。

【案例7-2】某房地产项目的智能化建议

1. 社区智能化系统设计原则

(1)全面、系统先进、实用。

(2)尽可能满足5A,即BA(楼宇自动化)、CA(通信自动化)、OA(办公自动化)、FA(防火监控自动化)、SA(保安自动化)。

2. 舒适、安全、方便的居家环境

360°视频24小时监控、电子巡更、火灾自动报警、智能家居、"三表"远程抄送系统、智能停车管理系统。

3. 快捷准确的内外信息交换功能

IP电话、可视电话、电子邮件。

4. 丰富多彩且高质量的文化娱乐设计

WiFi覆盖、掌上电脑、数字电视、家庭网络快车(宽频)机顶盒等信息家电。

5. 多种教育和家庭服务项目

智能控制、软件下载,各重点学校联网教学等。

6. 本案智能化系统

社区局域网及宽带网、小区周边防范系统、电话预约管理系统、远程计量智能抄表系统、停车场管理系统、可视对讲系统、安防报警系统。

(三) 住宅小区建筑风格

建筑风格对房地产产品开发具有重要意义,这主要表现在:从建筑本身来说,它通过风格取得美观和可识别的效果;从开发商的角度来说,它对楼盘促销有积极的意义,可能是卖点之一;从消费者角度来说,有风格的建筑更能获得他们的认同。在对房地产项目的建筑风格提出建议时,要着重于对建筑外立面提出建议。

【案例 7-3】某房地产项目的建筑风格建议

真正的豪宅就是要让受众感受一种氛围。本案的目标客户为事业成功人士,现代、简约的表现手法最能让这些受众产生共鸣,同时豪宅要显现唯一性与独特性,首先要赋予项目凸显风格的外衣。

1. 风格设计目标

使本案成为"标志性豪宅建筑符号"。

2. 风格设计原则

以纯现代的手法体现其独特性,立面以鲜丽、明快的色彩搭配为主,凸显个性风格,并能与中心园林融为一体,达到浑然天成的境界。力求使整个立面体现简约纯粹的现代时尚,采用地标性设计及飘逸的弧线设计,加强该项目的可识别性,使其在众楼盘当中别树一帜,给受众留下深刻印象。

3. 风格设计说明

(1) 建筑物正立面的墙身色彩和隔音玻璃窗相间,形成玻璃与墙面的虚实对比;建筑形体的高低错落,直线与弧形造型的结合,顶部简洁、清秀的柱头和飘板设计,使整个建筑群充满现代建筑的气息。

(2) 建筑形体突出简洁明快、挺拔清秀、富有时代气息的现代特色。

(3) 整个建筑群给人以浪的跃动、波的轻盈和水的剔透之感,形成整个小区的整体性和可识别性。

(4) 塔楼和顶部设有玻璃灯塔,不仅可丰富立面效果,亦可形成独特的夜景,更隐喻灯塔引领归家之路的意境,给人亲切的归属感。

(5) 利用立面上规律的水平装饰线条对刻板的塔楼立面进行分段设计,住宅各不同户型的零碎细构件运用,如凸窗、飘阳台、空调机挡板栏杆、栏板等均井然有序。

(6) 建筑造型尽量体现建筑材料及构件本身的逻辑美、材料美,色彩上采用清新现代的色调,以丰富多彩的设计风格为原则。

此外,项目的建筑风格应当与竞争对手有所区别,防止同质化的竞争。

(四) 住宅小区园林景观设计

景观设计主要分为绿化种植景观、道路景观、场所景观、硬质景观、水景景观、庇护性景观、模拟化景观、高视点景观和照明景观等。每一个类别又可以按照环境景观的组成元素进行细分,比如水景景观从功能性元素和园艺类元素的角度分出自然水景、泳池水景、景观用水和庭院水景、装饰水景等内容,并逐层进行细化分解。

居住区环境景观设计应遵循的基本原则有:美化生活环境,体现社区文化的社会性原则;注重节能、节材、合理用地的经济性原则;生态原则、地域性原则和历史性原则。此外,园林景观的设计还要与项目的主题定位相协调,与项目道路规划相统一。

（五）住宅小区户型设计

户型是房地产实现其功能和价值的直接载体，房地产产品创新首先表现为户型的创新，能否设计出迎合购房者需求的户型是决定房地产开发成败的关键之一。目前的户型需求日趋多样化，市场上并没有绝对的主导户型，要通过市场调查才能切实掌握户型需求及动态。而后确定户型大小，并结合目标消费者定位，配备户型类别，确定户型类别分布并进行合理的功能分区，进而进行户型布局，确定户型配比。根据户型设计的流程，策划人员对户型设计提出建议时，可从总体的设计原则开始。

（六）住宅小区配套设施

对于住宅项目来说，社区的配套非常重要，它是满足人们生活便利的基础。这些配套主要包括会所、商业、文化、教育、医疗、休闲等方面。

【案例7-4】某房地产项目的会所建议

区内、区外会所相辅相成，营造休闲、娱乐、健身、学习等优越生活环境，使业主的日常生活更丰富、更精彩，从而提高整个社区的时尚与人文品位。

1. 区内会所

（1）休闲茶座、咖啡屋、桑拿房：小型休闲场所满足消费者日常休闲生活需要。
（2）棋牌馆、儿童游戏室：为业主提供业余休闲的好去处。
（3）桌球室、健身房、乒乓球室：让业主不用为锻炼身体而烦恼。
（4）书吧、语音室：为业主营造一个学习休闲的良好环境。
（5）商务中心：给业主提供一个商务会谈的场所，满足商务人士的需要。
（6）洗衣店、取款机、便利店：为方便业主日常生活，可在大厦一楼设置。

2. 区外会所

（1）邻里中心：配套酒店、咖啡屋等休闲场所，满足人们的日常休闲需要。
（2）游泳馆：大型游泳馆，四季温水，时尚休闲人士健身的好去处。
（3）高尔夫球场：大面积草坪，特级球场，品质高雅，轻松休闲，满足时尚人士休闲健身和商务人士商务会谈需要。

（七）住宅小区物业管理

物业管理的好坏将直接影响物业的价值，把物业管理提前到销售前进行规划，有利于加强目标客户群对项目的信心。

以上内容主要是针对住宅产品的规划建议，对于商业地产、旅游地产、老年地产等不同类型的房地产项目而言，其产品规划存在一定的差异，在实际规划过程中，要结合项目有关情况进行针对性的产品规划，不能直接拿来使用或生搬硬套。

第四节 复合地产的产品规划

由于人们生活方式的根本变化，市场需求的大力驱动，房地产项目逐渐向地理位置比较偏远、地价相对便宜的地方发展，但市场同质化现象十分严重，想把买家的眼球吸引到项目上来非常困难。复合地产概念的提出和产生正是为了适应这一需求。复合地产在我国出现的时间不算长，2001年前复合地产还是一个比较陌生的概念，但是2001年以后，以广州奥林匹克花园为代表,产生了深圳万科四季花园、北京SOHO现代城、锋尚国际公寓等各具特色的复合产品,这种楼盘以其超前的文化内涵、先进的科学理念、全新的生活水准引领着房地产产品发展。

一、复合地产的含义

复合地产是将房地产开发与创造消费者生活方式密切结合起来,将房地产业和其他相关产业进行整合,从而将某种具有号召力又具有贴近性的生活方式完整地体现在房地产的规划、开发、运营和服务的整个流程之中,更好地实现房地产对消费者的适用性功能价值,为消费者创造出充分体现生活感受和文化价值的人居生活。

复合地产作为一种全新的开发理念,它不是一句口号,也不是一段广告词,更不是一拍脑袋就能出来的想法。复合理念必须贯穿于包括规划设计、物业管理以及售后服务等各个环节在内的整个房地产开发的全过程。只有这样,才能找到规划设计的灵魂,才会在以后的规划设计开发过程中紧扣主题。

复合地产是一种功能价值的具体体现,是有形的、实用的、可见的、物质化的东西,主要体现在规划设计、户型设计、建材使用等方面。做房地产的最终目的就是要给买家一个适宜的人居环境,所以复合地产只有满足生活化需求,才能算得上真正复合成功。如果复合地产离生活需求很远,甚至遥不可及,那么这个复合地产就不能算得上成功。

二、开发复合地产的要求

(一)统一的系统整合

复合地产是对传统房地产的一种更新,涉及项目开发的各个环节,其资源耗费要比一般房地产开发多,如果没有统一的系统整合,要做复合地产是比较难的。一个成功的复合地产项目,应该在开发理念、功能价值、生活体验、开发模式、资源整合五个方面体现出特色,否则就不是完整的复合。复合地产不是简单地把两个产业拼凑在一起,被复合的产业必须与房地产业高度关联,它们之间的关系并不是借用某个产品作为卖点,而是一种互动、叠加的唇齿相依的关系。复合不是错开,是融合在一起,优势互补。

(二)复合地产主题的确定

复合地产的主题既可以是单一的,也可以是多元的,但无论如何都必须具备以下特点:首先,主题必须人性化。如所确定的主题和人们的基本需求高度相关。在市场比较发达、人均收入比较高的地区,可以进行一些消费型的复合,比如健康、运动等项目。而收入中等的地区,消费者对教育的依赖性比对体育的依赖性要强得多,这时要偏重教育。对人均收入很高的地区,由于已经属于小康型,可考虑休闲型的复合内容,比如体育、休闲、旅游产业等。其次,要突出广泛的群众基础,体现参与性与匹配性,使主题与当地消费者的需求相匹配,主题和资源能够匹配。最后,主题要鲜明。无论是与体育产业、教育产业,还是休闲产业进行复合,主题一定要鲜明,顾客群定位要准确。

(三)复合理念的先行导入

传统房地产开发是一种标准工作,但是复合是自选动作,比如在传统地产上复合一些科技元素、艺术元素、文化元素等,当然复合这些因素都必须建立在对目标客户群的准确把握和正确理解上,才能使开发的产品和目标客户群一致。就复合地产而言,它既不是动工以后、开发以后、销售以后才开始做的,也不是挂靠式、搭单式地进行,应该在规划设计之前就把复合的理念导入每一个环节，从而把复合地产理念充分体现在生活的各个方面。只有将复合的元素变成真正的开发理念，落实到项目各个环节的房地产才是真正的复合地产。

（四）开发商应具备一定的条件

对于开发商来说，要具备一些基本条件，否则做复合地产是比较危险的。第一，要有预见创新理念的能力。第二，要有把握市场、消费者需求的能力。第三，要有整合资源的能力，能够把与房地产相关联的产业整合成生活所需的内容。第四，要把握功能性价值和文化之间的平衡和经营能力，体现功能价值和文化价值。

三、复合地产的主要类型及开发模式

随着房地产市场的不断发展和房地产开发模式的不断创新，复合地产的类型也日益多元化，涌现出教育房地产、旅游房地产、体育房地产等多种新型地产模式。为了更好地诠释不同类型的复合地产，下面主要以案例的形式来介绍。

（一）旅游房地产开发模式

我国对旅游房地产的含义解释很不统一。比较流行的观点是：旅游房地产是依托周边丰富的旅游资源，以度假休闲为目的，以旅游休闲人群为对象，融旅游、休闲、度假为一体的房地产项目，它有别于传统房地产项目，其开发物是实现全部或部分旅游功能的房地产，有时其项目本身就是景点。一般而言，旅游房地产除按传统方式开发经营的酒店、旅游景区主题休闲公园、旅游景点房地产、景区住宅和度假村外，按其所有权和使用权的不同可分为时权酒店，产权酒店，养老休闲酒店，高尔夫、登山、滑雪运动度假村和时值度假型酒店等几种形态。

【案例 7-5】 旅游房地产开发案例——东部华侨城介绍

东部华侨城坐落于深圳大梅沙，占地近 9 平方公里，总规划面积 6.55 平方公里，以生态旅游为开发理念，打造了国内首个集休闲度假、观光旅游、户外运动、科普教育、生态探险等主题于一体的大型综合性生态旅游示范区。周边交通便利，距离主要交通枢纽均在 25 公里以内。另外项目三小时车程可辐射惠州、香港、东莞、中山、广州、佛山、江门、汕头、珠海、澳门、肇庆等珠三角区域内的多个城市。

1. 旅游产业规划

东部华侨城以生态旅游为开发理念，依据项目所在地的区域交通及外围环境将项目分为三大功能区，即三个不同文化主题特色的园区：

（1）靠近大梅沙区域和有自然峡谷特色的大水坑片区，利用良好的自然生态环境、变化丰富的空间和优越的交通条件建设生态旅游区——大侠谷，集山地郊野公园和都市主题公园的优点于一体，实现了自然景观、生态理念与娱乐体验、科普教育的创新结合。

（2）依托湖光山色和浅谷丘陵洼地的自然环境，建成高品位的山地高尔夫运动健身区——云海谷，包括两个 18 洞的山地球场、水上高尔夫练习场以及屋顶可开合的网球馆。

（3）利用原有茶田和幽静生态的山水环境，建成深圳最具特色的世界茶艺博览区——茶溪谷，主要项目包括茵特拉根小镇、茶翁古镇、三洲茶园和湿地花园四个游览区。

2. 旅游房地产开发

（1）主题酒店。东部华侨城共拥有 8 个主题酒店，可提供约 7000 个床位，满足不同客户群体的需求。主题酒店类型略。

(2) 配套高端地产。东部华侨城地产项目占地 732 万平方米，总建筑面积 20 万平方米，共有九个小区，分布在东部华侨城"三谷"的不同区域。

(3) 开发模式。东部华侨城的开发模式为"旅游带旺地产，地产反哺旅游"的良性循环模式，以旅游项目开发带动人气集聚，促进区域资源增值，带动物业价值的增加。

（二）体育房地产开发模式

体育房地产是指将体育产业和房地产业有机融合，以体育作为主体概念的房地产开发模式，并且将体育纳入房地产产品开发的总体规划。它以特定的地域空间为载体，以体育产品开发（体育赛事、体育场馆）为依托，以房地产开发为先导，以一定的体育文化为填充，采用以运动体验为核心的设计理念将体育的元素引入房产的开发当中，使体育产业与房地产业资源、科技、市场等要素有机结合，相互吸引，满足居民日常体育需要，带动地域房地产经济发展。

【案例 7-6】体育房地产案例——广州奥林匹克花园介绍

国家体育总局"阳光健身工程"称号的首批获得者——广州奥林匹克花园（以下简称奥园），以"科学运动、健康生活"为核心理念，提出"运动就在家门口"的主题，在社区内建设了上万平方米的体育会所——广州奥林匹克大厦，拥有近 4000 平方米的泳湖，同时为每位业主量身定做科学运动计划和健康生活方式指导，将健康实实在在带给每位业主，并通过渲染文化氛围，营造体育社区环境，综合实现和细化体育社区的概念。开发商此举确确实实是把社区内业主的健康放在重要位置来考虑，真正实现了"以人为本"。总之，住宅产业与体育产业的整合，既提升了房地产开发商的品牌意识，有利于销售业绩的增长，又为社区内住户提供了健康生活的保证，真正起到了"一箭双雕"的效果。

1. 产品

(1) 首先要提到奥林匹克大厦这个标志建筑及其具有高科技含量的项目设置，奥林匹克大厦成为整个奥园的标志性建筑物和体育概念的集中体现。在配套设施上、在景观上都为消费者提供了信心上的支持。同时，与体育社区的结合使大厦的基本目标人群以社区人群为主，正是由于目标人群非常明确，营销工作可以有的放矢，并且在满足本小区居民健身需求的同时，还积极对外经营，达到了良性循环的结果。

(2) 依托于大厦的体能检测中心、健身健美中心、氧吧（富氧水、养生呼吸）、国际乒乓球和羽毛球学校、各类培训班和集训班、联谊会、比赛、冬夏令营等和园区内各类体育设施，不但实现了自我积累、自我发展的产业化道路，对于细化体育社区概念、营造社区文化氛围也起到了不可或缺的作用。

(3) 奥园还与其他机构联办了航空俱乐部、乒乓球俱乐部等体育团体，不但起到了营造体育特色、吸引人气的作用，更依托于本房地产项目的市场推广工作，完成了项目启动工作，并且达到交互式传播的效果。

2. 服务

奥园不单单提供体育设施和运动场地，还紧紧围绕"科学运动、健康生活"的核心理念，为每位业主量身定做科学运动计划和健康生活方式指导，提供健康管理顾问服务体系、运动处方、体能检测、健康检测、大病绿色通道、VIP 服务系统等多项具有高附加值和高科技含量的服务，将健康确确实实带给每位业主，完善和丰富了体育社区的功能与内涵。

3. 文化

(1) 首先"奥林匹克"这四个字使奥园享受到了巨大的无形资产，一经出世就引起了轰动，而且使人们非常容易产生"运动和健康"的联想，人们很容易接受和参加房地产公司举办的各类社区体育活动。

(2) 对接点另一个突出表现就是为奥林匹克花园的各类平面以及影视、电台甚至互联网广告赋予了特色，在具体表现形式和表现载体上均与运动和健康有关，特别是运用了很多象征奥林匹克文化和体育文化的图片和形象，起到了良好的宣传效果，并配合体育社区氛围的营造，表现了奥园的核心理念和诉求重点。

(3) 在"科学运动、健康生活"核心理念的指导下，奥园着力突出了社区文化的建设，充分利用业主期刊、软性新闻、文化长廊、小区海报、展板等宣传形式，阐述了公司的诉求点和核心竞争力，使消费者理解、认同奥园的理念和生活方式，并最终接受奥园的产品。

(4) 举办了业主乒乓球比赛和广州中小学乒乓球比赛，安排了X-GAME（极限运动）和攀岩、航空表演（热气球、动力伞）等活动，还赞助了"奥林匹克花园杯"全民健身月活动、明星足球赛、铁人三项等多项公益活动，不但聚集了人气，而且丰富了奥园的整体形象，达到了立体宣传的效果。

(5) 在园区内设置多处体现"运动、健康"和奥林匹克文化的雕塑小品和艺术品，包括金手印、金脚印、风水球、雕塑等，提升了奥林匹克花园的文化品位，渲染了整个社区的文化氛围。

4. 环境

奥园精心设计了长达1600米的健身步径（5条步径）和近4000平方米的泳湖，将体育设施、园景、道路巧妙地融合在一起，并赋予了相应的主题，不但形成了特色景观，还蕴含了浓郁的文化气息，使密布于社区内的体育设施和运动、健身的人群共同营造出小区健康生活的主题环境。

（三）音乐房地产开发模式

音乐房地产是指将音乐产业和房地产业有机融合，以音乐作为主体概念，并且将音乐元素尽可能地融入房地产产品开发全过程的房产开发模式。它从建筑风格设计、园林景观、会所、配套设施等方面彰显音乐主题，让业主清晰地感受建筑与音乐的完美融合，营造舒适的居住环境。

【案例7-7】 音乐房地产案例——"北京乐澜宝邸——音乐·家"介绍

在北京，以音乐作为主题且专门邀请音乐界人士作形象大使的楼盘不多，而赋予楼盘以全新的音乐主题，从建筑风格、园林设计、会所场馆、户内装修等各个方面，能最大限度地将音乐元素融于其中的就更属凤毛麟角。北京市万发房地产开发股份有限公司开发的"乐澜宝邸——音乐·家"面市，正式宣告了一个全新的"音乐家楼盘"的诞生，其独特的主题理念、深厚的文化底蕴以及建筑与音乐的完美融合，深深吸引住了众多买家的目光，在业内引起了不小的反响。

1. 楼盘命名：乐澜宝邸——音乐·家

音乐使人愉悦，音乐使人完美，音乐使人高尚。有音乐的生活，不仅仅是比平常多了一点润泽和滋味，更是一种格调，一种惬意而从容的生活方式。建筑是有生命的，是可以与人交谈的。取"乐澜宝邸——音乐·家"这个名字，就是要将音乐融入建筑之中，使音乐与建筑完美融合，为购房者提供一个与音乐紧密连在一起的家，一个以音乐为主题的家。

2. 建筑风格

楼盘楼顶的设计采用简洁的钢琴形状，楼立面采用仿似琴键的设计，停车场是用大理石地面铺装出的黑白相间的区隔。通过仿钢琴这种形式，从楼顶到楼立面，从停车位到园林景观，全部融入音乐元素，并使它们环环相扣、处处呼应，达到了音乐与建筑的完美结合。如果驱车从东三环经过，一眼望去就可见到钢琴形状的顶部与仿似琴键的立面设计，鲜明地与周围建筑区分开来，令人耳目一新。走近了，临近街道的停车场旁赫然是一架打开的钢琴琴键模样，抬头还可以看到两栋楼之间有个悉尼歌剧院式的顶层造型，既十分别致又与音乐紧密相连。配上向区内及区外定时播送的悠扬乐曲，建筑也仿似凝固的音乐。

3. 园林景观

中心绿化广场占地8000平方米，汲取了东西方音乐与建筑融合的元素精华，由香港知名设计师设计而成。园林中央是一组错落有致的布置。居中心位置的是钢琴形舞台，其后是可随着音乐节拍喷出高低起伏水柱的音乐喷泉，透过水帘看到的是古典英式报时钟高高耸立。以这组建筑小品为轴心线，两旁是形状不规则的戏水池，池畔蜿蜒着五线谱式的慢跑径，根据上面的音符还可以哼唱出曲调。园林四周还分布着几组悉尼歌剧院式大型景观凉亭，供人休憩。在大师级的乐章伴奏下，生活也平添了几分悠然、几分快乐。

4. 会所功能

在会所功能上也充分考虑了音乐给人带来的愉悦感受，配备了练琴房、舞蹈室、先进的DVD音乐视听室、会员专属的音乐教室等特别设施。

5. 形象代言人

在北京的房地产项目中，有专门的形象代言人是走在前列的。邀请知名音乐界人士作形象代言人，这在北京房地产界尚属首次。这样做一是希望尽企业自己的力量，为申奥做一点贡献；二是该音乐人特别为申奥而做的歌曲，也正合楼盘对购房者的衷心祝福，祝愿他们早日实现自己的梦想——购好房，居好房。这样对宣扬主题起了很好的画龙点睛的作用。

总之，"乐澜宝邸——音乐·家"赋予了房地产全新的音乐主题，无论是建筑风格、园林设计，还是户内装修、会所场馆，无不最大限度地将音乐元素融于其中，力求营造一种"音乐融汇大自然，生活因你而动听"的居住氛围。

（四）康养房地产开发模式

康养房地产是建立在旅游产业、休闲产业、文化产业、健康产业及养老产业的基础之上，以我国传统的养生理念及方法去解决养老问题的复合型房地产开发模式。康养房地产是一种泛地产，在功能组合和产品形态上与传统房地产产业渗透互动，通过资源整合为消费者创造复合的人居生活，充分体现了生活情怀和文化价值，涵盖了养生养老、康复休闲、旅游度假、农业观光、文化教育等功能。

【案例7-8】 康养房地产案例——爱晚大爱城介绍

大爱城是国家"爱晚工程"的典型示范性项目、河北省环首都绿色经济圈重点工程、住建部绿色建筑示范工程。"爱晚工程"是由民政部中国社会工作协会牵头发起，旨在建设完善我国社会化养老服务体系的重大民生工程。该项目主要实行居家服务、社区照顾、机构养老相结合的服务模式。养老中心除为入住养老公寓的老人提供专业、贴心的服务外，还为所有社区居民提供个性化、定制化健康养老服务，实现社区养老全覆盖。

1. 产品概念设计

大爱城以"大爱之城，乐享社会"为发展理念，在我国文化背景下，不仅满足人们物质养老的需求，更重视满足人们深层次的精神养老需求，致力于打造市场化、全龄层、全配套、自循环的我国新型健康养老社区。

2. 养老配套设施

养老配套设施包括国际医疗健康中心（包括爱晚医院、爱晚国医院、医疗专家楼、老年护理单元）、养老中心、体育中心、文化教育（包括国家开放大学社会工作学院、老年大学、中小学、幼儿园）、养生会所、休闲公园、生态健康农场、缤纷商业、高端酒店。通过倡导亲情回归、大家庭融合的居住方式，力争实现"中国首席亲情健康城"的造城理想。

3. 产品开发模式

大爱城采用"四加一"的创新发展模式，即以养老医疗产业、养老服务产业、全龄教育产业、现代农业四大产业为依托，打造我国文化背景下市场化、规模化、全龄层、全配套的健康养老产业链。大爱城着力打造三个国家级标杆，即打造"国家养老示范基地"，建立"国家开放大学社会工作学院"，建设国家"绿色建筑和低能耗建筑示范工程"。

（1）在养老医疗产业方面，建设集医疗、康复、护理、保健和养生于一体的大爱城国际医疗健康中心。

（2）在全龄教育产业方面，中国社工协会与国家开放大学合作成立的"社会工作学院"落户大爱城；社区将设立老年大学，开展适合老年人学习的课程、活动；选择中小学名校合作，提供从幼儿园至高中的完备教育。

（3）在现代农业产业方面，利用香河区域优势，打造绿色复合型农业产业链，并开辟特色果园、菜园、茶园、花圃等，让社区居民享受田园乐趣。

（4）在养老服务产业方面，社区提供生活管家、营养配餐、健康管理、康体娱乐、社会交往等全方位养老服务，提供包括机构养老公寓、护理型公寓、养老养生公寓、养老养生别墅等全龄层产品，人们可拥有产权，可租赁公寓，可选择服务，在一个社区中真正实现政府倡导的居家养老、社区照顾、机构养老三位一体的"9073"养老服务体系。

第五节 房地产产品开发策略

房地产产品开发是房地产综合开发的一个因素，房地产产品开发策略是从营销原理出发，研究产品的生命周期，及产品从生产到投放市场至退出市场再进入市场的过程。

一、房地产产品生命周期策略

（一）房地产产品生命周期及其特点

在市场营销过程中，任何产品都有一个从产生、发展到被淘汰的过程，产品在市场上的销售地位和获利能力都处于变动之中，随着时间的推移和市场营销环境的变迁，产品的市场状态在不断改变。所谓房地产产品生命周期是指产品从完成试制、投放市场开始，到最终被市场淘汰为止的全部过程所经历的时间。其过程依据产品在市场上的变化规律一般可分为四个阶段，即引入期、成长期、成熟期、衰退期（图7-3）。

典型的产品生命周期的四个阶段有以下特点。

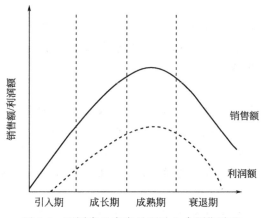

图 7-3　不同房地产产品所处生命周期阶段

1. 引入期

引入期即新产品刚刚进入市场的时期。在这个阶段，顾客对新产品不了解，对房地产新产品的功能、质量、适用性还有一个接受和认可的时期，而企业又要投入较多的精力和资源进行推广，有可能导致亏损。

2. 成长期

在成长期，产品在市场上迅速被广大顾客接受，营销成本下降，随着开发建设规模扩大，配套的各种建筑材料实现批量生产，技术应用熟练，使开发经营成本降低，销售量大幅度增加，利润也迅速增加，但竞争开始加剧。

3. 成熟期

处于成熟期的产品已被大多数潜在顾客所接受，销售量、利润额达到最大，市场趋于饱和，销售增长速度放慢。同时，竞争加剧，市场营销费用相应增加，产品利润率稳中有降。

4. 衰退期

这个时期的产品销量趋于衰退，销售下降的趋势增强，利润趋于下降。房地产产品由于单位价值高，滞留在项目中的资金量大，因此，当产品进入这一阶段，企业应当迅速明确对策，及早收回投入的资金，避免造成更大的损失。

（二）房地产产品生命周期不同阶段的营销策略

房地产产品生命周期策略就是依据房地产产品所处的生命周期不同的阶段采取不同策略。下面对房地产产品的生命周期曲线进行考察，并根据各阶段的特点制定相应的策略。

1. 引入期策略

在引入期，房地产开发企业的任务就是迅速提高房地产产品的知名程度，推动销售量进入成长期。由于新型房地产产品的特点尚未被人们了解和认识，因此，在价格上要适当低一些，以薄利为宗旨；在推销手段上，可采取广告、新闻发布会等来扩大影响；同时，还应加强对市场的调查和预测；对在调查中得到的关于产品设计方面缺陷的信息，及时进行反馈和修改，以迎合客户的需求。

新产品是企业生命力的源泉。企业需要不断地研究和创新产品，引领消费者的需求。对于新产品，消费者需要一定的认知过程才能决定是否采用。消费者采用新产品的过程有 5 个阶段，见图 7-4。由于房地产具有不同于其他产品的属性，所以房地产新产品很少有试用过程。尽管一些房地产开发企业采用发放免费试住券的形式以达到吸引消费者购买新型房屋的目的，但这只是极少数企业使用的策略。

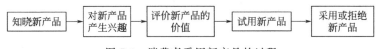

图 7-4 消费者采用新产品的过程

2. 成长期策略

经过引入期的试点，如用户对新型房地产产品反映较好，就可以初步确定为标准设计，扩大与推广这种图纸或新材料在房地产开发建设中的应用，并不断予以改进。在这一时期，房地产开发企业可大幅度提高销售价格，并开辟新市场，扩大市场渗透，加强销售前、中、后的服务。在成长期，密集的广告是扩大产品市场占有率的有效营销手段。为了与竞争对手展开竞争，抵御竞争对手对公司成功项目的模仿，房地产企业要对处于成长期的产品进行完善和改进。

3. 成熟期策略

当一种新型的房地产被正式确定为标准设计并得到广大用户认可时，大多数房地产企业都会竞相开发这种新型的房地产，建筑面积将成倍增长。因此，这一时期，为了维护市场占有率，销售价格不能定得太高。也就是说，这一阶段的策略应是保持适当而薄利的价格，并根据用户的需要对产品做适当的改良设计，同时为开发建设新型的房地产做准备。为了维持产品的竞争地位，突出房地产企业的品牌、产品质量的可靠性、优良的服务等产品的差异化属性，是关键的营销手段。

4. 衰退期策略

随着房地产业和建筑业的发展，更新型的房地产开始出现，原来的新型房地产日趋老化，开始进入衰退期，销路越来越差，最后被市场淘汰。在这一时期，销售价格应灵活机动，该降则降；销售方式应采用多种竞争手段，并加强售后服务；同时应尽快开发出更新的房地产产品来占领市场。

二、开发新产品的类型

1. 模仿型新产品

模仿市场上旺销的其他房地产企业生产的产品。开发某种模仿型新产品的房地产企业面临产品定位问题，营销者要决定在产品质量或价格上应如何定位。就新产品质量和价格而言，房地产企业有九种可选择的策略：①优质高价策略；②优质中价策略；③优质低价策略；④中质高价策略；⑤中质中价策略；⑥中质低价策略；⑦低质高价策略；⑧低质中价策略；⑨低质低价策略。如果市场领导者正采取优质高价策略，模仿者应该采取其他策略。

2. 改造型新产品

在样式、形状、色彩、材料、房型等方面进行部分改进的新产品。例外，某住宅区融住、行、休闲于一体，多层房平面设计上采取全明布局，引进了新加坡住宅的底层架空结构，每户配备了独立车位。特别是该住宅区配备设在底楼的独门独户的多功能室，其面积从5平方米至20平方米不等，方便了客户的多种使用需求。

3. 更新型新产品

在房地产产品建造过程中部分采用新工艺、新技术、新材料，使产品的使用功能有了很大改进。如"错层房型"一度在市场大受欢迎。分析其原因，一是突破传统的房型平面布局，提高了住宅的舒适性与生活情趣；二是派生出"多余空间"，有底层的车库、储藏室和顶层的阁楼、晒台，在功能与感觉上均展现出全新的特色。

4. 全新型新产品

在房地产产品建造过程中采用新观念设计，用新结构、新技术、新材料、新工艺制造的产品，如当前基于人与自然持续共生原则和资源高效利用原则而设计建造的绿色住宅。

三、住宅小区——房地产新产品开发实例

为加大改善住宅居住环境的力度，自1990年起，我国在住宅房地产开发中开始注重住宅小区环境的建设。

房地产营销并不仅仅是房屋，还包括服务和环境，特别是当今大城市的居民对居住环境的要求越来越高——重返大自然、和谐的人际交往、多种多样的社会活动，居住区环境也成了房地产的卖点，房地产营销中要及时引入环境的内容，才能使住宅房地产产品具有竞争力。

居住区环境由硬环境和软环境构成（图7-5）。

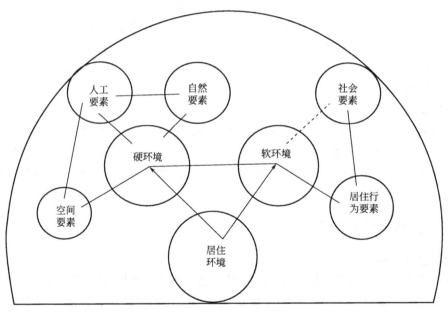

图7-5 居住区环境构成

由自然、人工、空间要素组成的硬环境，包含住宅、服务设施、绿化、道路、广场、学校、医院、商场和其他公共场所；由社会要素和人的行为要素组成的软环境，是对人们利用、发挥居住硬环境系统功能产生影响的一切非物质形态事物的总和，它包含社会组织、道德伦理、风俗习惯、社会秩序、安全、信息氛围与共享、生活情趣、生活舒适度、邻里关系、人口构成、家庭结构、出行等内容。

硬环境为人们的活动提供了发现自我、认识自我、信息共享、情感交流的空间，往往能够表达人们潜在的各种行为意识，所以硬环境是软环境的载体，软环境对硬环境的营造又有制约作用。

住宅房地产产品营销必须研究人的行为与环境的关系。人的居住行为一般可以划分为三种类型，即社会性活动、必要性活动、自发性活动，不同的活动对活动环境提出了不同的

要求。

1. 社会性活动

社会性活动是在共享空间中人们共同参与的种种活动，包括人际交往、文娱体育活动、节庆活动等。社会性活动具有利于身心健康、社会协调、组织有序的功能。社会性活动的必备环境条件是：合适的共享空间，使得人们有共同的归属感、领域感和安全感；必需的社会活动设施、设备，在其中活动的人们在交往中能互相适应、互相包容和互相交流。

2. 必要性活动

必要性活动是人们的日常生活和工作，很少受到居住环境的影响，因为这些活动都是必须进行的。但是如果人们觉得环境不好或不便，就会选择其他更加安全、舒适、方便、安静的居住环境。购买房屋的顾客中有相当多的人属于或接近此类型。

3. 自发性活动

自发性活动是人们的散步、练功、闲坐、下棋、打牌、观望等活动，是人们室内活动的扩展和延伸，对于老人和儿童是十分必需的。自发性活动往往在适宜的户外环境中形成，对环境的依赖性强。如果不具备一定面积的绿化、草坪、街心花园、室内大堂道路等，这种活动便无法开展，也就不会聚集居住区的人气，对购房者的吸引力将大大降低。

社会性活动和自发性活动一般都是即兴发生的，对硬环境的要求高，所以房地产产品不仅是室内的那一部分，还包括室外环境区域的活动功能和对文化氛围的营造。外部环境低劣、没有吸引力的住宅往往成为被冷落的对象或被人戏称为"当今的破棚简屋"，失去市场。因此房地产营销工作从住宅项目开发、设计时就开始全程导入是十分必要的。

第六节 房地产产品组合策略

一、产品组合的概念

产品组合是指一个企业生产和销售的全部产品的结构。产品组合一般由若干产品线和产品项目组成。所谓产品线是指具有相同使用功能，但型号规格不同的一组类似产品。产品项目是指在同种产品系列中，型号、规格、价格、外观等属性有别的不同产品。

产品组合涉及产品组合的广度、深度和关联性三个基本因素。产品组合的广度是指一个企业内生产经营的产品系列的数目；产品组合的深度是指各个产品系列中所包含的不同规格的产品项目数；产品组合的关联性也叫产品组合的密度，是指企业生产的各个产品系列之间在最终用途、生产条件、销售渠道等方面存在的相关程度。

房地产产品组合策略是房地产企业生产和销售的全部房地产产品的结构，是房地产企业依据市场的需求以及企业自身的资源、条件制定的产品策略。扩大产品系列的广度，开拓市场，有利于发挥房地产企业的潜力；加深产品系列的深度，则能抢占更多的房地产细分市场；加强产品系列的关联性，可以提高房地产企业的市场地位。

房地产产品组合策略选择得当，可以取得促进销售、增加利润的效果。但受市场需求波动、市场竞争条件和房地产企业自身实力三个因素的制约，房地产企业对产品系列的广度、深度和关联性策略有了不同的选择，从而产生多种房地产产品组合方式，见图7-6。

图 7-6　房地产产品组合示意图

二、产品系列延伸策略

产品系列延伸策略是指部分或者全部改变原有产品系列的市场地位。产品系列延伸策略往往有三种形态，即向下延伸、向上延伸和向上向下双向延伸。

(1) 向下延伸是将原先定位于高档市场的产品系列向中、低档市场延伸，在高档产品系列中增加低档产品项目，这三种策略有一定的风险，但运作得当就能获得更大的发展前景。例如，某住宅小区原设想建成高级住宅，经市场调查分析，开发商从面向广大国内中高层次需房户出发，在总的住宅标准不变的基础上，通过将室内装潢的设想改成毛坯房标准来降低造价成本，向中低档市场延伸，获得更多的客户。

(2) 向上延伸是原先定位于低档产品市场的企业在低档产品系列中增加高档产品项目，以此进入高档产品市场。例如，安装电梯的七层、八层住宅楼房是提升多层楼房品位的尝试，受到客户的广泛欢迎，这是因为我国正逐步进入老龄化社会，电梯房避免了老年人上下楼梯不便的烦恼。这是房地产产品向上延伸成功的一个实例。

(3) 向上向下双向延伸，即原先定位于中档产品市场的企业，向产品系列的上下两个方向延伸以扩大市场。

三、扩大产品组合策略

扩大产品组合策略就是扩大产品系列的广度，加深产品系列的深度，这种策略不受产品系列关联性的影响。

(1) 深度开发。房型组合中的成功经验之一是房型的独特设计。例如，上海 A 小区将房型设计成"可分可合"的结构：所有多层单元一梯二户，合则共享庭院空间，分则具备很强的私密性；高层房型组合灵便，合则一门进出，为大型组合，分则视面积大小，客户独用 2 房或 1 房。该小区还设计出二楼、三楼的复式结构，房型达 28 种之多，开创了诸如"自行分制""一用多能"等房型布局。

(2) 广度开发。成功的办法之一是采取产品外延的生态环境营造。大都市的人们非常重视住宅区域的生态环境，如果在房地产产品中组合进楼盘的绿化率及生态环境的内容，并在广告中作为卖点进行渲染，强调住宅区绿化率超过 50%，符合都市人"重返大自然"的心态，往往能吸引更多客户。例如，某房地产公司开发的住宅小区，每幢楼前的门厅旁都进行了绿化环境的打造，并由专业绿化公司在中心绿化区精心设计建造了开阔的草坪，四周种植高低不一的各种树木，小区种植的各种季节的花卉与"四季花城"名实相符，四季花卉形成了独特的绿化环境，使住户体验到高尚典雅的情趣。

四、缩短产品组合策略

缩短产品组合策略就是从产品组合中剔除获利少的产品系列或产品项目，集中经营获利多的产品系列和产品项目。缩短产品组合可以使房地产企业集中资源、技术于少数产品，提高产品质量，降低消耗；减少资金占用，加速资金周转；退出部分效益不高的市场，使企业目标集中，效率提高。但是此种情况下，企业要承担较大的风险。

五、产品系列现代化策略

产品系列现代化策略是把当代高新科学技术成果运用到房地产产品的生产中。如上海浦东陆家嘴的金茂大厦高达88层，曾为亚洲之最；还有配合信息时代主题的智能化办公大楼；有的住宅采用高科技技术，配备了生活用水和饮用水两套供水系统。产品系列现代化策略会遇到技术设施的改造、添置，技术人员的培训、招募等问题，是采用节省资金的逐渐现代化策略，还是采取超越竞争者的快速现代化策略，必须与整个企业的开发规模相协调。

房地产产品系列现代化策略往往也可以体现在其某个局部或细部的超前与引导。例如，建造一幢办公楼时预留电脑房的空间和网络电缆通道，以备其未来升级为智能化办公楼；建造高层住宅时考虑到家用空调的普及，建造室外机安放平台和预留管道空间，不但为客户提供了安装之便利，而且使建筑外观不被参差的空调机破坏。这些是房地产企业不必花太多的财力、人力、物力就能办到的，十分经济且受到客户欢迎的举措，能成为特殊的、时尚的卖点。

本章小结

房地产产品是一个整体产品的概念，是由有形实体和无形服务构成的，涵盖核心产品、形式产品、延伸产品三个层次。房地产产品概念设计是一个思维创意过程，是产品集中表达的特殊优势和独特思想。房地产产品概念设计要遵循一定的原则，包括运用独到的思想理念、领先引导消费者的需求、善于挖掘产品的文化科技内涵、注重建筑设计创新，并且必须营造一个实现相应主题概念的支持体系。根据项目自身的特点和目标客户群的需求特征，就住宅小区而言可从小区总体规划与设计、功能定位、建筑风格、园林景观设计、户型设计、物业管理和配套设施等多个方面对房地产产品进行规划。

复合地产作为一种全新的开发理念，是对传统房地产的一种更新，是一种功能价值的具体体现。随着市场发展和开发模式创新，复合地产的类型也日益多元化，涌现出教育房地产、旅游房地产、体育房地产等多种新型地产模式。

房地产产品生命周期是指一种新型的房地产类型，从进入市场到被市场淘汰为止的全过程，可分为引入期、成长期、成熟期和衰退期四个阶段。相应地，房地产市场营销也应采取四种不同的产品策略。房地产营销新产品策划分为模仿型新产品、改造型新产品、更新型新产品、全新型新产品四类。房地产产品组合策略主要有产品系列延伸策略、扩大产品组合策略、缩短产品组合策略、产品系列现代化策略等。

复 习 题

1. 何谓房地产产品整体概念？其构成有哪些？
2. 房地产产品概念设计的含义是什么？其意义有哪些？

3. 就住宅小区而言,产品规划主要考虑哪些方面?
4. 什么是复合地产?成功的复合地产具备哪些特征?
5. 房地产企业若想开发复合地产项目,需具备哪些基本能力?
6. 房地产产品生命周期的含义是什么?可分为哪几个阶段?
7. 开发新产品的类型主要有哪些?
8. 房地产产品组合策略主要有哪些?

思考与讨论

在本市的复合地产项目中,选择一个你认为最成功的项目,剖析其产品构成、概念设计、产品规划及组合策略等,研究其成功的经验以及值得改善的地方。

案例分析

某市房地产市场营销中的产品策略

有关调查表明,根据目前某市房地产市场情况,消费者正逐步趋于成熟,这使得房地产产品营销不能再单靠原来的一个概念、一个点子,真正需要的是产品本身。因此房地产企业在开发楼盘时就必须注重包括产品三个层次在内的所有的内容。

2015年,某市市场高层住宅异军突起,新上市住宅中高层住宅超过200万平方米,约为整个市场存量的10倍。但就某市当时而言,超过24层的高层公摊面积超过20%,购房者存在心理抵触,与公摊面积在16%左右的18层以下的板式高层相比,在短时间内可能会出现滞销。

表7-1的相关数据显示,从市场目前的销售情况以及居民承受力和舒适度考虑,市场需求主要为80~120平方米的户型。由此可看出,现代社会家庭结构日趋简单,三口之家、两代同居是家庭组成中占比例最高的,因此四室住宅超出一般购房者的经济承受力,一室户型较适合单身购房者和新婚家庭,所以中小户型住宅仍是某市房地产市场中的主流。

表 7-1 购房者对房型的需求状况分布

项目	一室一厅	两室一厅	三室一厅	三室或四室两厅
建筑面积/m^2	80以下	80~100	100~120	120以上
需求比例/%	10	50	30	10
销售面积/$10^4 m^2$	10.2	36.6	37.3	112.1
销售比例/%	5.2	18.7	19	57.1

现代社会崇尚个性发展,特别是新时代成长起来的年轻一代,把个性能否得以发挥和张扬作为衡量和选择商品的一个重要标准。一百个家庭就可能有一百个选房原则。开发商只有采取人无我有、人有我优、人优我奇的个性设计,才能赢得尽可能多的消费者。当时市场各楼盘的趋同性明显,其他楼盘的面积范围大都在80~150平方米,100~120平方米的户型最为密集。可见,市场对此面积范围的设计标准比较认可,是需求的主流方向。各个项目虽然对更大或更小的户型也都有所延伸,但小户型的商品房还是需求量大,但较为缺乏。

综观某市房地产市场,开发商在寻求营销突破上,可根据整体产品概念的内容,从研究市场需求、强化使用功能、追求个性特色、营造人性空间等方面入手,完善其产品的三个层次，在小区布局及建筑外形、色彩、楼层、内部结构等方面力求打破雷同，满足居住者对个性的追求，成为吸引顾客的市场亮点。具体分析，应做到以下几点：

（1）开发商应根据购房者的需要，使其房地产产品突出人本观念，最大限度地创造出人与自然沟通的绿色空间，可构造特别的、半封闭的交流空间，以满足居民对"归属感"的本能需求。

（2）小区开发应重视环境营造，以环境保护为营销观念，改变过去寸土寸金、见缝插针的开发模式，充分考虑小区的住宅空间、阳光照射、绿化间隔等，为消费者营造人与自然和谐共生的理想家园，注重绿地、广场、林荫、道路、建筑小品等外部空间的营造，从而满足人们所重视的需求和追求，获得顾客的认可，最终获得较好的投资回报。

（3）在基本居住方面还应充分考虑以下问题：①某市冬季严寒，日照持续期长，且海洋气候特征明显，建筑应注重防寒、防风侵袭功能的特征。②房屋设计宜采取一梯两户式，使每户均有全部进深，这样设计可保证房屋具有良好的通风效果。③户型设计应讲究方正实用，减少空间浪费，户型尽量留有自行组合空间的余地。④注重户型的良好朝向、景观、通风、采光，实现紧凑的平面布局，房间大小要适度，动静分区及污洁分区合理，空间比例适中。⑤楼层的设计上既可紧跟开发高层住宅的趋势，也要顾及消费者对建筑面积的关注程度。

思考：调查本地区的一个著名楼盘，描述其产品特色，分析其产品开发决策过程。

第八章　房地产营销价格策划

房地产企业和其他企业一样面临着价格决策问题，它是构成企业市场营销组合的重要因素，企业的营销战略和战术需要通过价格策略实现具体化。房地产企业的产品或服务的价格制定既要以经济学的价格理论为基础，又要考虑市场供求关系、产品价格的形成及其变化规律，还要结合房地产企业自身情况以及各方面影响因素的制约，才能制定出适当的营销价格。房地产企业市场营销活动开展得如何需要价格策略的配合和体现，价格是决定房地产企业营销活动成败的重要因素之一。

第一节　房地产价格概述

在竞争激烈的市场环境下，房地产价格涉及的因素相当复杂，如何制定消费者可接受的价格，同时达到企业的利润目标，并不是一件简单的事情。

一、房地产价格及其主要影响因素

为了更好地掌握房地产价格基本理论，需要了解房地产价格的概念、构成及主要影响因素。

（一）房地产价格的概念

从营销学角度看，房地产价格是消费者对于房地产商品价值判断的货币表现。消费者对于房地产商品的价值判断，主要是根据房地产商品所具有的实用价值、贵重价值和稀少价值进行的。房地产商品的实用价值，取决于房地产商品在使用过程中由其实体及相关服务为消费者所提供的效用；房地产商品的贵重价值，是指房地产商品所具有的，促使消费者想拥有的特性、特征或魅力的价值；此外，由于土地资源的不可再生性和房地产商品的不可移动性，特定房地产商品的数量极其有限，因此消费者即使想购买也很难得到，此时房地产商品就具有一种与古董、名家字画一样的稀少价值。

（二）房地产价格的构成

一般来说，在房地产市场机制健全、运转正常的情况下，房屋作为一种商品，其销售价格用公式表示为：房地产价格＝成本＋利润。具体而言，其基本构成要素包括以下几个部分：①地价（包括土地出让金和土地征用费）；②前期工程费；③建筑安装费；④市政基础设施配套费；⑤管理费；⑥财务费用；⑦销售费用；⑧税金；⑨利润；⑩其他。房地产价格一般以单位价格表示，即把价格构成要素费用总额除以总建筑面积。在房价的基本构成要素中，地价是最主要的部分。

（三）房地产价格的主要影响因素

房地产价格是众多影响因素相互作用的结果。各种影响因素对房地产价格的影响方向不尽相同，影响程度也不尽相同。影响房地产价格的因素多而复杂，通常分为内在因素、外在因素及其他因素等。

1. 影响房地产价格变动的内在因素

影响房地产价格的内在因素主要包括区位、土地、建筑物外观及结构、稀缺性和效用等。

（1）区位。房屋坐落的区位不同，价格有较大的差异。房屋建筑所处的地域位置包括两方面：一是在不同的城镇，二是在同一城镇内租用等级不同的建设用地。同类的房屋建筑处在不同的城镇或地域，由于经济发展水平、交通运输条件、人们思想观念以及消费水平等存在差异，会对房产价格造成影响。在同一城镇内，房屋所处的建设用地区位的好坏差别也造成其价格的不同。

（2）土地。从土地来看，影响房地产商品价格的因素主要有：位置、面积、地势、地质与地基；各块土地的形状、宽度；日照、通风、干湿程度；与其他相邻街道的关系，与公共设施、商业服务设施的接近程度；对土地利用的管制情况；等等。

（3）建筑物外观及结构。建筑物外观包括建筑式样、风格和颜色。凡建筑物外观新颖、吸引人，其价格就高；反之，则价格就低。建筑物结构类型较为复杂，可划分为砖木结构、砖混结构、钢筋混凝土结构、装配式大板结构、框架结构等等。不同结构采用不同的施工工艺，而且其施工设备配置状况和施工质量等条件也不同，致使同样建筑面积的房屋在工程造价的构成方面有很大的差异，从而造成房屋价格上的差异。

（4）稀缺性和效用。如果一处房地产在任何情况下都不缺乏，那么它就不具备市场价值。如果房屋建造者要建一幢木结构房屋，而且形式稀缺、外观奇特、材料新颖，那么要建这类房屋的地域价值可能就会由于需求状况而提高，因为需求者数量大大超过稀少的供应者。同样，房屋的功能性强、效用高，其价格就贵。例如，一幢新建的写字楼拥有一面外部承重墙而内部没有支撑柱，则它会给未来的承租商提供较多的用途，从这个意义上讲，这类新式写字楼要比用承重墙隔离出许多办公室的旧写字楼拥有更多的使用功能，因此新写字楼具有更多效用，从而使它的价值增加。

2. 影响房地产价格变动的外在因素

影响房地产价格的外在因素主要包括供求情况、经济因素、社会因素。

（1）供求情况。供给和需求是形成价格的两个最终因素。其他一切因素，要么通过影响供给，要么通过影响需求来影响价格。房地产价格也是由供给与需求决定的：供给一定，需求增加，则价格上升，需求减少，则价格下降；需求一定，供给增加，则价格下跌，供给减少，则价格上升。政府可以制定房地产最高限价和标准价格，作为房地产交易时的参考，以利于我国房改制度的推广。

（2）经济因素。影响房地产价格的经济因素主要有经济增长率、物价、利率、储蓄、消费等。如：经济增长迅速，国民收入水平提高，购买力增强，有效需求增加，会促使房地产价格上涨；反之则降低买方势头，使房价下跌。物价上涨，投资者预期上涨的心理反映在房地产方面，造成价格的上涨。银行利率对房地产市场买方势头具有调节作用：利率提高，不利于投资人，会降低买方势头，造成房价下跌；一旦利率降低，存款和贷款的报酬率降低，便会刺激各种投资与需求，从而造成房地产价格上涨。

（3）社会因素。人口状态是重要的社会因素，如：人口增长率高或人口集中地区对房地产需求量大，房价因市场需求大于供给而自然提高；社会福利政策的推行，使中低收入者有望享有高额、低息贷款的住宅，能缓解购房的需求，使房地产结构趋于平缓；社会文明与文化程度、人民的教育及生活水平,都会引起房地产价格变化。人类社会随着文明的发达、文化的进步,必然要求居住环境的改善,从而使房地产价格水平趋高;反之,房地产价格必然低落。

3. 影响房地产价格变动的其他因素

影响房地产价格变动的其他因素包括行政因素、心理因素及国际因素。

(1) 行政因素。行政因素主要是指国家对土地的价格干预和对房地产市场的管理。国家的宏观调控及干预是指通过制定一系列法律、法规、政策、行政措施等来影响房地产价格。例如中央颁布的一些特殊政策,如特区政策和沿海城市的开放政策,使各特区和开放城市的投资环境大为改善,从而吸引了大量的国内外投资,致使土地的需求扩大,土地价格上涨,房地产价格也大幅度上涨。

(2) 心理因素。心理因素对房地产价格的影响有时是不可忽视的。影响房地产价格的心理因素主要有购买或出售心态、个人兴趣(偏好)、时尚风气、接近名家住宅的心理等。

(3) 国际因素。国际经济、军事、政治等环境对房地产价格也有很大的影响。通常,在没有军事冲突的和平地区,房地产价格是上涨的;如果出现战争,人们为了安全都逃离家乡,当地房地产价格自然下降。特别是国际政治环境,会极大地影响房地产的价格。例如,我国在1997年对香港恢复行使主权,然而当初在谈判的过程中,香港的房地产业波动很大,在草签联合声明前的1983年至1984年,香港地价明显下降,而联合声明发表后地价马上恢复稳定并上升。

二、房地产定价目标

定价目标是指企业制定一定水平的价格所要达到的预期目的。定价目标是整个价格策划的灵魂。一方面,它要服务于房地产项目的营销目标和企业的经营战略;另一方面,它还是定价的方法和定价策略的依据。房地产企业根据市场环境和企业内部条件的不同,可以有多种定价目标。

(一) 以利润为中心的定价目标

利润目标是企业定价目标的重要组成部分,获取利润是企业生存和发展的必要条件,是企业经营的直接动力和最终目的。因此,以利润为中心的定价目标被大多数企业所采用。由于企业的经营哲学及营销目标的不同,这一目标在实践中又有下面两种形式:

1. 最大利润目标

最大利润目标即房地产企业以获取最大限度的利润为定价目标。利润最大化取决于合理价格所推动的销售规模,而利润最大化的定价目标并不单纯意味着企业要制定最高单价。为了追求利润最大化,需要提高房地产的单价,但是当单价过高时,又使得项目的销售量下滑,进而可能因为销售量的下降造成项目总利润的减少。另外,提高了房地产价格水平后,为了提高销售量,需要投入更大的广告和营销费用,引起销售成本的大幅度增加。成本的加大,也有可能减少总利润。因此,在最大利润目标下,营销者确定房地产价格需要考虑价格与销售量、价格与成本之间的关系。

最大利润目标的实现并不意味着企业要将房价定得最高,也不是使房地产开发项目的开发规模最大化,而应该是形成一个合适的价格和规模。其中最为合理的价格和规模就是开发项目的边际收益等于边际成本时的价格与规模。

2. 预期投资收益率目标

投资收益率是反映房地产企业投资效益的指标。所谓预期收益率就是房地产企业通过房地产投资所要达到的最低收益率,是一个预期指标,项目完成后的实际收益率可能高于、等于或低于预期收益率。预期收益率通常包括安全收益率、通货膨胀率和风险报酬率,用于对通货膨胀和风险进行补偿。预期投资收益率目标一般用于房地产长期投资项目。

(二) 提高市场占有率的目标

市场占有率是指在一定时期内的某类产品市场上,房地产企业产品的销售量占同一类产品销售总量的比例,或销售收入占同一类产品销售收入的比例。市场占有率是房地产企业经营状况和产品竞争力状况的综合反映,关系到房地产企业在市场中的地位和兴衰。研究表明,市场占有率与平均收益率呈正相关关系,即企业在较小的市场上占较大的市场份额,比在较大的市场上占据较小的市场份额,获得的收益更大。为了提高企业的市场占有率,刚刚进入新市场的企业采用渗透定价法,以低廉的价格、优质的产品或服务,吸引消费者选择自己的产品,或采用快速渗透定价法,即加大广告宣传费用投入,以低廉的价格进入市场;市场中原有的企业在推出新的项目后快速降价,利用先进入者的优势,排挤新进入的企业。以上这些例子都是选择了市场占有率定价目标。

(三) 稳定价格目标

稳定价格目标,也称为企业声誉目标,是指房地产企业为维护企业形象,采取稳定价格的做法。良好的企业形象是企业的无形资产,是企业成功运用市场营销组合取得消费者信赖的一种长期积累的结果。为了维护企业形象或为了阻止带有风险的价格竞争,企业经常采用稳定价格的定价目标。稳定价格缺乏灵活性,但是,一般来说,那些具有一定知名度的品牌企业或品牌项目是可以选择这种目标的,因为这些企业为了维护品牌和服务形象,通常会制定一个相对较高的价格。

(四) 过渡定价目标

当房地产企业受到建材价格上涨、同行业竞争激烈等方面的猛烈冲击时,商品房无法按正常价格出售。为避免倒闭,企业往往推行大幅度折扣,以保本价格甚至亏本价格出售商品房,以求收回资金、维持营业。值得注意的是,这种定价目标只能作为特定时期内的过渡性目标。

(五) 竞争定价目标

价格竞争是市场竞争中的重要方面,处于激烈市场竞争环境中的房地产开发企业,可以寻求直接应对竞争者的价格,并经常采用价格变化作为竞争手段。

二、房地产定价原则

房地产的定价原则包括以下三个。

(一) 定价范围浮动的原则

合理的市场价格不是一个价格点,而是一个范围。开发商给销售人员的价格表要有一定的浮动范围。定价不能太低,不然会亏本;定价不能太高,不然卖不出去。一般来说,价格的高低就像量变到质变一样,在一个范围内呈现比例关系,过低会出现抢购,过高则会卖不出去。

(二) 反映市场供求的原则

价格制定者应掌握和运用市场比较定价法,广泛选择竞争项目或可比项目,通过比较这些项目与本项目之间的差异，了解竞争项目或可比项目的销售价格、销售时间和销售量，结合本项目的定价目标，确定本项目的价格范围。确定的价格既要能够反映本项目的品质，又要能够保证项目在预期的时间内销售出去，反映市场供求原则。

（三）体现物业价值的原则

房地产价格的确定，要能够体现物业的真正价值。影响物业价值的因素主要有物业所处的位置、物业的竞争性、物业的品质、基础配套设施完备程度、公共配套设施完备程度等。一般来说物业所处的位置主要看物业的环境，不同类型的物业对环境要求的重点存在差别。住宅物业关注的重点在于城市交通、景观、公共配套设施和基础配套设施；工业物业的关注重点在于对外交通和水、电、气等基础配套设施；商业物业的关注重点在于商业聚集程度、人流及其可驻性等。

四、房地产定价程序

房地产定价程序具体包括收集信息、估计成本和需求、分析竞争对手、选择目标与方法、决定均价、决定单体时点均价、决定楼层垂直价差、决定水平价差、调整价格偏差、确定付款方式。

（一）收集信息

主要搜集开发楼盘的所在城市、区域，尤其是楼盘附近同档次楼盘资料。其中包括楼盘位置区域与个别因素、房屋均价、单元价等内容。同时，在企业内部整理楼盘开发过程中的各种费用数据。

（二）估计成本和需求

在进行价格定位之前必须掌握楼盘的成本结构，准确估计楼盘的各项建造成本、销售费用、管理费用以及筹资费用。就房地产市场而言，期房的定价比现楼定价更为复杂。因为相对于现楼而言，期房在定价之时有许多成本核算及费用尚未发生，必须依赖预测和判断。

估计产品的需求是通过估计消费者在不同价格水平下对产品可能产生的需求变动，大致确定楼盘的价格水平，以确保楼盘得到最大限度的利润。

（三）分析竞争对手

这一步骤的作用在于分析自己和竞争者之间的产品差异程度，了解不同产品的不同特征对价格的影响，并进行初步的量化分析，找出本楼盘在产品性质、特征上的优势，根据竞争者的价格确定适合自己的价格水平。这一步骤对房地产商选择竞争者导向的定价方法极为重要。

（四）选择目标与方法

在进行产品定价之前，必须对楼盘的营销目标进行深入研究，考虑竞争环境，权衡房地产营销中的各种关系，依据楼盘的定位、开发商自身经济实力，确定合理的定价目标。如定位于高档豪华商品房，则可选择最大利润定价目标；如中小规模开发商可采取避免竞争的目标，然后根据定价目标确定应采用的基本方法。

（五）决定均价

任何一个楼盘首先须决定其整体价格水准，即俗称的"均价"。虽然开发商在开发土地时，通常会预估一个均价水准，但在真正公开销售之前，由于市场竞争时机差异、产品规划及开盘目标等因素的影响，常常有必要再次确定均价水准以作为细部价格制定的依据。分析均价对全楼盘销售金额及利润的影响，也是开发商和代理公司最"计较"的一环。习惯上说，一个均价代表了市场对素质的综合评价；在本质上，均价表现为开发商对项目总体销售额的预期。但整体均价无法说明某一幢楼、某一个单位的档次。

需特别提醒的是，在决定均价时，不要落入"平均"两字的陷阱中，须先区分楼盘中差异性明显的产品，例如首层与楼上各楼层、商场与住宅、大厦与别墅，或钢骨结构建筑及非钢骨结构建筑等，应就各差异部分的产品分别决定均价，以充分掌握产品差异的程度。

（六）决定单体时点均价

均价制定后，若为大规模楼盘，预计分期销售，则可就各期制定均价，称为时点均价；若个案规划为数栋建筑，则可评价各栋差异因素及差异程度，例如栋距、楼层数、景观等，从而决定各栋的均价，称为单体均价。除了评估差异条件之外，还须检视各期或各栋的可销售面积，各期或各栋均价乘以各自可销售面积的总和，应等于楼盘均价乘以全部可销售面积的总和。

（七）决定楼层垂直价差

垂直价差，顾名思义主要是指楼层高度不同所产生的价格上的差异。一般在制定垂直价差时，常会先决定一个基准楼层，使基准楼层的单价等于该栋建筑的均价，然后再评估其他楼层与该基准楼层之间价格差异的程度，从而制定各楼层的相对价格，并使各楼层相对价格的总和等于零。

例如，一栋规划为5层的公寓建筑，除1楼因临路且有庭园而单独定价之外，假设2楼至顶楼的均价为5000元/m²，并以3楼为主价楼层，经评估楼层差异，可决定相对价格。例如2楼相对于3楼每平方米减价100元，5楼相对于3楼每平方米减价150元，则4楼相对于3楼需每平方米加价250元，使2～5楼垂直价差之总和为零。通常楼层愈多，最高价和最低价楼层的价格差距愈大。

（八）决定水平价差

决定了垂直价差之后，接下来要着手制定水平价差。水平价差是指同一楼层各户之间的价格差异。通常依据各楼层的平均垂直价格，评估同一楼层之间朝向、采光、私密性格局等因素的优劣程度，定出同层平面中各户的单价。但同一楼层各户单价的平均值与原定均价相符。若是直筒式建筑，由于每层的平面规划均相同，因此仅制定一个水平价差，即可适用于各层；若是平面格局复杂，例如高度退缩式建筑，或每层的户数不相同，则就每种不同的平面格局制定水平价差。

（九）调整价格偏差

经过上面所述的各个步骤，已可逐步制定出各户型的均价，但还需检验整体的均价是否与原先预定的相符。这时，可将各户的面积乘以各户的单价，得出楼盘全部的可销售金额，将此可销售金额除以全部可销售面积，即得出所制定的均价。由于各户的面积大小不一，因此所得出的均价可能不等于原先所预定的均价，此时可将差异金额按比例调整至相同。

例如，按定价步骤得出的均价为5220元/m²，原先预定的均价为5200元/m²，为达到后者的水准，可将全部户型的单价均乘以1.004（即5220元/5200元＝1.004）。这样处理后，一来，使可销售总额维持原来预定的水准；二来，由于是等比例调整，仍可维持定价过程中垂直和水平的相对差价。

（十）确定付款方式

包括一次性付款、建筑分期付款、银行按揭等。

1. 一次性付款

一次性付款是指购房者确定签约后,立刻将所有的购房款项一次性付给开发商。一般而言,一次性付款都是有折扣的,这主要取决于该楼盘距离交房期时间的长短。

2. 建筑分期付款

建筑分期付款是指整个购房款被分成若干比例,购房者依楼宇的施工进度逐一支付的付款方式。这种付款方式避免了购房者对开发商缺乏约束的缺点,使其通过付款来监督工程的进度,是相对稳重和公平的一种付款办法。时间付款是分期付款的一种,是指购房者决定签约后,按时间逐一交纳房款。这种付款方式类似于建筑分期付款,但它的付款进度未与工程进度进行实际上的挂钩,而是简单地与时间挂钩。

3. 银行按揭(贷款)

银行贷款是指购房者在购房时,向银行提出担保的抵押文件,经银行审核通过后,取得房屋总价的部分贷款,依抵押约定,按期按时向银行偿还贷款本息,并将该房产作为偿还贷款的担保。通常,房屋贷款分为公积金贷款和商业贷款,二者同时使用时通常被称为组合贷款。

第二节 房地产基本定价方法

定价方法,是企业在特定的定价目标指导下,依据对成本、需求、竞争及未来收益等状况的研究,运用价格决策理论,对产品价格进行计算的具体方法。定价方法主要有成本导向定价、需求导向定价、竞争导向定价、未来收益定价法及市场比较法等几种类型。市场比较法将在第三节介绍,本节介绍其他定价方法。

一、成本导向定价

成本导向定价以成本为中心,是一种按卖方意图定价的方法。其基本思路是在定价时,首先考虑收回企业在生产经营中投入的全部成本,然后加上一定的利润。成本导向定价主要有成本加成定价法、目标收益定价法等。

(一)成本加成定价法

这是一种最简单的定价方法,即在单位产品成本的基础上,加上一定比例的预期利润作为产品的售价。售价与成本之间的差额即为利润。这里所指的成本包含了税金。由于利润的多少是按成本的一定比例计算的,习惯上将这种比例称为"几成",因此这种方法被称为成本加成定价法。它的计算公式为:

$$单位产品价格 = 单位产品成本 \times (1 + 加成率)$$

其中,加成率为预期利润占产品成本的百分比。

【案例 8-1】

某房地产企业开发某一楼盘,每平方米的开发成本为 2000 元,加成率为 15%,则该楼盘每平方米售价:2000×(1+15%)=2300(元)。

这种方法的优点是计算方便,因为确定成本要比确定需求容易得多,定价时着眼于成本,企业可以简化定价工作,也不必经常依据需求情况而做调整。其缺点是:灵活性差,面对纷繁复杂的市场竞争局面难以适应；从企业的角度考虑定价，本位色彩较浓，没有考虑价格与市场需求量的内在影响；按产量分摊固定成本缺乏科学依据，产量大，分摊额小，造成价格偏低，损失利润，反之则分摊额大，形成非常高的价格，加剧了销售的困难。另外，由于房地产开发工程差异较多，建设周期长，交工时间不一致，造成总成本统计的复杂性，难以达到精确。

在市场环境诸因素基本稳定的情况下，采用这种方法可保证房地产企业获得正常的利润，从而可以保障企业经营的正常进行。

（二）目标收益定价法

这种方法又称为目标利润定价法，或投资收益率定价法。它是在成本的基础上，按照目标收益率的高低计算售价的方法。其计算步骤如下。

1. 确定目标收益率

目标收益率可表现为投资收益率、成本利润率、销售利润率、资金利润率等多种不同的形式。

2. 确定目标利润

由于目标收益率表现形式的多样性，目标利润的计算也不同，其计算公式有：

$$目标利润＝总投资额×目标投资收益率$$
$$目标利润＝总成本×目标成本利润率$$
$$目标利润＝销售收入×目标销售利润率$$
$$目标利润＝资金平均占用额×目标资金利润率$$

3. 计算售价

$$售价＝（总成本＋目标利润）/预计销售量$$

【案例 8-2】

某房地产企业开发总建筑面积为 20 万平方米的小区，估计未来在市场上可实现销售 16 万平方米，其总开发成本为 4 亿元，企业的目标收益率以成本利润率计，为 15%，问该小区的售价为多少？

$$目标利润＝总成本×成本利润率＝4 亿元×15\%＝0.6（亿元）$$
$$售价＝（总成本＋目标利润）/预计销售量＝(4＋0.6)亿元/(16×10^4 m^2)＝2875(元/m^2)$$

因此，该小区的售价应为 2875 元$/m^2$。

目标收益定价法的优点是企业可以保证实现既定的利润目标。其缺点是：该方法只考虑企业的利益，没有考虑竞争和需求的实际情况，是以生产者为导向的定价方法；先确定预期销售量，再计算出产品的单价，这在理论和实际上难以得到完全的支持，因为任何产品的销售量都与价格有内在的关联，价格对产品的销售量有决定性的制约作用，而不是销售量决定价格。

目标收益定价法一般适用于在市场上具有一定影响力的企业，以及市场占有率较高或具有垄断性质的企业。

成本导向定价方法的共同点是：均以产品成本为制定价格的基础，在成本的基础上加上一定的利润来定价。不同点是：它们对利润的确定方法略有差异。虽然较容易计算，但它们存在共同的缺点，即没有考虑市场需求和市场竞争情况。

二、需求导向定价

所谓需求导向定价是指以需求为中心,依据买方对产品价值的理解和需求强度来定价,而非依据卖方的成本定价,其主要方法有理解价值定价法和区分需求定价法。

(一) 理解价值定价法

理解价值也称"感受价值"或"认识价值"。这种方法以消费者对商品价值的感受及理解程度作为定价的基本依据。该方法认为,买方的价值判断与卖方的成本费用相比较,前者更为重要。消费者对商品价值的不同理解,会形成不同的价格限度,这个限度就是顾客宁愿支付货币也不愿放弃这一购买机会的价格。如果企业定价刚好在这个幅度内,就可以顺利成交。

为此,企业应设法提高顾客愿意支付货币的限度,增强其对本企业产品的认可度,使其产生购买本企业的产品可获得更多相对利益的认识,从而主动地采取购买行为。可见,顾客对产品价值的理解成为决定产品价格的关键因素。为实现这个目标,企业不妨影响买方、吸引买方,使用各种营销组合策略,在产品的市场细分、定位、品质和形象等多方面努力,塑造本企业产品的差异性,巩固自身营销的相对优势。在此基础上,企业可根据顾客对产品价格的预期,制定一个可销价格,估算此价格水平下的可能销售量,并推算出产量、成本和利润等相关指标,最后通过调整得出实际的销售价格。其主要步骤是:确定顾客的认识价值;根据确定的认识价值,决定商品的初始价格;预测商品的销售量;预测目标成本;决策。

(二) 区分需求定价法

区分需求定价法又称差别定价法,是指某一产品可根据不同需求强度、不同购买力、不同购买地点和不同购买时间等因素,采取不同的售价。例如,消费者在商店的小卖部喝一杯咖啡吃一块点心要付10元,在一个小餐厅则要付12元,而在大旅馆的咖啡厅就要付14元,如果要送到旅馆的房间内食用则要付20元。价格一级比一级高并非是由产品的成本决定的,而是附加的服务和环境气氛为产品增添了价值。同样,对于房地产来说,同一种标准、同一种规格、同一种外部环境的商品房,其销售价格可以根据楼层数的相应变化而做出相应变化。区分需求定价法的主要形式有以消费群体的差异为基础的差别定价,以数量差异为基础的差别定价,以产品外观、式样、花色等差异为基础的差别定价,以地域差异或时间差异为基础的差别定价等。

三、竞争导向定价

在竞争十分激烈的市场上,企业通过研究竞争对手的开发条件、服务状况、价格水平等因素,依据自身的竞争实力,参考成本和供求状况来确定商品价格,这种定价方法就是通常所说的竞争导向定价法。房地产市场由于其异质性,与其他行业相比,房地产商有较大的自由度决定其价格,房地产商品的差异化也使得购买者对价格差异不是十分敏感。但时至今日,我国的房地产市场早已由卖方市场转变为买方市场,市场竞争十分激烈。在激烈的竞争中,公司总要确定自己在行业中的适当位置。相应地,公司在定价方面也要尽量与其整体市场营销策略相适应。

(一) 领导定价法——市场领导者策略

处于市场领导者地位的房地产商可以采用领导定价法的策略。一般地,由于该公司在房地产业或同类物业开发中的龙头老大地位，其实力雄厚，声望极佳，故其可以制定在该类物业中较高的价位。例如，一些声望好、实力雄厚的外商独资、合资的房地产公司往往采用此策略，主要开发豪华公寓、花园别墅、高档写字楼等高档物业市场，赚取较高的利润。

【案例 8-3】

广州的锦城花园是由中海、新鸿基、越秀等三家房地产巨头联手开发的物业。开发商的品牌效应，加上楼盘优异的综合素质，使锦城花园取得了近乎100%的销售业绩，同时由于其高售价被称为"广州楼王"。作为指标性物业，锦城花园的价格在某种意义上成为广州楼市的晴雨表，连周边一些素质普通的楼盘也以锦城花园的定价为参照。

（二）挑战定价法——市场挑战者策略

与领导定价法不同，挑战定价法的定价比市场领导者的定价稍低或低得较多，但其所开发的物业在质量上与市场领导者的相近。如果公司具有向市场领导者挑战的实力，或者是其成本较低，或者是其资金雄厚，则房地产商可以采用挑战定价法，虽然利润较低，但可以扩大市场份额，提高声望，以争取成为市场领导者。

【案例 8-4】

顺德碧桂园登陆广州，首期开发面积即达40多万平方米，4000多套住宅以相对较低的市场价格同时上市，声势极为浩大，一时间广州无人不谈碧桂园。短短一个月内，碧桂园内部认证即接近2000套。这时，同一区域明星楼盘祈福新村迅速跟进。而市场目标定位同是广州白领阶层的丽江花园，也一改往日温文尔雅的含蓄作风，推出一批特价楼盘。一时间，该区域楼市被炒得异常火爆。

（三）随行就市定价法——市场追随者策略

所谓随行就市定价法，是指房地产商按照行业中同类物业的平均现行价格水平来定价。市场追随者在以下情况下往往采用这种定价方法：

（1）难以估算成本；

（2）公司打算与同行和平共处；

（3）如果另行定价，则很难了解购买者和竞争者对本公司价格的反应。

采用随行就市定价法，公司在很大程度上就是以竞争对手的价格为定价基础的，而不太注重自己产品的成本或需求。公司的定价与主要竞争者的价格一样，也可以稍高或稍低于竞争对手的价格，主要是中价策略。随行就市定价法非常普遍，人们认为市价反映了该行业的集体智慧，该价格既带来合理的利润，又不会破坏行业的协调性。

四、未来收益定价法

（一）收益法概述

收益法是预计估价对象未来的正常净收益，选择适当的报酬率或资本化率、收益乘数，将其折现到估价时点后累加，以此估算估价对象的客观合理价格或价值的方法。收益法是以预期原理为基础的，预期原理表明，决定房地产当前价值的，重要的不是过去的因素而是未来的因素。具体地说，房地产当前的价值，通常不是基于其历史价格、开发建设它所花费的成本或者过去的市场状况，而是基于市场参与者对其未来所能带来的收益或者能够满足的需求的预期。从理论上讲，一宗房地产过去的收益虽然与其当期的价值无关，但其过去的收益往往是未来收益的一个很好的参考值,除非外部条件发生异常变化,使得过去的趋势不能继续发展下去。

收益法适用的对象是有收益或有潜在收益的房地产,如带有投资性的公寓、写字楼、旅馆、商店、餐馆、游乐场、影剧院、停车场、加油站、标准厂房(用于出租的)、仓库(用于出租的)等。它不要求估价对象本身现在有收益,只要估价对象所属的这类房地产有获取收益的能力即可。

(二)收益法的运用

假设商业地产每年的纯收益不变,收益年限有限,其具体计算公式如下:

$$售价 = \frac{a}{r}\left[1 - \frac{1}{(1+r)^n}\right]$$

a = 毛租金收入 + 押金与保证金利息收入 - 管理费 - 维修费 - 折旧费 - 税金 - 保险费

式中 a——商业地产年净收益;

r——报酬率或折现率(根据行业平均利润水平确定);

n——收益年限(为商业地产法定最高年限减去已使用年限)。

公式原型为:

$$售价 = \frac{a}{1+r} + \frac{a}{(1+r)^2} + \frac{a}{(1+r)^3} + \cdots + \frac{a}{(1+r)^n}$$

此公式的假设前提(也是应用条件,下同)是:净收益每年不变为 a;报酬率(不等于零)为 r;收益期限为有限年 n。

上述公式的假设前提是公式推导上的要求(后面的公式均如此),其中报酬率 r 在现实中是大于零的,因为报酬率也表示一种资金的时间价值或机会成本。

【案例 8-5】

某宗房地产是在政府有偿出让的土地上开发建设的,当时获得的土地使用年限为 50 年,至今已使用了 6 年;预计利用该宗房地产正常情况下每年可获得净收益 8 万元;该宗房地产的报酬率为 8.5%。试计算该宗房地产的售价。

该宗房地产的售价计算如下:

$$售价 = \frac{a}{r}\left[1 - \frac{1}{(1+r)^n}\right] = \frac{8}{8.5\%} \times \left[1 - \frac{1}{(1+8.5\%)^{50-6}}\right] = 91.52(万元)$$

第三节 市场比较定价法

市场比较定价法是一种完全经过市场验证的定价方法,是一种具体的定价法,是房地产估价中市场比较法在定价中的应用。在市场的反复验证中不断总结规律,如此制定出的房地产价格才能很好地被市场接受。

一、市场比较定价法概述

市场比较定价法是将本楼盘与周边楼盘及可比性较强的楼盘,根据比较因素及其权重进行量化的定价方法。其比较过程是定价人员站在消费者的角度进行评比打分。该方法是结合竞争导向定价法与需求导向定价法的具体定价方法，得到了广泛运用。它适用于数量较多且经常发生交易的房地产，例如住宅（包括普通住宅、高档公寓、别墅等）、写字楼、商铺、标准厂房等。

选取的发生过交易且符合一定条件的相似房地产，通常称为可比实例。选取的可比实例应符合以下基本要求：①应为可比性较强，且地段、价格、功能、用途、档次都相近的房地产；②成交日期应尽量接近；③成交价格应尽量为正常价格。为了减小误差，要求选取多个可比实例，并且从理论上讲，选取的可比实例越多越好。然而如果要求选取的可比实例过多，一是可能由于交易实例的数量有限而难以做到，二是会造成后续处理的工作量很大。不过在实操中重点市场比较楼盘应不少于6个。

二、市场比较定价法的运用

（一）选择比较楼盘

以项目为核心，半径2公里的范围是选择比较楼盘的重中之重。需要注意的是：若范围内比较楼盘数量不够，可再扩大；凡是竞争对手都应纳入视线范围；重点市场比较楼盘应不少于6个；二手楼盘也应适当考虑。楼盘的选择应考虑同质同区、同质异区、异质异区、异质同区各选取一定比例的楼盘。

（二）确定比较因素

每一楼盘比较因素的具体考虑内容及其评分只有落实到具体楼盘所在区域才能清楚描述。比较因素见表8-1（不同情况具体选择的因素侧重不同）。

表8-1 比较因素表

比较因素	考虑内容	A楼盘与本楼盘相比分值	B楼盘与本楼盘相比分值	……
位置	距离区域中心的远近；商铺为临街或背街；写字楼为临街或背街；住宅为距离所在区域市中心的远近			
配套	城镇基础设施：供水排水、供气、供电 社会服务设施：文化教育、医疗卫生、文娱体育、邮电、公园绿地			
交通	大中小公交车路线数量；距公交车站或地铁站远近；站点数量			
城市规划	规划期限（远中近期）；规划完善程度；所在区域重要性程度；规划现状			
环保	空气、噪声、废物、废水污染情况			
价格	百元以上为评分等级划分基础；商铺、写字楼、豪宅、普通住宅等级依次减少；价格是否有优势			
物业管理	保安；清洁卫生；机电；绿化率及养护状况；物业管理费（元/月）；是否人车分流；物业管理商资质			
建筑质量	是否漏水；门窗封闭情况；内墙；地板；排水管道情况			
楼盘规模	总建筑面积（在建及未建）；总占地面积；户数			
朝向	按方向；按山景；按海景；按视野			

续表

比较因素	考虑内容	A楼盘与本楼盘相比分值	B楼盘与本楼盘相比分值	……
外观	是否醒目;是否新颖;是否高档;感官舒适程度			
室内装修	高档;实用;功能是否完善;质量是否可靠			
开发商实力及信誉	资产及资质;开发楼盘多少;楼盘质量;品牌			
付款方式	一次性付款;分期付款;按揭付款;其他			
户型设计	客厅和卧室的结构关系;厨房和厕所的结构关系;是否有暗房;实用率大小			
销售情况	销售进度;销售率;尾盘现状			
广告	版面大小;广告频率;广告创意			
停车位	停车位数量;住户方便程度			

(三) 比较因素权重的确定及打分

权重是比较因素对楼盘等级高低影响程度的体现。由于影响楼盘的因素很多,不可能都被选择作为比较因素,只有在进行了重要性排序和差异性选择后确定的因素,才能作为楼盘的比较因素。不同地区、不同楼盘在确定各比较因素的重要性上均不同。因而,在制定比较因素表时,还要贯彻主导因素与综合分析相结合的原则,赋予每个具体的比较因素不同的权重,但权重之和为100%。权重越大,重要性及影响力就越大,反之亦然。不同地区、不同楼盘在确定各比较因素权重上均不同,可视具体情况而定。

如某地区楼盘用表8-1中所列的18个因素,按重要性及影响力的高低,确定每一因素的权重,具体见表8-2。

表8-2 可比楼盘综合因素量化统计表

比较因素	权重 $W/\%$	序号	A楼盘与本楼盘相比得分 F_1	B楼盘与本楼盘相比得分 F_2	……	说明
位置	10	1				
配套	8	2				
交通	8	3				
城市规划	4	4				
环保	4	5				
价格	9	6				
物业管理	8	7				
建筑质量	10	8				
楼盘规模	4	9				
朝向	5	10				
外观	2	11				
室内装修	6	12				
开发商实力及信誉	4	13				

续表

比较因素	权重 $W/\%$	序号	A 楼盘与本楼盘相比得分 F_1	B 楼盘与本楼盘相比得分 F_2	……	说明
付款方式	2	14				
户型设计	8	15				
销售情况	4	16				
广告	2	17				
停车位	2	18				

确定各比较因素之后，对每个重点市场的比较进行调整。最好是有经验的专业人士 5 人左右一起打分，再综合，绝不能一个人决定；讨论时，市场比较的资料要确定，不确定的马上补充，不能应付；小组打分由专人记录，鼓励大家谈经验，需要一个市场感觉好的人进行归纳。

（四）楼盘比较后综合分值与确定价格

1. 楼盘比较后综合分值

$$P = \sum(W_i \times F_i) = W_1 \times F_1 + W_2 \times F_2 + W_3 \times F_3 + \cdots + W_n \times F_n$$

式中　P——总分（诸因素在区域内众楼盘优势上的综合反映）；

　　　n——楼盘比较因素的总数；

　　　W_i——权重（某比较因素对楼盘优劣的影响程度）；

　　　F_i——分值（某楼盘与本楼盘经多人同时比较打分后的平均分）。

2. 确定价格

对每个可比实例的房地产价格依上式修正后，都可以求出一个房地产的价格，最后再用求简单平均数、加权平均数或中位数等方法，计算最后的房地产价格。

【案例 8-6】

某宗房地产经过筛选，选取 9 个交易实例，根据实例修正得出房地产的价格分别为 100 万元、105 万元、110 万元、115 万元、120 万元、125 万元、130 万元、135 万元和 140 万元，则最后确定价格的方法主要有：

1. 简单算术平均法

$$P = (100 + 105 + 110 + 115 + 120 + 125 + 130 + 135 + 140)/9 = 120(万元)$$

2. 加权算术平均法

赋予上述 9 个价格不同的权重，分别为 0.1、0.1、0.1、0.1、0.1、0.2、0.1、0.1、0.1（通常交易实例与待定价房地产越接近，权重就越大，反之则越小）。

$$\begin{aligned}P =\ & 100 \times 0.1 + 105 \times 0.1 + 110 \times 0.1 + 115 \times 0.1 + 120 \times 0.1 + 125 \times 0.2 + \\ & 130 \times 0.1 + 135 \times 0.1 + 140 \times 0.1 \\ =\ & 120.5(万元)\end{aligned}$$

3. 中位数法

在修正得出的 9 个结果中取中间的一个数，即 120 万元。

（五）某项目均价制定实例

见本章最后案例分析。

第四节　房地产定价主要策略

房地产定价策略，是指企业为了在目标市场上实现自己的定价目标，所制定的定价指导思想和定价原则。定价策略应根据房地产产品本身的情况、市场情况、成本状况、消费者构成及消费心理等多方面因素来制定。不同房地产在不同时间、不同地点可采用不同的定价策略。

一、总体定价策略

从房地产企业定价主要目的来看，房地产企业总体的定价策略一般可分为低价策略、高价策略、中价策略三种。每种定价策略各有不同的定价依据。

（一）低价策略

采用低价策略的企业一般以提高市场占有率为其主要目标，而营销利润往往为次要目标。其定价依据主要是：①扩大市场容量，转换有效需求，让无法支付高价的新消费者成为实际购买者；②企业的产品多为较低档次的商品房，其价格弹性较大，低价会促进销售，从而提高利润总额；③企业的开发成本较低，期望的利润值也低；④市场上同类楼盘相对过剩，市场竞争激烈；⑤作为先发制人的竞争策略，有助于企业夺取市场占有率；⑥与竞争者保持均势；⑦低价可阻止实力不足的竞争者进入市场，使企业可在竞争压力最小的情况下获得大量顾客。

（二）高价策略

企业采用高价策略的主要目的是在短时间内赚取暴利，而市场营销量与市场占有率可能无法相对提高。该策略定价的主要依据是：①企业开发的楼盘档次较高，价格弹性较小，高价造成的需求量或销售量减少幅度很小；②该类楼盘的消费对象档次较高，对价格的关注较少；③企业对利润的期望值较高；④同类型的楼盘竞争相对较少；⑤在一定时期内，这一类型的楼盘供应缺乏，企业希望通过高价策略获得较多的利润；⑥企业希望通过高价树立品牌形象；⑦楼盘的特色、功能、服务及区位是独一无二的。

（三）中价策略

这种策略一般适用于房地产市场状况较为稳定的区域内的楼盘销售，房地产企业希望在现有的市场状况下保持其市场占有率。其依据是：①市场消费容量较为稳定，成交量大；②楼盘投入市场后比较成熟，消费者认同程度较高；③区域或楼盘形势的发展进入了成熟阶段；④价位对于开发商和消费者都比较容易接受；⑤市场供求较为平稳；⑥市场竞争较弱；⑦企业的利润期望值一般。

二、过程定价策略

房地产产品的整体销售过程是指楼盘或小区从预售开始到售完为止的全过程。由于该过程相对比较漫长，市场营销环境又是复杂多变的，所以开发商往往需要在确定总体定价策略后，根据实际情况不断调整价格策略和手段，争取每一个策略运用都能收到良好的经济效果。房地产产品的整体销售过程定价策略一般有以下几种。

（一）低开高走定价策略

1. 低开高走定价策略的含义

所谓低开高走定价策略，就是根据项目的施工进度和销售进展情况，每到一个调价时点,就按预先确定的幅度有计划地调高一次售价的策略。该策略是房地产产品发售时较常见的定价策略,多用于中低档项目的期房销售,尤其适用于宏观经济转好阶段或人气较旺的待售楼盘。

低开的目的是吸引市场视线,其路线是提升价格。

低开高走定价策略的优点是每次调价能形成房地产增值的表象,给前期购房者以信心,从而能进一步形成人气,刺激有购房动机者的购买欲,促使其产生立即购房的想法。但是这种定价策略若使用不当,如提价速度过快或每次提价幅度过大,易使后期销售预留的提价空间过早失去,从而让竞争对手夺走客户。因此,这种策略的运用关键是掌握好调价频率和调价幅度。

2. 调价技巧

调价频率的关键是吸引需求。每次调价后若能不断吸引客户购买,这就说明调价频率是正确的。没有市场客户积累基础的主观调价,不仅会影响购买人气,而且会直接影响成交。

调价幅度的关键是小幅递增。调价的要点是小幅递涨,一般每次调价涨幅在3%~5%之间,如售价在5000元/m^2左右的,每次调价幅度在150元至250元之间较为合适。调价后的几天,可配以适当的折扣策略,作为价格的局部过渡,有新生客源流时,再撤销折扣。

【案例8-7】 绿洲城市花园的"价格试探与综合应用"案例

1997年上半年上海春季房地产交易会开幕的那天,绿洲城市花园格外引起了参观者的注意。在众多住宅项目大肆宣传各自价格如何低廉、环境如何优越的背景下,绿洲城市花园不但没有挂出价格牌,反而向每一位被其翔实的项目介绍所吸引的意向购房者发出一份调查问卷,以期了解顾客对项目的评价,并请被访问者写下可以接受的销售价格。由此发展商统计出绿洲城市花园可被购房者接受的平均价格:5480元/m^2。

得出这一数据后,发展商心里就有了底。参展前他们便基本确定了以略高于成本的低价开盘,以吸引足够多买家的促销方针。此价格虽低,但不知购房者是否认可,因此便出现了在交易会上进行购房者调查的一幕。交易会第二天,他们抓住购房者自己确定的销售价格大做文章,并以原定价格4888元/m^2开盘,从而在众多购房者心中形成了强烈印象:绿洲城市花园的开盘价的确便宜,此时不买更待何时? 到了这时,发展商反而矜持起来:每天限30套,先到者先得,绝不多卖。这引得购房者大清早赶来在销售现场排长队,唯恐轮不上自己。绿洲城市花园成为当时上海楼市风头最劲的项目之一。后来绿洲城市花园的销售均价已升到6000元/m^2左右,项目一期99%已被售出。这不能不归功于绿洲城市花园开盘时策略运用得恰到好处。

(二)高开低走定价策略

1. 高开低走定价策略的含义

所谓高开低走定价策略类似"撇脂定价法",其目的是开发商在楼盘上市初期,以高价开盘销售,迅速从市场上获取丰厚的利润,然后逐步降价,力求尽快回笼资金。

2. 调价技巧

由于房地产产品的保值、增值性,消费者买涨不买跌的心态较强,一旦高价开盘后市场反应冷漠,降价可能更是雪上加霜。因此,在价格下调时一定要把握一定的技巧:

(1) 一次调价幅度不可太大,否则易引发市场恐慌,丧失消费信心。

(2) 可以采用"隐蔽式"方法。采用这种方法下调价格收到的效果相对较好,如通过公关活动采取优惠赠送、推出付款期、付款方式、成交数量折扣等措施。

(3) 可以强调"尾盘"发售，也能获得刺激购买的良好效果。

3. 适用范围

高开低走定价策略一般适用于以下两种情况。

(1) 适用于一些高档商品房。开发商在以高价开盘取得成功，基本完成了预期的营销目标后，市场竞争趋于平缓，希望通过降价将剩余部分迅速售出，以回笼资金。

(2) 适用于楼盘或小区销售处于宏观经济周期的衰退阶段，或者由于竞争过度，高价开盘并未达到预期效果，开发商不得不调低售价，以推动市场吸纳物业，尽早收回投资。

事实上，无论是高开低走，还是低开高走，都不是绝对的。因为销售过程中的价格变化比较微妙，一般开发商都采取"低—高—低"的价格变化节奏。作为开发商，关键的问题是要在楼盘定价的前期考虑消费机会点，这样才能真正地聚集人气。开发商在考虑楼价的高低差方面，也要根据市场的变化适当把握，只有不断进行价格曲线的维护，才能达到整合营销的效果。

（三）稳定价格策略

稳定价格策略是指在整个营销期间，售价始终保持相对稳定，既不大幅度提价，也不大幅度降价。这种策略一般适用于房地产市场状况稳定的区域内的销售，或是在房地产开发项目销售量小、项目销售期短时采用。例如，利用稳定价格策略销售几个大客户购买物业后剩下的少量部分物业。

价格对营销的重要性无须赘述，因此不管决定选择哪种策略，重要的是对市场有清醒的认识，对楼盘有客观的分析，对策略执行有详细周密的计划，对价格与其他营销措施的配合有充足的准备，而且在市场营销中应不断对价格曲线进行维护，这样才能达到整合营销的效果。

三、时点定价策略

除上述较为系统的定价策略外，在整个价格操纵过程中，开发商往往还要用到一些辅助的时点定价策略，即根据不同的销售状况，适当地在不同的销售时点上采用不同的销售技巧，以促成价格策略的顺利推行和价格的最终实现。

（一）折扣和折让策略

这种策略是在定价过程中，根据商品房的基本销售价格，在某些特殊时期（如开盘期、庆典、调价初期、尾盘发售等）以各种折扣和折让来刺激中间商或客户，以促进销售。常用的折扣或折让方式主要有三种。

1. 现金折扣

现金折扣是指因客户以付现的方式付款而给予的折扣。

在赊销的情况下，卖方为了鼓励买方提前付款，按原价给予一定的折扣。例如"2/10，30"表示付款期为30天，如客户在10天内付款，给予2%的折扣，这种折扣在西方很流行，它能加强卖方的收现能力，降低信用成本，并阻止呆账的发生。在我国，一些房地产开发商也采用这种方法，如"以现金一次性付清购房款，九二折优惠"等。

现金折扣又可分为一次性付款折扣和分期付款折扣，显然，一次性付款折扣率要高于分期付款折扣率。对于房地产开发商来说，合算的现金折扣金额，应小于按允许最长的付款期限（如楼宇的按揭期）提前付款的时间计算的利息与购房者中途购房毁约的风险损失之和。

2. 数量折扣

因购房者购买数量不同而给予不同价格优惠的策略，称为数量折扣策略，或称批量销售折扣策略。

数量折扣的目的是刺激客户大量购买。因此，购买量越大，给予的折扣率越高。数量折扣可以按每次购买量计算，也可按一定时间内的累计购买量计算。对于开发商来说，合算的数量折扣金额，应小于零售费用与按零售延迟的平均出售时间计算的利息之和。

3. 职能折扣

根据各类中间商在房地产营销中所担负的不同职能而给予不同的折扣，称为职能折扣，也称为贸易折扣。例如从事房地产销售的中间商，有的只负责收集信息、联系客户，有的不仅要联系客户、出售房产，而且还负责办理有关产权登记等工作，因此房地产开发商可根据不同的中间商采取不同的折扣，这样才能调动中间商的积极性，以促进本企业商品房的销售。

（二）心理定价策略

用户心理定价策略，是根据用户求廉、求吉等购房心理，微调销售价格，以加速销售或取得更大效益的定价策略，常用的有以下几种。

1. 尾数定价策略

这种定价策略是根据消费者求廉的购房心理，尽可能取低一位数，如许多商店的商品的标价尾数为 9、5、8 等，如 1.9 元、9.99 元、4.85 元等都属于这种定价策略。商品房由于价值量巨大，其价格要比普通商品高得多，所以一般不会精确到小数点后面的位数。消费者之所以会接受这样的价格，原因主要有两点：一是尾数定价会给人便宜很多的感觉。如开发商定价为 4980 元/m^2，消费者会产生还不到 5000 元的感觉，虽然事实上 4980 元与 5000 元只相差 20 元，但会使消费者产生类似 4000 元与 5000 元之间的相当大的差距感。二是有些消费者会认为整数定价是概略性的定价，不够准确，非整数定价会让消费者产生定价认真、一丝不苟的感觉，在心理上产生对经营者的信任感。

2. 整数定价策略

同种类型的商品房，往往有许多房地产企业进行开发建设，但其设计方案、内外装修等各有千秋，消费者往往以价格作为辨别质量的"指示器"。特别是一些高档别墅，其消费对象多是高收入者和上流社会人士，他们往往更关注楼盘的档次是否符合自己的要求，而对其单价并不十分关心。所以，对于这类商品房，采取整数定价反而会比尾数定价更合适。如一些装修豪华、外观别致、气派不凡的高档别墅开价往往都是一套 80 万元、100 万元或 50 万美元等等，因为这类消费者购买高档商品房的目的除了自我享用以外，还有一个重要的心理因素，就是显示自己的财富或地位。因此，在这里采用整数定价法反而可能比尾数定价法销路要好。

3. 习惯心态定价策略

习惯心态定价策略就是根据某些消费者的习惯心理制定商品房的价格。如时下房地产开盘价比较流行使用吉利数字，如每平方米 58888 元、88888 元等，这可能会满足客户求吉利的心理；而类似 18 号、88 号、808 室之类口彩较好的门牌号码，可将其售价定得略高一些。

4. 满意定价策略

所谓满意定价策略，就是其价格既不等同于获取高额利润所定的价格，也不等同于商品房建造的最低成本，而是在这两者中间的价格，该价格能使开发商和购房者都满意，故称为

"满意定价策略"。采用这种定价策略,容易赢得消费者的好感,有助于树立企业形象,从而打开市场销路。

(三) 差别定价策略

差别定价策略是指企业在销售商品房时,根据其不同用途、不同交易对象等施行不同的价格策略。常用的差别定价策略一般有以下几种形式。

1. 根据同一楼盘中不同单元的差异制定不同的价格

在同一栋商品房中,虽然设计方案、施工质量、配套设备等都一样,但各单元之间存在着层次、朝向、房型、采光条件等方面的差异。开发商可根据上述情况综合评定各单元的优劣次序,从而确定从高到低的价格序列。

【案例 8-8】

多层商品房在确定基价后,可根据层次对售价进行修正。在一幢 7 层的楼房中,一般可以将 2 层楼的售价定为基价。3~5 层由于层次居中,采光条件较好,通行也较为方便,其售价一般可达到基价的 104% 至 106%;底层虽然采光条件略差,但往往由于有附送条件,其售价也可达到基价的 102%;6 层虽然采光条件不错,但由于位置较高,通行不便,售价往往只能达到基价的 95%;而顶层除了通行不便外,还容易因楼顶直接与外界接触,受到日照、降水等自然侵袭,从而受损,因此,其售价一般可定为基价的 85% 左右。

高层商品房一般是层数越高则价格越高,另外朝向的影响往往较多层要复杂,因为朝向关系到房间的采光、通风问题,因此受到买家的特别关注。在定价时可以以底层朝向的优劣作为参考因素,在同一楼盘的同一层次中,如果将朝东单元的售价定为基价,那么朝南、朝东南的单元售价可以定得高于基价,而朝西、朝北的单元的售价一般应低于基价。对于不同房型的商品房也可以制定不同的售价,以促进销售。

【案例 8-9】

在某一楼盘所面对的消费对象中,三室二厅或二室二厅比较受欢迎,或者说有"明厅"的单元较受青睐,那么开发商可以将这种类型的单元售价定得略高一些,而将二室一厅和一室一厅或那些属于"过道厅"房型的单元售价定得略低一些。

2. 对不同的消费群体制定不同的价格

某些楼盘所面对的消费群体范围可能比较大,开发商可以针对不同的消费群体制定不同的售价,对有些消费者给予优惠。

【案例 8-10】

某楼盘对于普通消费者实行照价收款,而对于教师购房则给予九折优惠等。该策略的实施,体现了开发商重视教育、重视知识分子的良好风尚,有助于树立企业形象,提高企业的知名度,从而提高企业的竞争力。

3. 形式差别定价

所谓形式差别定价,即房地产商对不同形式的物业或单元制定不同的价格,但该价格并不与它们各自的成本成比例。例如在同一幢楼中,复式设计单元的价格要比普通设计单元的价格高出较多,而其成本并无太大差别。另外,开放空间、休闲空间等新潮的设计也因提高品质从而提高价位,但并无成本上的差别。实际上,这种差别定价是有一定根据的,即购买者对不同形式的物业或单元的认知价值或市场需求不同。

4. 形象差别定价

所谓形象差别定价，即房地产商对不同形象的物业制定不同的价格。

【案例 8-11】

某房地产商在同一个小区内开发了四幢楼，分别称之为"牡丹苑""兰花苑""菊花苑"和"茉莉苑"，虽然这四幢楼只是在外观颜色上根据其名称分别是红色、蓝色、黄色和白色，实际并没有什么成本或质量上的区别，但其在购买者心中的形象却有较大的不同。因此，房地产商对四幢楼制定了不同的价格，实际销售结果说明了该定价较为成功。

四、产品组合定价策略

楼盘也可以像一般商品那样，运用产品组合的观念来定价，但是在实际操作中，由于楼盘的各部分产品之间关系并不明显，也非既定，所以在定价之前，须先辨别各种产品之间的组合关系，再制定组合价格，不求个体利润均好，而应力求楼盘整体的利润最大化。

（一）产品线定价

公司通常开发出来的是产品线，即一系列物业，而不是单一物业。

【案例 8-12】

某房地产商开发的一个综合小区，在规划上有普通住宅、公寓、别墅、酒店、写字楼、商场以及保龄球馆、游泳池等文化体育娱乐设施。房地产商要确定各种不同物业之间的价格差距，制定价格差距时要考虑不同物业之间的成本差额、不同顾客对不同物业的评价以及竞争对手的价格。如果普通住宅、公寓、别墅之间的价格相差较小，顾客有可能就会偏向于购买公寓或别墅；但若价格相差悬殊，顾客就可能购买价格较低的普通住宅或公寓。又比如，若酒店和写字楼的价格差距过小，则很多租户就会倾向于在酒店里租房办公。因此，如何使价格差距合理和科学是十分值得房地产商研究的，这需要房地产商综合考虑成本、需求、竞争等因素的差异。

（二）选择品定价

许多公司在提供主要物业产品的同时，还会附带些可供选择的物业产品和特征，相应地采用所谓的选择品定价。例如，通常我们在广告上看到的物业价位只是毛坯房或只是粗装修的价位，而不包括精细装修和各种厨厕卫设备在内。房地产商提供各种具体的装修、设备的档次和内容，由购买者做出选择。

（三）补充品定价

补充品定价又叫附属品定价，比如现代物业都需要物业管理。例如，房地产商开发的某物业采用了价值定价法，其楼盘品质好，房子价位比起同类物业却较低，因此吸引了众多购买者。不过，其楼盘物业的管理服务费较贵。原来，物业管理服务公司是该开发商的子公司。房地产商采取这种定价策略，并没有在利润上受到损失，反而制造了很好的销售业绩。

（四）产品束定价

房地产商也经常以某一价格出售一组产品，这一组产品的价格低于单独购买其中每一产品的费用总和。因为顾客可能并不打算购买其中所有的产品，所以这一组合的价格必须有较大的降幅，以此推动顾客购买。

【案例 8-13】

某房地产商开发住宅小区，为了鼓励顾客在购买物业的同时也购买其所开发的健身房、保龄球馆和游泳池等体育娱乐配套的会员资格，房地产商采取了产品束定价，即"物业价格＋健身房会员资格＋保龄球馆会员资格＋游泳池会员资格"的总价比这四项各自的价格之和低了很多，这样吸引了较多喜爱体育及娱乐的消费者来该小区购买物业，房地产商也获得了可观的总利润。否则，它可能要面临健身房、保龄球馆和游泳池利用率很低的结果。

本章小结

价格是商品价值的货币表现。价格的制定和变化不仅直接影响顾客的购买行为，也直接影响着企业产品的销售和利润，价格策略是市场营销组合中重要的因素。一般房地产企业的定价目标有追求利润最大化、提高市场占有率、稳定价格、过渡定价、竞争定价等。在现实中，产品的价格会受到多种因素的影响和制约，具体包括影响房地产价格的内在因素、外在因素及其他因素三个方面。理论上，具体的定价方法可分为成本导向定价法、需求导向定价法、竞争导向定价法、未来收益定价法及市场比较定价法。作为房地产企业的最终价格，在制定定价时尚需要考虑市场的特点、产品的性质和竞争程度，运用价格策略进行调整以期达到最佳。主要的定价策略有：总体定价策略、过程定价策略、时点定价策略及产品组合定价策略。由于市场上供求变化、竞争者价格变化，房地产企业的价格不会是一成不变的，应随时调整以求胜出。

复 习 题

1. 房地产价格由哪几个方面构成？
2. 房地产价格的主要影响因素有哪些？
3. 房地产定价方法有哪几种？它们是如何确定项目价格的？
4. 简述市场比较定价法的步骤。

思考与讨论

选取你所在城市中某个即将发售的楼盘，分析其定价目标、定价方法和策略，将自身角色定位为营销经理，阐述你将采取的操盘计划及理由。

案例分析

某住宅项目均价的制定

1. 根据目前市场在售楼盘，选取市场比较楼盘，根据经验确定对本项目影响的权重

① 同质同区：楼盘 A 20％；
② 同质异区：楼盘 B 15％，楼盘 C 15％，楼盘 D 10％；
③ 异质同区：楼盘 E 10％，楼盘 F 15％，楼盘 G 10％；
④ 异质异区：楼盘 H 5％。

2. 根据市场调查和经验进行项目因素调查

在表 8-3 中，打分取值在 −1～1 之间，表示各因素的影响程度；楼盘折实均价为该比较楼盘实际销售均价；价格实现取值为 0～1，表示实际销售程度；比较价格＝折实均价×

(1＋合计得分)。

表 8-3 某住宅项目因素调整表

定价因素	细化因素		权重/%	打分	得分	备注
地域因素	环境	升值趋势	3	0.2	0.6	临界新中心区
		生活气氛	7	0.1	0.7	
		人文气氛	7	0	0	
		自然环境(噪声)	7	0	0	噪声较大,景观较好
		治安情况	3	0	0	
		区域印象	2	0.1	0.2	
	交通	车行、管制	2	0.1	0.2	
		公共交通	2	0.2	0.4	
		关口	5	−0.2	−1	
	配套	学校、幼儿园	5	0.1	0.5	
		菜场、商场	3	0.2	0.6	
		医院、银行	2	0	0	
楼盘个别因素	规模(显示配套、空间、房地产开发商实力、升值潜力及生活影响因素)		5	−0.2	−1	总建筑面积约6万平方米,4幢32层
	平面设计(实用、面积、有新意、朝向、通风、采光、每梯几户、是否为当前流行户型)		10	−0.3	−3	主力户型3室2厅,通风采光一般,户型设计一般,实用率较低,1梯4户
	设备(电梯、智能化、直饮水、中央热水、消防等)		3	0.1	0.3	进口电梯等
	装修(地面、厨、卫、门窗)		5	0	0	毛坯房
	建筑选材		2	0.1	0.2	水泥强度等级、中空玻璃
	外观(大堂、会所、外立面)		3	0.1	0.3	
	景观		5	−0.2	−1	主要为小区绿化
	车位		2	0.1	0.2	
	承建商(防水处理、新技术)		2	0	0	
	房地产开发商实力		1	0.1	0.1	
营销	市场时间、营销包装		3	0.1	0.3	专业营销
物业管理	品牌		5	0	0	有管理经验
	收费		3	0	0	
工程形象进度	潜在风险		3	0	0	尚在建设中
合计			100		−1.4	
楼盘折实均价/(元/m²)	3300.00	价格实现	1.00	比较价格/(元/m²)	3254	权重/%	20

3. 根据选定的市场比较楼盘比较价格，得出该项目的均价（表 8-4）

表 8-4　比较楼盘打分表

项目	楼盘 A	楼盘 B	楼盘 C	楼盘 D	楼盘 E	楼盘 F	楼盘 G	楼盘 H	合计
楼盘价格/(元/m^2)	3300	3400	3550	3500	3620	5200	4100	3600	
比较价格/(元/m^2)	3254	3515.6	3578.4	3608.5	3801	4716.4	4288.6	3816	
权重/%	20	15	15	10	10	15	10	5	100
权重值＝比较价格×权重/(元/m^2)	650.8	527.34	536.76	360.85	380.1	707.46	428.86	190.8	3782.97

本项目均价等于各楼盘权重值之和，根据表 8-4，本项目的均价为 3783 元/m^2。

思考：根据所在地区房地产市场实际情况，选择某房地产开发项目确定房地产价格策略。

主要任务如下。

(1) 选择房地产项目，收集其现有的（或规划的）项目规模、容积率、户型配比、小区规划、周边配套等市场资料。

(2) 确定项目成本。首先，查找当地国土资源主管部门提供的数据，获取土地使用权出让金数额。其次，根据当地的社会经济发展水平，预测房地产开发建设的前期费用、建安成本、税费、财务利息和开发商利润。最后，测算出开发项目的总成本。在此基础上，确定项目的楼面地价。

(3) 确定项目竞争性价格。首先选取市场上与本项目有最直接竞争关系的 6 个以上楼盘，调查获取其相关数据和资料，运用市场比较定价法得出本项目的销售价格。

(4) 结合楼盘相关销售面积数据，将此销售价格与开发成本进行比照，确定最后的销售均价。

第九章　房地产市场推广与营销渠道策划

在房地产市场营销概念中，将房地产的促销定义为市场推广，所以房地产市场推广就是房地产促销。房地产市场推广的目的是与客户沟通，与客户沟通的目的是将所推广的房地产的卖点告知潜在购买者，使其对该房地产有一定了解。因此，房地产市场营销不仅要求房地产企业提供满足消费者需要的产品、制定有吸引力的价格、使产品易于为目标顾客所接受，还要求房地产企业经常通过开展相关的促销活动以强化开发商的开发理念和营销诉求，通过广告推广、营业推广、关系推广和人员推广等途径影响活动参与者的消费观念和决策，以达到良好的促销效果。

第一节　房地产市场推广前期准备

在进行具体的推广工作之前，要做好一定的准备工作，包括在对区域市场、竞争楼盘及消费者进行调研的基础上，进一步挖掘楼盘的卖点，提炼推广主题，并对所需的费用、阶段安排等进行统筹计划，从而为房地产项目的推广实施打下坚实的基础。

一、项目卖点核心价值的挖掘

挖掘卖点核心价值是房地产市场推广前期准备中的重要环节。在市场竞争激烈、产品同质化严重的情况下，挖掘房地产项目的卖点显得尤为重要。

（一）对卖点的基本认识

卖点是产品所具有的不易被竞争对手抄袭的特点，同时又是可以展示的、能够得到目标客户认同的特点。一个房地产项目要成功地推向市场就应充分将其美好的、独特的、吸引人的卖点表现出来。从上述定义可以看出，卖点必须具备三个条件：卖点是楼盘自身优越的核心价值点，是不易被竞争对手抄袭的个性化特点；卖点必须是能够展示和表现出来的特点；卖点必须是能够得到目标客户认同的特点。

卖点的这些与众不同的特点，一方面是产品与生俱来的，另一方面是通过营销策划创造力产生的。不论卖点从何而来，只要使其落实于营销的战略战术中，转化为消费者能够接受、认同的利益和效用，就能达到产品畅销、建立品牌的目的。

（二）卖点核心价值的挖掘分析

1. 核心价值的理解

所谓的"核心价值"，是指在价值群中居于核心地位、起主导作用的价值。核心价值是组织拥有的区别于其他组织的不可替代的组织特质，其具有的独特优势，是一个组织中最核心的部分。房地产项目的核心价值必须是在市场竞争态势中，经过充分评估项目自身特点之后得出的项目优势资源，并且可以转化为购房者能感知并能得到的独特利益价值。

2. 卖点核心价值挖掘步骤

房地产项目卖点必须要具有核心价值，挖掘核心价值的过程就是整合价值链以形成竞争价值的过程，也是通过打造产品和推广，使购房者充分地感知项目独特的特点和优势资源，之后决定获得独特利益价值的过程。核心价值体现的是产品价值与客户价值的最佳契合，所以，发现和挖掘项目的核心价值是营销成功的基础。

首先，挖掘项目的自身先天价值并提升其附加卖点。对于一个项目，在立项之初就应该充分认识到它所具备的先天优势，如优美的自然环境、优越的地段、完善的配套等，这些往往都是超越其他竞争对手的核心所在，是竞争对手无法效仿的。

其次，把握最主要的卖点的核心价值。一个项目可能会出现很多个卖点，比如配套完善、交通便利、浓厚的文化渊源等等。但挖掘过程中，要把握最主要的卖点，放大最核心的价值，而对市场信念不强的卖点，只能作为辅助的、次要的卖点。

最后，要将卖点凝练为鲜活的概念。确定项目的核心卖点后，应对这一卖点予以最大程度的提炼和包装，使之成为项目与众不同的鲜明特征，成为吸引客户眼球的鲜活亮点。

（三）卖点价值分类

项目卖点的挖掘对于不同档次、不同功能定位的楼盘来说千差万别，但大体上可归纳如下。

1. 区位价值

区位对不同定位的居所来说影响各有不同，但都是决定性的。有些项目的核心价值正是体现在区位上的，需要更具创造性的发挥。

卖点构成：繁华路段 CBD 概念、中心区概念、奥运村概念、地铁概念、商业地段等。

2. 自然景观与园林主题

环境作为居住空间的重要组成，与住宅一起肩负了"天人合一"的使命。拥有自然景观资源的房子，本身便构成了一道风景。

卖点构成：自然景观卖点有全海景、一线江景、园景、人工湖景、山水景观、河景、自然湖景，园林主题卖点有中心花园、主题园林、艺术园林、欧陆园林、江南园林、树木卖点、新加坡式园林、岭南园林、澳洲风情、海滨风情、热带园林等。

3. 楼盘硬件与空间价值

产品时代与营销时代似乎是一个循环，然而优质产品毕竟是决定购买行为的最终要素。楼盘的硬件价值体现于每个细节当中，开发商应从中发现最有价值的一个，并能够让客户了解它。与此同时，人们对居住空间布置的合理性与实用性的要求越来越高，开发商应以创新的户型为客户带来更大的空间价值。

卖点构成：楼盘硬件卖点有户型卖点、配套设施、交通卖点、精装修卖点、建材与配置、景观卖点、新工艺新材料、使用率卖点、楼间距卖点、会所卖点、泳池卖点、户口卖点、规划卖点、创新技术、绿化率卖点，空间价值卖点有错层卖点、跃式卖点、复式卖点、空中花园、大露台卖点等。

4. 建筑风格

建筑风格是影响住宅魅力的重要元素。建筑风格有很多种，哪些更适合，哪些更具有魅力，这些都需要着力研究。

卖点构成：徽派建筑风格、古典园林风格、德国风格、欧陆风格、法国风格、意大利风格、海派建筑风格、新加坡风格等。

5. 产品类别与原创概念

人以群分，物以类聚。某些特殊类型的产品定位，往往可以更加精确地捕捉特定的目标客户群。房地产商们为购房创造了许多概念，但也只有符合客户心理需要的概念才能赢得客户。

卖点构成：产品类别卖点有小户型物业、联排别墅（Town-house）、产权式酒店、独立别墅、酒店式公寓、大户型物业、商务公寓、国际公寓、学院派公寓、新独院住宅，原创概念卖点有居住主题、新都市主义、宣言卖点、度假式概念、现代主义等。

6. 功能提升与产品嫁接

为购房者创造剩余价值，往往要通过功能提升来实现，这些价值的提升往往超越了楼盘的先天资源，但同时也对开发商的操作提出了更高的要求。功能的提升离不开对其他产品的借鉴，这种借鉴，不管是产品嫁接，还是复合地产，都将更好地激发人们对美好生活的向往。

卖点构成：功能提升卖点有健康概念、投资概念、绿色概念、环保概念、生态概念，产品嫁接卖点有教育概念、音乐概念、艺术概念、运动概念、旅游概念等。

7. 居住文化与生活方式价值

不同买家对住宅品质的要求也不同。所谓好的产品，就是最适合某种类型的人的产品。不同类型的买家具有不同的生活方式和居住文化，如何为客户量身定做相应的居住氛围，是值得开发商探讨的问题。

卖点构成：居住文化卖点可分为豪宅卖点、白领卖点、单身公寓、工薪阶层、先锋人士、国际化社区，生活方式卖点可包括品位卖点、文脉卖点等。

8. 楼盘软性与产品可感受价值

附加值是无形的，开发商在为人们提供有形的居住空间的同时，还应该为住户们构筑一个无形空间。居住者对生活空间的感受是多元化的，这与人们的价值观紧密关联，在不同时代、不同地域都会有不同的侧重点。

卖点构成：楼盘软性卖点有服务卖点、物业管理，产品可感受价值卖点有口碑卖点、品质卖点、文化卖点、成熟社区、安全卖点等。

【案例 9-1】某楼盘卖点价值挖掘

1. 卖规划设计
（1）江南民居与现代建筑的完美结合。
（2）现代居住人性化的最佳人居环境。
（3）"小河进人家，人家尽枕河"的水景住宅特色。

2. 卖楼盘品质
（1）即将申报"联合国最佳人居环境奖"。
（2）"经典楼盘，创辉煌人生"，崭新的生活方式就在您的眼前。

3. 卖小区的设施配套
（1）"e网时代，您与世界相连"，展示小区的智能化系统。
（2）"八重保护，您的生活无忧无虑"，展示小区的安保系统。
（3）"师出名门，孟母何须三迁"，小区的教育环境一流。
（4）"直达巴士接送"，上班一族更显尊贵。

4. 卖小区的人文环境

(1) "我们百分百的服务是您信心的保证",完善的物业管理,满足您的生活需求。

(2) 独特的社区文化,为您的下一代创造良好的成长环境和新的生活方式。

5. 卖开发商的品牌和实力

(1) "无理由退房",产品质量的保证。

(2) "零风险试住",开发商形象的显现。

(3) "责任建筑师制度",户型由客户决定。

二、提炼推广主题

在项目卖点挖掘完成之后企业还须对其加以提炼,形成具体的宣传重点,以便在随后进行的广告推广中加以运用。将项目的卖点提炼为一两句话便可形成项目的推广主题。具体可以从产品定位、市场定位和形象定位三个方面来寻找主题。

(一) 从产品定位中寻找物业主题

良好的产品定位具有非常重要的意义,指导开发商以目标市场潜在的顾客需求为导向,满足其产品期望,创造产品附加值,设计供需有效的产品。所以,要让消费者明确该项目是什么样的物业,要熟悉物业的基本构成,如交通状况、绿化、建筑设计特点、装修标准等。以住宅为例,产品定位的内容包含位置及规模、建筑风格、小区环境、户型设计、功能定位、物业名称、物业管理等内容,将以上各项内容提炼为具体的主题,即形成物业主题,解决"是什么样的物业"的问题(表9-1)。

表 9-1　产品定位内容与推广主题内容

序号	产品定位内容	推广主题内容
1	位置及规模	周边配套、交通条件、总占地面积、总建筑面积、总套数
2	建筑风格	描述该种风格的外立面特点
3	小区环境	楼间距、绿化率、容积率、绿化面积
4	户型设计	户型种类、户型面积、室内布局、使用率及细部介绍
5	功能定位	社区智能化程度介绍、生态住宅介绍及装修标准介绍
6	物业名称	诠释楼盘名称的内涵、外延
7	物业管理	物业管理公司名称、服务内容、收费标准、配套设施

(二) 从市场定位中寻找市场主题

在项目有了明确的市场定位之后,该项目所面向的消费群体就已经锁定,要弄清楚该类消费群体的职业收入、年龄、性别、文化层次、喜好及未来需要是怎样的,以及由此而引起的一些消费倾向等。市场主题即从项目市场定位中找出符合消费群体需要及能力的因素,并对这些要素加以描述,突出"卖给什么人,供什么人享用"。

(三) 从形象定位中寻找广告主题

广告主题是广告所要表达的重点和中心思想,是通过一两句精练的广告语来体现的,以提高消费者对该项目的期望值,使其产生许多美好的联想和希望。例如普通的商住楼一般是工薪阶层的购买对象,为此广告语常常选择"买得安心,住得开心";某别墅的广告语为"有天有地,独门独院,前后庭院免费送";碧桂园凤凰城的广告语为"白领也可以住别墅";

广州天河北侨林苑的广告语为"融入广州,做'新广州人'";某临海楼盘的主打广告语"海风一路吹回家"让人不仅明白交通的便捷,更体验到了海边生活的幸福和温馨。

广告主题作为信息的焦点,在一个广告中不能有太多的诉求主题,而应根据不同情况进行筛选。

【案例 9-2】某项目推广主题

某项目的推广主题定位为"自然就是美!",这主要是从三个方面归纳出来的:

(1)从项目产品定位中来。该项目环境优美,配套齐全,形象极佳,让人相信未来的生活是美好的、自然的。

(2)从潜在消费者中来。在消费者研究及定性分析中,消费者对居住区域和居住小区的要求可以折射出消费者对生活品位的追求、对居家环境的要求越来越高,崇尚自然成为现在和未来的主流。同时,家也永远是最自然的地方。

(3)从市场营销的差异化和对项目本身的营销联想中来。根据调查研究可以深切地感受到现代人对宁静、自然的生活方式的追求日趋强烈,对一些华丽辞藻的渲染已经司空见惯。而本主题定位描绘了项目的生活美景,给人以自然、美丽、充满关爱的联想。短句富有亲和力且不张扬,与楼盘形象相吻合。

三、制订推广阶段计划

(一)推广阶段划分

市场推广过程是阶段性的,是与销售过程相呼应的。销售实施阶段的划分应根据市场销售规律、工程进度及形象配合等因素进行。按项目销售时间及进度,可将房地产销售分为预热期、强销期、持续销售期、尾盘期四个阶段,项目市场营销推广过程也可以相应地分为四个阶段,见表 9-2。

表 9-2 房地产营销推广阶段表

阶段	内容
预热期	一般是开盘前 2 个月进行前期推广,根据蓄客情况调整具体开盘时间
强销期	开盘后必然会面临一个阶段的强销,这个阶段是增强人气的最佳时机,一般会持续 1~2 个月
持续销售期	从强销期延续到了项目销售过半,这个阶段项目销售较平稳,然后进入后半阶段的持续期,这个阶段人们也由前期购房的冲动渐渐回归理性,一般会持续 4 个月左右
尾盘期	这个阶段要视前一阶段的销售态势而定,一些剩余的房源还有产品的瑕疵通过前期的销售逐渐显现出来,销售问题突出,一般会持续 4 个月左右,甚至更长

(二)推广阶段计划

不同的销售阶段,相应的市场推广的目标、任务和具体的活动都应有所不同,根据各个阶段不同的销售任务应制订不同的推广计划。

在预热期,市场推广以突出项目的物业主题为主,展示楼盘的基本情况。这个阶段的推广计划主要是整个项目的形象推广,不需要涉及具体的情况,主要是让目标客户知道整个项目的主题概念和倡导的生活方式等。这个阶段需要进行售楼处、楼书的设计及样板的制作,并包括适量的广告推广,如有必要还可以进行电子楼书的准备工作。这个阶段的工作,一是通过多种公关活动或广告建立项目品牌形象,引导目标客户的高度关注,提高项目的知名度和美誉度；二是全面介绍项目的各项优势，导入项目主题，为项目做好舆论准备，刺激消费市场；三是加大宣传力度，继续扩大项目的影响，吸引潜在客户，并辐射到周边地区，为公开销售积累更多的客源，为开盘奠定良好基础。

在强销期，以突出市场主题为主，吸引大量的目标客户群关注，使其产生共鸣。这个阶段的推广计划主要是将预热期的形象推广与实际楼盘的品质相结合，以进一步深化项目主题，并让消费者切身感受到宣传是实实在在的。例如，对居住环境的宣传可结合园林的规划设计，对生活空间畅想的宣传可结合户型，对生活方便快捷的宣传可结合社区内外的配套等。这个阶段的推广工作包括确定推广目的、推广要点、推广渠道、推广活动、推广时间节点和推广手段等，这个阶段的推广以广告推广和活动推广为主，广告推广主要是积聚大量的人气，而活动推广可以丰富项目的主题，获得目标客户的认同。

在持续销售期，以突出广告主题为主，给人以丰富的联想空间，在人气积聚的配合下会产生很好的效果。由于该阶段时间较长，销售相对较为困难，对整个项目能否实现成功销售尤为关键，因此在这个阶段除了平面广告以外，还要有一些促销活动来支持。在这个阶段，平面广告需要根据前一阶段的销售总结，针对已成交客户的某些需求特征，变化推广主题来吸引客户，而活动推广主要是为了在较长的持续销售中保持人气，并吸引前一阶段的准客户成交。

在尾盘期，以朴实的宣传为重点，突出项目功能性特点。一般不以华丽广告，而主要以装修、配套等工程不断竣工的形象广告为主，并辅以适量的价格策略。

此种搭配只作为参考，在实际推广过程中，往往是多种手段综合运用，但切忌"宁滥勿缺"的做法。

第二节　广告推广

广告的历史久远，凝聚着历史与创新的广告方式，在现代市场营销中占有越来越引人注目的地位。在现代企业营销活动中，广告作为信息和信息传播手段之一，在促进产品销售方面发挥着极其重要的作用。房地产开发商要加强广告意识，不仅要使广告发布的内容和行为符合有关法律、法规的要求，而且要合理控制广告费用投入，使广告能起到有效的促销作用，这就要求房地产企业重视和加强房地产广告推广。

一、广告策划

广告策划是广告业与策划业的结合。一则成功的广告，虽然只有短短几句话或几个画面，但其幕后工作是极为繁杂的。成功细致的广告策划要经过这样几个步骤：产品定位、确定目标市场、市场调查分析、媒介选择、广告创意。

(一) 产品定位

一件产品就像一条生命，只有找到了它在社会上的地位，明确了其所背负的使命、所具有的效用，才能有一片适合的天地茁壮成长。产品定位禁忌有以下几个方面。

1. 定位务求高

很多人认为，定位高了价格才能高，而且高价位商品往往具有更高的品牌号召力。但在社会经济中，收入构成呈中间大两头小的分布，购买力主要还是集中在中间阶层，并且与高定位相适应的，一般要求有高质量，成本必然提高。因此，定位并非越高越好。

2. 定位务求广

要不要把产品介绍给尽可能广大的公众？这个问题要一分为二来考虑。顾客群固然愈大愈好，但是能否达到？如果定位过泛，与产品没有定位的结果是相似的。

3. 定位不稳定

在广告策划中，一旦选准了定位，就不能轻易变更。因为一个商品其内在属性是既定的，它所适合的人群也相对固定，一旦改变市场定位，不但使广告显得不可信，而且可能造成老顾客流失、新顾客不来的局面。

（二）确定目标市场

确定目标市场对整个广告策划有决定性的意义，针对不同的诉求对象，选择使用的方法是不一样的。对高收入人群，广告的着眼点可以注重保证健康、增强活力、显示身份。对高学历人群，可以把重点放在生活的情趣、人生满足感以及显示知识背景等。对一般工薪阶层，安全、节约、持久可靠的质量是必须强调的关键。

（三）市场调查分析

这个步骤同产品定位和确定目标市场是同时进行的。即在调查前，策划者要先对产品定位和目标市场心中有数，以便做到调查时有的放矢。同时，根据市场调查所得的结果分析和结论，适当调整广告战略，以使其更加符合实际，收到更好的效果。市场调查内容主要包括市场环境调查分析、房地产市场需求和消费行为调查分析、房地产市场供给调查分析。

（四）媒介选择

房地产广告成功与否，要看它是否能花费适当的成本把要传达的信息与态度在适当的时机传达给目标消费者。一般使用的广告媒介包括报纸、杂志、电视等，均各有优劣。

1. 房地产广告媒体的类别

广告媒体的类别及特点如表9-3所示。

表9-3　广告媒体类别及特点

媒体类别	优点	缺点
报纸	覆盖面广,灵活,及时,地理选择性好,信息量大	时效短,表现手法单一,不易激起注意力
杂志	针对性强,印刷精致,图文并茂,读者阅读时间长	广告周期长,缺乏灵活性,时效性差
广播	覆盖面广,传播速度快,送达率高,灵活度高	有声无形,印象不深,盲目性大,听众零星分散
电视	覆盖面广,表现手法灵活、形象,综合视听,兼具动感,感染力强	制作复杂,成本高,信息消失快,不易保存
户外广告	表现灵活,复现率高,注意度高,费用低	观众选择性差,创造性差
直邮广告	选择性强,灵活性好,个性化,制作简单	针对性差,广告形象差
传单海报广告	费用低,覆盖面广	广告形象差,不受客户重视
互联网媒体广告	时效性强,不受地域限制,成本低廉,包含电视广告各大优点	信息停留时间不长,垃圾邮件和弹出广告逐渐招致用户的反感

2. 房地产广告的选择

房地产广告选择应考虑如下因素。

（1）项目规模大小：如果项目的规模较大，开发的时间较长，则需要在公交站点、主要交通位置、高大建筑物等设立大型固定的广告位，这样会长期被人认知。

（2）楼盘档次：楼盘的档次决定目标客户群的身份层次。因此，在媒体选择上，大众化的楼盘只需选择大众媒体即可，而高档次的楼盘就要选择一些专业性较强的媒体。

（3）项目所在的区位：项目的区位往往体现目标客户的区域，因此要根据项目所在的区域有针对性地发布广告。

（4）开发商的财力：开发商雄厚的资金实力是开展主体广告攻势的先决条件。如果开发商所投入的广告资金雄厚，应尽可能把目标客户"一网打尽"；如果资金有限，当然就要选择阅读或收视（听）最广的媒体重点发布广告，尽量节省费用。

（五）广告创意

广告创意是在广告策划全过程中确立和表达广告主题的创造性思维活动，它贯穿广告策划的全过程，并引导广告策划的方向。一个优秀的房地产广告要有一种理念上的始创性，创意也离不开思想的流畅和灵活的变通。

二、广告推广安排

一个推广周期乃至整个推广过程自始至终都处于"发布—跟踪调研—评估效果—调整—发布"的循环过程。在实际操作过程中，重点应注意广告时间的选择和广告发布量的控制。广告节奏一般是按广告节奏的类型来安排的，可供选择的广告节奏安排如图 9-1 所示。

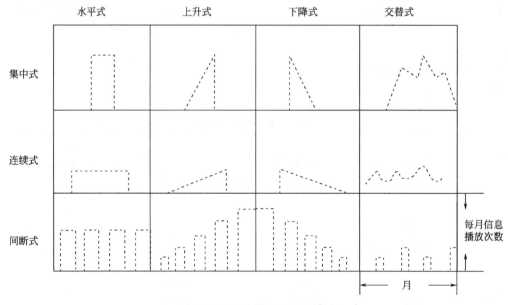

图 9-1 广告推广节奏安排

【案例 9-3】 某项目推广安排

某项目计划在 2018 年 10 月 1 日开盘，表 9-4 是前期制定的开盘前广告推广节奏安排。

表 9-4　广告推广节奏安排表

推广方式	推广时间	体量安排
报纸、杂志及函件	9月1日—10月1日	每周1次,最后一周3次
广播	9月1日—10月1日	每日早、午、晚共3次
户外大型广告牌、车体广告	9月9日	广告牌2块,车体广告为3路公交车
网络广告	8月28日开始	持续至项目销售完毕
派发宣传页(楼书)	9月30日—10月2日	销售现场附近交通干道,3000份
展示会	10月20日	房产品展示会连续3天

三、房地产广告的表现方法

从广告的内容上看,任何一个完整的房地产广告作品都包含题材、主题、标题、正文、插图五个部分。在确定广告题材和主题之后,文案写作的重点就是如何安排广告的标题、正文、插图的内容和形式。

(一) 房地产广告的标题

广告标题也称标语,是广告文稿的精髓。其作用是概括和提示广告内容,让消费者对广告的中心思想一目了然,既起到提示作品主题实质的作用,又起到吸引消费者兴趣的作用。为了让顾客一眼就明白广告意图,标题应一语道破产品能为消费者带来什么好处。也有些标题间接宣传产品的特点和功能,用词讲究,具有艺术性,使人念念不忘。

在房地产广告方案中,确定标题是广告写作的主要程序之一,写作时要掌握以下几点要求。

(1) 坚持标题的准确性。它是撰写广告文稿的基本要求,定标题一定要与文稿相符。如深圳招商海月花园的一句"海风一路吹回家",不仅预示滨海大道的开通使从市区到该项目无比便捷,更让人体验到沿着深圳湾吹着海风回家的幸福和温馨。

(2) 标题要体现主题思想。揭示广告主题是撰写标题的主要任务,如广州丽江花园的"一方水土一方人,美善相随丽江人",体现了丽江花园高素质的住户和人性化的社区居住环境。

(3) 标题要开门见山、画龙点睛。标题尽管只有几个字,但是要给人以丰富的联想、深邃的意境。如深圳怡乐花园的"远看山有色,人来鸟不惊",如诗如画的生活美景对购房者产生巨大的吸引力。

(4) 语言生动活泼,富于创意。标题用词要贴切,不生搬硬套,故弄玄虚。如深圳大世界商城"好地段+低价格=投资上选",言简意赅,突出了楼盘的地段和价格优势,表明该楼盘是投资的首选。

(5) 标题不宜过长。广告标题最好控制在12个字之内,有专家认为对于超过12个字的标题,读者的记忆力会降低。

(6) 标题的分量是承诺。最具有推销力的标题是承诺能给读者带来什么利益,标题要尽可能回答潜在顾客所关心的问题。如深圳鹿鸣园"大房、大厅、大花园,鹿鸣园大大的不一样"的三"大"满足了购房者对房子间隔和环境的要求。

(7) 信息性标题领潮流。能为人们提供最新信息的标题是最容易引起人们注意的标题。所谓新信息,是指广告标题中加上新闻性的消息,诸如新房型的推出、新技术及新材料的使用等。如银河世纪经典的"错层,创意来自美国山地别墅",着重宣传错层新房型的推出,极大地引起了业内外人士的注意。不多久,错层概念就成为房地产市场中的新宠。

(8) 标题要安排在醒目位置上。标题的字体要与副题和正文的字体区别开,一般以大号字为宜。要把标题与图画视为一个整体,以增强整个广告的效果。

【案例9-4】一些报纸房地产广告的大标题

"一个专为都市人建设的大型商住区"——以环境和商业设施作为吸引物。

"市中心,舒适之领,宜商宜住,升值在即"——房地产产品的地点、功能、利益一目了然。

"以人为中心,创造新的公寓文化"——体现房地产产品的特色和经营理念。

"把我未曾拥有的,给我的孩子"——针对40到45岁年龄的细分市场,不由人不动心。

"联天下之人杰,合大地之灵气"——气势恢宏,显示住宅的档次并具祥和之意蕴。

"居住与世界同步"——以国际化的特点吸引顾客。

(二) 房地产广告的正文

正文是广告的中心,房地产广告正文以说明房地产商品为主要内容,正文负载的信息量最大,因此它是广告文案的中心和主体。撰写房地产广告正文要注意易读性、易记性、直接性、实在性、短而精这些特点,尽量写出房地产的与众不同,不落俗套。因此,广告撰稿人员必须熟悉房地产的各方面特点并掌握消费者的心理。

(三) 房地产广告的插图

房地产广告的插图是为房地产广告主题服务的,常可以使消费者对房地产有形象的了解。在广告设计中,要使插图与主题的表现手法浑然一体,才有益于发挥房地产广告插图的最佳诉求效果。

在建房地产的广告插图通常为楼盘的效果图和房型图等,而已建成的房地产广告插图则还加上实拍照片,这些广告插图会给消费者一个实实在在的感性认识,让虚无缥缈的印象成为眼见为实的景象,从而达到刺激消费者购买的最终目的。

第三节 营业推广

在房地产项目推广过程中,除了广告推广之外,营业推广也非常重要,这两种推广方式互相补充、密切联系,使整个推广过程更加完善有效。

一、营业推广的含义和特点

(一) 营业推广的含义

营业推广是指企业为了刺激需求而采取的能够迅速产生鼓励作用、引起强烈市场反应、达成交易目的的促销措施,也称销售促进。房地产营业推广的形式多种多样,如样板间展示、参加房产交易会、有奖销售、转让折扣等,其目的是刺激潜在消费者购买房地产产品。由于市场竞争日益激烈,房地产开发企业越来越多地运用一些营业推广策略来刺激中间商和顾客的购买行为。

与广告促销不同,营业推广是在短期内为买房者提供一种心情激励和心理优化,为买房者提供一种购买的冲动。因此，营业推广策略通常只做短期的考虑，它的目的是在短期内运用并能提升销售量，将潜在的客户争取过来。

(二) 营业推广的特点

1. 非规则性和非周期性

典型的房地产营业推广不像广告推广、人员促销、公共关系那样作为一种常规性的促销活动出现，而是用于短期的和额外的促销工作，其着眼点在于解决某些更为具体的促销问题，因而是非规则、非周期性地使用和出现的。

2. 灵活多样性

房地产营业推广的方式繁多，这些方式各有特点，可以根据企业经营的不同商品的特点和面临的不同市场营销环境，灵活地加以选择和运用。

3. 短期效益比较明显

一般来说，只要营业推广的方式选择运用得当，其效果可以很快地在经营活动中显现出来，而不像广告推广、公共关系那样需要一个较长的周期。因此，营业推广最适宜应用于完成短期的具体目标。

二、营业推广的操作要点

营业推广作为促销组合的四大工具之一，是营销手段中运用最为广泛、用以争夺市场和提升销售量的利器。它的主要作用是能在短期内形成销售高潮并创造较好的业绩，若运用不当，效果也会打折扣。为此，在操作中要把握如下几个要点。

1. 营业推广需要与广告、公关等手段有机结合

广告主要是一种战略性的营销工具，在楼盘的推广过程中主要用于传播楼盘销售信息，提供给买房者一种购买的理由；广告通常做长期的计划，能有效地提升楼盘的知名度和楼盘品牌形象，对销售效果的影响具有潜移默化和周期较长的性质；广告能快速有效地为楼盘实施定位并参与市场竞争。营业推广是一种战术性的营销工具，是在短期内提供一种心情激励和买房的冲动，通常做短期的考虑；在应对严峻的竞争，特别是在同一地域，面对档次与规模等竞争因素不相上下的楼盘时，运用营业推广能有效地遏制竞争，将对手的潜在客户"促进"到自己的买房群体之中。

目前许多楼盘推广计划都靠单一的广告计划支撑，营业推广计划、整合传播计划都还没有形成系统的规划力和竞争力，营业推广与广告、公关、人员和其他营销手段的配合大多还处在无意识之中。通常意义上讲，营业推广计划的成功实施，离不开广告的有力支持，营业推广与广告、公关等手段的联合运用对楼盘销售的促进效果远远超过单个手段运用所带来的效果。

2. 营业推广要求具有创造性、新颖性、诱惑性和参与性

营业推广同广告一样，需要有规范、系统、科学的设计。它的切入点是消费者的心理，要能为目标群体带来实实在在的利益；它的基础是目标群体的可参与性；它的设计重点是独创性，尽可能给目标群体更大的消费刺激。与此同时还要求营业推广计划既自成系统，又能够与其他的营销手段融为一体。

3. 从房地产商品的特征出发，合理制定房地产营业推广策略

由于房地产商品与其他许多消费品具有完全不同的消费特性，因此房地产商在运用营业推广策略时，应注意以下几点：一是营业推广一般在限定的时间和范围内进行，通常时间较短；二是设计营业推广活动时要充分地考虑买房者的消费心理，要着力设计能吸引买房者和其他市场关系人员参与的活动方案；三是注意营业推广工具的灵活运用；四是营业推广必须提供给买房者一个购房的激励，或现金，或折扣，或赠礼，或心理的高额消费，或附加服务，这种激励必须适应房地产商品高额消费的特性。

4. 营业推广不能无限度地滥用

营业推广是促销组合四大工具中唯一可能产生负面影响的工具。如果对营业推广没有适当的控制与监测，它在提高整体销售业绩的同时，也会产生一些负面影响，比如降低楼盘的品牌形象，增加买房者对楼盘价格的敏感性，甚至直接影响楼盘销售等。

三、营业推广方法的选择

为了实现营业推广的目标，企业可以在多种营业推广方法中进行选择，应根据营业推广目标、目标市场、竞争形势以及各种营业推广方法的成本及效果等因素，做出适当选择。

(一) 房地产营业推广方法

1. 房地产展销会

参加房地产展销会是营业推广的有效形式。通过展销会，房地产企业可以集中展示、推出新楼盘。参加交易的开发企业、产权交易部门、银行等的一条龙服务及展销会期间的多种优惠措施，均有助于促进消费者的购买。

2. 样板房展示

样板房展示是对拟推出楼盘的某一层或某一层的一部分进行装修，并配置家具、各种设备，布置美观的装饰品，以供消费者参观，使其亲身体验入住感受的促销方式。除样板房外，对于售楼处的大堂、入口也要进行装修，并保持整洁，尽量给顾客留下美好的第一印象。值得注意的是，样板房的装修应突出个性化设计，切忌简单地以豪华装修材料堆砌。

3. 有奖销售

房地产开发企业有时还采取有奖销售的形式，这种方法在吸引购房者参与的同时，制定具有一定竞争性质的奖励措施以达到促销的目的。房地产开发企业一般通过某种抽奖形式决定给予某些购房者某种价格上的优惠或实物上的奖励。

4. 赠品促销

为了吸引消费者购买，通常推出赠品活动，如赠送空调等实用家用电器或赠送某些厨卫设备等。赠品的选择应灵活多样，不可千篇一律，也有的开发商赠送某些附加服务、物管费、出国旅游等。

5. 房地产项目解析会

这是房地产营业推广的一种很好的方式。如居住区建成后，由于销售量很大，可采取项目解析会的方式向购房者详细介绍项目的各个方面，并现场解答购房者的疑问；同时散发印刷品，扩大宣传，以便在较短的时间内打开销路。这种方法集视听、文字材料及与潜在购买者面对面介绍情况于一体，往往影响较大。在充分做好准备工作的前提下，这种方法效果较为明显。

6. 活动营销

除公共关系活动以外，配合营业推广的各类活动营销可谓层出不穷：有采用楼盘体验式营销的，有利用名人明星效应开展营销活动的，有通过研讨会介绍楼盘特点的，还有的按照项目开发顺序及工程进度开展奠基仪式、开盘庆典、入住仪式、社区业主联谊活动等。

【案例 9-5】 明星加盟楼盘促销

2000年9月，在人们都在为悉尼奥运会中国代表团取得的佳绩欣喜不已时，一个名为荣丰2008的房地产项目打出首家运动社区概念，并请来奥运体操冠军担任该项目的首席执行官，为其运动社区增加新的卖点。在此后的几个月中，明星们纷纷加盟楼盘促销。而在众多楼盘的联谊活动中，各路明星也经常出场亮相。在经济时代，借助明星效应来扩大项目知名度是一种较为可取的做法。

7. 其他方式

如目前不少房地产企业采用的分期付款、各种价格优惠以及售后免费维修一年等，均属于营业推广的方式。有的房地产企业向客户发放会员卡，还可以与银行合作发行联营卡，持有该卡的会员在购买楼盘之后即可享有各种购物优惠，包括电器、饮食、娱乐、保险等。又如香港有名的代理机构香港置业向客户提供的"置业礼包"中包括购买家具、保险、搬家、清洁、装修等的优惠。

【案例 9-6】 重金征名

2002年12月6日，一个多月来颇受北京各个方面关注的"今典集团百万征集案名"活动达到高潮，总价200万元的谜底在"今日美术馆"内揭晓。刘女士的"苹果社区"从万余个案名中脱颖而出，另外，"非社区""百子湾公寓""第九城市"三个案名被评为优秀奖，"青苹果乐园""WE社区""若水家园"等10个案名被评为入围奖。共有4000余名社会各界人士参加了本次征名活动，已有近2000人做了认购登记。看来，"苹果社区"对其所在区域的其他房地产项目，无论是在价格上还是在品质上都将构成巨大的冲击。一个连规划方案还没有的项目，能够长期不见其人只闻其声，在市场取得如此的名气，重金征名功不可没。

（二）选择房地产营业推广方法应考虑的因素

1. 房地产类型

不同类型的房地产需求者各不相同，因而可以使用的营业推广方法也不同。如：高级办公房可以向承租者提供"免租期"，这个方法对于一般住宅就行不通；普通住宅楼要吸引消费者前往参观，往往采用提供免费午餐或赠送礼品等方法，但这对于高级别墅不适用，高级别墅往往通过开酒会、开派对的方式吸引消费者。

2. 市场环境

营业推广对象因市场环境的差异，对不同的营业推广方式会有不同的反应。如对于抽奖活动，有的市场反应热烈，而有的市场则反应冷淡。

3. 营业推广费用

营业推广费用限制了营业推广的规模，也限制了营业推广方法的选择。因此，房地产企业必须根据可以用于营业推广的费用的多少，选择在一定的费用范围内能取得最好效果的营业推广方法。

4. 竞争情况

一是要针对竞争者使用的营业推广方法，选择有利于企业竞争的营业推广方法；二是要分析采取某种营业推广方法后竞争者的反应，是对抗还是模仿，或者无动于衷，预先想好应对措施。

四、营业推广方案的制定

营业推广方案是指营业推广活动实施的具体安排。营业推广方案的制定是一项复杂的工作,必须认真地进行市场研究。在此基础上,要求房地产企业对营业推广的强度、对象、途径、时间及预算做出具体的决策。

(一)营业推广的强度

营业推广的强度是指房地产企业的营业推广活动所产生的刺激程度的大小。一般来说,营业推广的强度越高,对推广对象产生的刺激越大,可能产生的营业推广效果越大。但往往效果的提高程度随着强度的提高而递减。另外,过分的刺激还可能产生相反的效果。因此,对营业推广强度的决定应以能达到预期的推广目的为原则。

(二)营业推广的对象

由于不同的营业推广方法对不同的营业推广对象的作用相差较大,所以,在具体的营业推广方法确定以后,应选择对这种营业推广方法反应最强烈的消费者、中间商或推销人员开展营业推广活动。营业推广对象的范围可以选择目标市场的一部分,也可以选择整个目标市场;可以对全部推广对象以同样的推广强度,也可以针对不同的推广对象用不同的推广强度开展营业推广活动。

(三)营业推广的途径

具体的营业推广方法往往可以通过多种途径来实施,而不同的途径往往会产生不同的效果,如对消费者给予价格折扣以鼓励购买的营业推广活动可以通过广告媒体进行宣传,也可以通过新闻机构以新闻事件的形式告知公众,还可以通过推销人员的口头介绍。因此,面对可供选择的多种推广途径,企业必须做出合适的决策,以使营业推广活动能够有效地传递给推广对象。

(四)营业推广的时间

营业推广的时间决策包括营业推广活动的起始时间和持续时间长短。营业推广活动的起始时间安排必须适当,如某开发商要开展一次针对广大教师的价格折扣售房活动,应选择教师节到来前的某一日期,选择其他日期可能会大大降低营业推广的效果。营业推广活动持续的时间不能太短,也不能太长。持续时间太短,许多可能参与的消费者可能会失去参与机会,影响营业推广的效果;持续时间太长则推广的号召力逐步递减,从而起不到预期的作用。如给教师的房价折扣活动,持续时间就应为教师节前后的一周或10天左右。

(五)营业推广预算

营业推广预算的决定可以采取两种方法。一是总和法,即根据营业推广目标、推广方案的其他各方面,分别算出营业推广活动每个环节所需要的费用,然后汇总得出营业推广活动的总预算。二是总促销预算百分比法,即根据企业的推广组合策略,将总预算按照不同促销方式以一定的比例关系进行分配。

【案例9-7】 某项目大型有奖销售活动暨公开发售活动方案

该项目位于一新开发区,周边住户少,人们一般很少前往。项目市场推广人员针对公开发售时间的确定,策划安排了一系列广告及活动推广,其中的一项重头戏是在公开发售日前举办大型有奖销售活动。以下是该方案的策划报告。

1. 活动意义

（1）聚集人气。举办抽奖活动可以吸引人们前往，增加新区人气，同时使更多的人看到项目实在的品质。

（2）增加项目开盘的轰动效应。通过抽奖，人群越聚越多，使过往车辆人流会认为该楼盘开盘即产生轰动，留下良好的第一印象，为以后售楼埋下伏笔。

（3）直接促销。部分人受高额大奖驱使，会在冲动之下购房，直接增加销售量。

（4）通过本次活动扩大项目知名度。

2. 活动目的

扩大项目声势，吸引周边客户，形成轰动效应，达到引爆市场和增加市场销量的目的。

3. 活动原则

场面热烈，持续时间较长，资金节省。

4. 活动策划依据

（1）目前楼市竞争激烈，各竞争对手奇招迭出，特别是开盘之初都追求人气鼎旺、强势开盘。

（2）周边各地福利彩票抽奖此起彼伏，势头正旺，说明人们对抽奖活动乐此不疲。

（3）本活动最坏的设想可能不是聚不到人气，而只是直接促销不理想，但即使如此也增加了项目的知名度，相当于做了一次轰动性的广告。

（4）在本方案正式起草前，已向公司有关领导做过口头汇报，得到认可。

5. 活动时间安排

活动持续一星期，正式抽奖定在开盘当日。具体时间安排见表9-5。

6. 活动地点

项目售楼处。

7. 组织分工

公司策划部、销售部、物业部。（具体安排略）

8. 奖项设置

分设金奖和幸运奖两个系列。其中金奖特别为已签订购房合同的业主而设，幸运奖为普通看房人士而设，有资格参与金奖抽奖者都可再参与幸运奖抽奖。

奖品具体设置（略）。

9. 抽奖办法（略）

10. 活动顺序

抽奖、兑奖同时进行，抽奖活动控制在上午12点前结束，部分兑奖工作延续到下午下班之前。凡未在当日兑奖者，其奖项自动取消。

表 9-5 项目有奖销售活动时间安排表

时间	活动步骤
9：00 以前	确认票号
9：00	确认票号结束
9：20	主持人宣布抽奖活动开始，公司代表发言
9：30	政府领导讲话
9：35	项目推介

续表

时间	活动步骤
9:45	到会嘉宾参观样板房
10:10	抽奖仪式正式开始,公证员宣读公证文件,主持人宣读注意事项
12点前结束	抽奖

11. 费用结算（略）

12. 活动总结（略）

第四节 关系推广与人员推广

在房地产市场推广策略中,除了广告推广、营业推广之外,关系推广与人员推广也是两种主要的策略。

一、关系推广

关系推广也称公共关系,是企业在市场经营中的一种促进销售的手段和管理职能。关系推广是利用各种传播手段,同包括顾客、中间商、社区民众、政府机构以及新闻媒介在内的各方面公众沟通思想情感,建立良好的社会形象和营销环境的活动。

（一）关系推广的概念

美国著名市场营销学者菲利普·科特勒在其《营销管理》（第六版）一书中论述了关系推广,它是指"买卖双方间创造更亲密的工作关系与相互依赖关系的艺术"。关系推广是指企业通过公共关系活动,使社会广大公众理解企业的经营方针和宗旨,加强企业与公众之间的联系,在社会上树立企业的信誉,为推进企业的市场销售服务的一系列活动。

关系推广的目的是着眼于企业长远发展,维持企业的盈利性和社会性之间的平衡。关系推广不同于其他促销方式。首先,它是以信息沟通为基本手段的促销形式,但并不直接介绍、宣传和推销企业产品,而是通过积极参加各项社会活动,宣传企业的营销宗旨,协调与公众的关系,赢得社会各界的理解、支持和信任,从而扩大企业的知名度、树立良好的企业形象,进而扩大企业产品的信誉,达到促进销售的目的。其次,关系推广对企业营销的促进作用是长期效应。因为提高企业的知名度、树立良好的企业形象和产品信誉是要经过长期努力的,而一旦成功,就能在较长时间内促进产品销售,获得收益。

（二）关系推广的作用

1. 有利于塑造企业和产品的良好形象

关系推广实质是以公众利益为出发点,为消费者提供优质产品的同时提供优质服务,树立起自身的知名度和客户的信任感,招来更多的客户,刺激或诱导消费者的购买欲望,以提高市场占有率和经济效益。特别是善于运用新闻媒介的企业,能够迅速提高其知名度和美誉度,从而塑造企业良好的形象,取得意想不到的效果。

2. 有利于赢得客户

今天市场的推销者不再是单纯的商品推销者,而是帮助客户解决问题的专家,他们的任务已不仅是向人们推销,而是作为客户的伙伴和合作者,充当客户的顾问,这就要求现代销售策划人员和推销人员掌握公关营销策划术、公关促销术，熟悉客户的心理，在营销中充分考虑和照顾广大公众的利益，竭力满足公众利益的要求，以增进客户及广大公众与企业的感情，改变公众的态度，激励公众的购买行为，以利于赢得客户。

3. 有利于开展创造性销售活动

许多营销专家、策划专家苦苦地运智用谋，就是为了通过创造性销售活动满足消费者需求，赢得客户，创造市场。关系推广恰恰是人们开展创造性销售活动的法宝。在促销实践中，人们把关系和商业销售有机结合起来，创造了许多关系推广术，例如循序渐进法、情景模拟促销法、环境适应促销法、故布疑阵促销法、形先夺人法、出奇制胜法等，巧妙运用这些方法，就可以在市场经济的大舞台上导演出一幕幕精彩的戏剧。

（三）关系推广的主要工具

关系推广并非一种直接的推广形式，而是房地产企业为了获得人们的信赖，树立企业或项目的形象，用非直接付款的方式通过各种公关工具所进行的宣传活动。关系推广的主要工具包括公益活动、新闻事件、社区关系、社会理念营销、出版物、举办专题活动等。

1. 公益活动

企业应积极参与各种有意义的公益活动，如社会赞助活动、义卖活动，以支持体育、文化、教育、社会福利和慈善等事业的发展。这不仅可以充分显示企业雄厚的实力，充分体现企业积极承担社会责任的精神，在公众中树立企业关心公益事业的良好形象，同时还可以为企业赢得政府及相关公众的支持，为企业生存和发展创造良好环境。

2. 新闻事件

对市场营销人员和公关人员来说，特殊事件无疑可以制造新闻。通过开展各种有益的社会活动，如以房地产企业名称命名的体育比赛、文艺演出、优秀运动员评选、智力竞赛等，以扩大企业的社会影响。此外还可以积极参加社会赞助、捐款等社会公益活动，以赢得社会好评。可以有意制造一些新闻事件，以吸引新闻媒介的注意。利用新闻人物的参与，创造一些引人注目的活动形式，在公众所关心的问题上表态亮相等，都可以使事实的新闻色彩增强，从而引起新闻媒介的注意并予以报道。无论是新产品的新闻发布会，还是工程的揭幕典礼，都提供了引起新闻界注重的极好机会。争取报刊采用新闻稿、参加记者招待会或举行新闻发布会，都需要营销技巧和人际交往技巧。与新闻界的交往越多，企业获得较好的新闻机会的可能性也就越大。

3. 社区关系

社区关系是指房地产企业与所在地政府、社会团体、其他组织以及当地居民之间的睦邻关系。社区关系的好坏取决于企业的行为和社区居民的意向，这对于企业的生存与发展有着重要影响。如对各有关方面的礼节性、策略性访问，逢年过节发礼仪电函、送节日贺卡，进行经常性的情况通报和资料交换，举办联谊性舞会、酒会、聚餐会、招待会等，甚至可以组建或参加一些社会团体组织，如联谊会、俱乐部、研究团体、房地产业协会等，同社会各界建立长期、稳定、友好的关系。

4. 社会理念营销

社会理念营销就是指房地产企业不仅要满足消费者的需求和欲望并以此获得利润，而且要符合消费者自身和整个社会的长远利益，要正确处理好消费者的欲望和利益与社会长远利益之间的矛盾。例如，刊登公益广告呼吁保护耕地、减少环境污染、劝诫吸烟等都是社会理念的推广。

5. 出版物

此处的出版物是一种由房地产企业出版的连续出版物或小册子。出版物散发的对象是投资者、研究机构和顾客等。其目的是宣传企业的组织、产品和服务项目，是一种促进公共关系开展的工具。开发企业可以通过发行企业自办刊物宣传企业文化、企业产品，也可以制作业务通讯资料，定期举行企业经营信息及物业市场走势的专家论坛活动，还可通过设计企业独特的标志、品牌，定做员工制服，印制专用信笺、台历等建立企业识别系统，塑造出企业独特而美好的形象，以加深公众的印象，培养潜在目标顾客的偏好。

6. 举办专题活动

房地产企业常通过举办或参加专题活动，以强化与各有关单位之间的信息交流与情感联络。例如，房地产企业通过民意调查等多种方式来收集企业内部与外部环境的变化信息，了解消费者对企业和对房地产的价格、质量、设施、房型等诸方面的意见和建议，并及时将改进后的情况告知消费者，以跟踪消费者的需求趋势，尽力满足消费者的要求，这实际上是在消费者中开展公共关系活动。

二、人员推广

房地产人员推广是房地产企业使用相当广泛的一种方式。由于房地产价值量巨大，普通消费者不会随意做出购买决定，因此人员推广在房地产市场营销中的地位显得十分重要。

（一）人员推广的概念及优缺点

人员推广又称人员推销，是最古老的促销方式，也是唯一直接依靠人工的促销方式。人员推广是房地产企业的推销人员通过主动与消费者进行接触和洽谈，向消费者宣传介绍本企业的房地产，以促进房地产销售的活动。

人员推广的优点是：通过房地产销售人员，直接可以向消费者传递企业和房地产的有关信息；通过与消费者的沟通，可以了解消费者的需求，便于企业进一步满足消费者的需求；通过与消费者的接触，可以与消费者建立良好的关系，使消费者也能发挥介绍和推荐房地产的作用。

人员推广也存在一些局限性：与其他推广方式比，时间成本较高；在市场范围受到限制的情况下，采用人员推广将受到很大限制；对人员的要求非常高，要求推广人员具有较高的素质。

（二）人员推广的方式

现代市场经济竞争十分激烈，要想打开人员推广工作的局面，还要注意一定的方式方法。

1. "微笑外交"，善于与客户交朋友

"顾客就是上帝"，这是每一位推广人员应牢记的，有了这样的思想才能认真地、耐心地、全心全意地为消费者服务，才能使消费者感到销售人员是真诚的、可以信赖的，这样才可能听得进销售人员的介绍，接受推销人员的劝告，购买销售人员所推销的商品。

2. 以礼相待，注意与用户交往的礼节

销售人员要尊重消费者的人格、知识、地位、职业、想法、建议，要学会"交换角色"看问题，只有坚持"急消费者所急，想消费者所想"的思想，才能处理好与消费者的关系，给消费者留下良好的第一印象。

3. 分析用户心理，满足用户需求

推广人员应学会按照用户的观点来分析用户的购买目标、购买动机，按照用户所希望的

方式来对待用户，要能灵活地跨越与用户之间的年龄障碍、文化障碍和职业障碍进行广泛的交流，并能学会随时调整交往方式，这样才可以在推销过程中不致出现尴尬场面。

三、推广方式的比较和组合运用

房地产市场推广策略主要可以分为广告推广、营业推广、关系推广、人员推广四种实现方式。上述四种推广方式特点各异，其推广效果也各不相同。推广组合就是这几种推广方式的选择、运用与组合。一个成功的推广组合策略应当可以使企业市场营销组合的其他因素更好地发挥作用。

（一）推广方式的比较

房地产市场营销不仅是生产房地产产品，并制定出合乎市场需求的价格占领市场，还必须同现实的、潜在的消费者进行沟通，每个房地产企业都承担起了沟通与促销的职责。然而，要沟通什么信息不应听其自然，为了有效地与顾客沟通，房地产公司雇用广告公司为其设计有效的广告，也雇用促销专家来设计销售奖励计划，并且聘请公共关系公司来塑造公司的形象，他们把销售人员训练得待人亲切友善且具有丰富的知识。这说的就是市场营销沟通组合，即推广组合运作的内容。

推广组合由广告推广、人员推广、营业推广及关系推广四个工具构成。各种推广方式各具特点，见表9-6。

表9-6　四种推广方式主要特点的比较

推广方式	优点	缺点
广告推广	传播广泛，传播的信息规范，易控制	广告费用大，广告效果难以度量，难以与目标接受者沟通
人员推广	信息表达灵活，易与消费者沟通，易与消费者建立关系，促销目标明确	单位接触时间成本高，对销售人员素质要求较高，难以进行大面积推销
营业推广	销售刺激直接，易引起消费者的注意与反应，易迅速产生效果	易引起竞争，促销效果难以持久
关系推广	可信度高，易建立企业和房地产的形象	针对性较差，企业难以控制

（二）房地产推广组合的特点

房地产推广组合是指为实现房地产企业的推广目标而将不同的推广方式进行组合所形成的有机整体，即如何确定推广预算及其在各种推广方式之间的分配，四种推广方式常见的推广方法如表9-7所示。企业应该根据推广组合的特点和影响推广组合的因素，对四类推广方式进行有效的组合，使企业能够以最少的推广费用达到所确定的推广目标。

表9-7　房地产推广方式常见推广方法

推广方式	推广方法
广告推广	售点广告、标志与标语、报纸广告、户外广告、电脑传媒广告、电视广告、传单、车体广告、杂志广告、直接邮寄广告、广播广告
人员推广	微笑服务、销售介绍、现场推销、电话推销、上门推销、不满意退款、提供抵押贷款服务
营业推广	展销会、抽奖、赠品、价格折扣、若干年还本销售、以租代售
关系推广	报告会、研讨会、记者招待会、庆典、公益活动、捐赠

1. 推广组合是一个有机的整体

为了达到费用最低且效果最好的目的，房地产企业往往不会只使用一种推广方式，而是将不同的推广方式作为一个整体同时使用，使其发挥规模效应。也就是说，如果各种推广方式配合默契，几种推广方式共同使用发挥的作用远大于独立使用各种推广方式产生的效应之和。然而如果各推广方式使用时相互制约、相互影响，则会出现有规模无效应的结果。

2. 推广组合是一种动态组合

推广组合策略必须建立在一定的内外部环境条件基础上，并且必须与企业营销组合的其他因素相互协调。有时候，一个效果好的推广组合在环境条件变化后会成为一种效果很差的推广组合。因此，必须根据环境的变化调整企业的推广组合。

3. 推广组合是一种多层次组合

每种推广方式中都有许多可供选择的推广工具，每种推广工具又可分为多种类型，进行推广组合就是适当选择各种推广工具。因此，企业的推广组合策略是一种多层次的策略。

第五节 房地产营销渠道

营销渠道策略是企业营销活动中不可或缺的一个重要策略。企业开发生产出来的产品，只有通过各种营销渠道才能到达消费者手中。房地产商品价值量大，交易价格及交易费用高，如何选择和配置房地产营销渠道，用最有效的方式把房地产商品转移到消费者手中，是本节将要阐述的基本内容。

一、房地产营销渠道的概念和功能

为了更好地理解和掌握房地产营销渠道的基本理论，有必要了解相关概念和功能。

（一）房地产营销渠道的概念

营销渠道，也叫销售渠道或分配渠道。房地产市场营销渠道的定义与一般商品营销渠道的定义有所区别，笼统地说，房地产市场营销渠道就是房地产商品的流通途径。其概念可用图 9-2 描述。

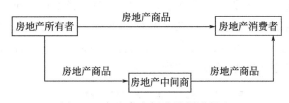

图 9-2 房地产市场营销渠道概念

具体来说，有以下 3 层含义。

（1）房地产营销渠道的起点是房地产商品的所有者（可以是新建商品房的开发商，也可以是存量房即二手房的所有者），终点是消费者（可以是购房者，也可以是使用者），其中包含的是完整的房地产商品流通过程，而不是流通过程中的某一阶段。

（2）房地产营销渠道的积极参与者是房地产商品流通过程中各种类型的中间商，即房地产中介代理机构。

(3) 在房地产营销渠道中，房地产的所有者向消费者转移房地产商品时，既可转移房地产的所有权，又可只转移房地产的使用权。

(二) 房地产营销渠道的功能

营销渠道的基本功能是把产品从生产者转移到消费者，建立起全社会生产与消费的联系，可归纳为以下 8 项。

(1) 调查研究功能：包括市场供需状况的调查、消费者需求信息的调查，以及编制营销计划所必需信息资料的调查与研究；

(2) 推广功能：进行产品宣传、推广、介绍，为推销而进行的说明性沟通功能；

(3) 联系功能：在产品的生产者与消费者之间建立起联系与沟通的桥梁；

(4) 协调功能：协调供需关系、生产与消费间的关系，使商品的生产日益满足消费者的需求；

(5) 谈判功能：与产品的生产者与供应者就价格、质量、包装及其他问题进行谈判、协商并最终达成协议，实现商品的交易；

(6) 物流配送功能：商品的运输、储存和配置；

(7) 融资功能：筹集和分配资金，供渠道运行使用；

(8) 承担风险的功能：承担与营销有关的各类风险。

二、房地产营销渠道的结构及成员组成

由于房地产产品的特殊性，房地产营销渠道有异于一般商品的营销渠道，认识房地产营销渠道的结构及成员组成，有助于掌握房地产营销渠道的基本理论。

(一) 房地产营销渠道的结构

房地产营销渠道，根据其在房地产所有者和消费者之间是否使用中间商或使用中间商的类型和多少，可以分为不同的结构。基本的房地产营销渠道结构模式有以下几种：房地产直接营销渠道、房地产间接营销渠道、房地产多渠道营销（图 9-3）。

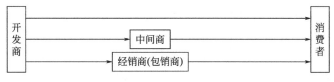

图 9-3 房地产多渠道营销

房地产多渠道营销是指房地产所有者（主要是开发商）通过若干不同类型的房地产营销渠道将房地产商品送到消费者手中。具体地说就是，房地产开发商同时通过开发商直销、中间商代理及包销商经销等多种营销渠道，将房地产商品租售给消费者，这种情况在目前的房地产营销中是比较常见的。

(二) 房地产营销渠道的成员组成

房地产营销渠道的成员组成包括以下三种。

1. 房地产开发商

房地产开发商是房地产产品的最初供应商，是房地产市场营销的源头和中心。

2. 房地产中间商

房地产中间商即房地产经纪公司，它没有房地产产品的所有权，只是在买卖双方之间

起媒介作用，促成交易，赚取佣金。房地产经纪公司代理销售房地产开发商开发的房地产的主要形式有：

（1）联合代理和独家代理。一般来说，对于大型综合性的房地产项目，房地产开发商经常选择两家或两家以上的房地产经纪公司共同承担代理工作，称为联合代理。而对于功能单一的房地产项目，或者综合性项目中某一特定用途部分，往往选择单一的房地产经纪公司负责销售代理，这种形式称为独家代理。

（2）买方代理、卖方代理和双重代理。依据委托人的不同，房地产代理分为买方代理、卖方代理和双重代理。

（3）首席代理和分代理。对于大型的房地产项目，房地产开发商可以选择一家房地产经纪公司作为项目的首席代理，首席代理再选择其他房地产经纪公司为其销售已经取得代理权利的房地产。

（4）全权代理、一般代理和特殊代理。全权代理是指授予代理人无限处理客户财产事务的代理形式。一般代理则仅限于委托协议规定的内容。特殊代理是指授权代理特殊交易或生意。

3. 消费者

消费者是整个营销系统的终点。在整个房地产营销系统中，房地产开发商、房地产中间商都是为了促成交易，提供满足消费者需要的房地产产品，赚取利润，实现自己的目的。

三、房地产营销渠道的选择

就目前国内情况来看，开发商采取的营销渠道形式多以直销和代理销售为主，但具体如何选择，还要视市场情况和开发商自身情况而定。具体运作主要包括以下内容：一是对影响营销渠道选择的各种因素进行分析，二是做出房地产营销渠道选择策略。

（一）影响房地产营销渠道选择的因素

房地产所有者在选择使用何种营销渠道之前，必须对影响营销渠道选择的各种因素进行分析，然后才能做出决策。影响房地产所有者选择营销渠道的因素主要有以下六方面。

1. 房地产商品本身因素

不同的房地产选择的房地产营销渠道也不同，房地产商品本身的许多因素，如房地产价格、开发量、利润等，都会影响房地产营销渠道的选择。

2. 房地产市场因素

影响房地产营销渠道选择的另一个重要因素是市场情况，主要包括潜在消费者状况和需求量两方面的影响。另外市场因素还包括市场性质、市场基本设施、市场条件等因素，但这些因素对房地产营销渠道选择相对来说影响较小。

3. 房地产企业自身因素

除了房地产商品本身因素和市场因素以外，房地产企业自身的因素也影响营销渠道的选择，如企业规模和品牌、企业的管理能力和水平、企业对渠道控制的要求、企业的经营策略和目标。

4. 竞争因素

竞争因素也是影响房地产营销渠道选择的因素之一，具体包括竞争者使用的营销渠道、市场竞争的状况。

5. 中间商因素

房地产开发商一方面要考虑中间商的知名度和实力,以及其销售网络是否能以最低的营销成本完成最大的租售量;另一方面,还要考虑所选择的中间商是否愿意代理租售本企业的房地产,因为中间商在同意代理租售前也要考虑风险、利润、市场等各方面的因素。只有两方面的条件都得到满足,才有可能利用中间商的营销渠道。

6. 环境因素

各种环境因素及其变化对营销渠道的选择也有很大影响,主要有政治环境因素、经济环境因素、社会文化环境因素。

(二) 房地产营销渠道选择策略

为了选择合适的营销渠道,企业必须对渠道结构、中间商类型和数量等方面进行一系列的定性与定量分析,然后做出抉择。

1. 房地产营销渠道结构的选择

房地产市场营销渠道的结构有直接营销渠道、间接营销渠道和多渠道营销三种。

不需要中间商的营销渠道就是直接营销渠道,又叫直销,它的优点是房地产开发企业直接面对所有消费者,可以准确掌握消费者的购买动机和需求特点,把握市场的脉搏。这样开发企业就可以根据市场动态随时做出应变的决策,而且企业能对销售费用进行全面控制,有利于降低营销费用。但是,直销也存在销售面窄、企业机构臃肿、运行效率不高等缺点。

房地产企业委托房地产中间商进行租售的属于间接营销渠道或多渠道营销,它的优点是租售效率高,因为房地产中间商往往有广泛的客户网络、固定的租售点和训练有素的营销人员。当然,通过中间商代理租售,房地产所有者将支付中介代理费用,这不利于降低营销成本,而且中间商的素质对营销影响也比较大。

房地产所有者应综合考虑直接营销渠道、间接营销渠道和多渠道营销的优缺点,对营销渠道结构做出选择。

2. 房地产中间商的选择

除了直接营销渠道外,其他房地产营销渠道都离不开房地产中间商的参与,因此选择合适的中间商是房地产营销渠道选择策略中相当重要的一个环节。房地产中间商的选择一般要考虑房地产中间商的条件及数量两方面因素。

从房地产中间商的条件来看,一般情况下考虑房地产中间商的实力和品牌、市场范围、综合服务能力、推广策略和技术以及预期合作程度。

从中间商的数量来看,有以下三种可供选择的策略。

(1) 密集分销策略。密集分销是指企业在营销渠道的每一层次选择尽可能多的中间商销售其产品,在房地产营销中就是指房地产所有者选择尽可能多的中间商帮助租售房地产。这种方式可以使房地产达到最大的展露度,使消费者能够最方便地买到房地产。但这种方式可能会使用一些效率不高的中间商,使房地产的分销成本上升,也会导致部分代理商缺乏开拓市场的动力,难以使每个代理商做到精心推广,一般房地产开发企业较少采用这种方式。

(2) 选择性分销策略。选择性分销策略是指房地产所有者在营销渠道的每一层次只挑选少数几个中间商来销售其产品。这种方式通过对中间商的精选,去掉了那些效率不高的中间商,可使企业的分销成本降低;对于精选的中间商,企业也易与之保持良好关系,使之能更好地完成营销职能。

(3) 独家分销策略。独家分销是指房地产所有者在一定时期内只选择一家房地产中间商租售其房地产，房地产开发企业选择独家分销就不能再授权其他中间商租售其房地产，通常开发企业也会要求中间商不再代理与之竞争的房地产。一般来说这种分销方式对企业来说风险较大，如果中间商选择不当，则有可能失去相当一部分的市场。

本章小结

在房地产市场营销概念中，将房地产的促销定义为市场推广，所以房地产市场推广就是房地产促销。房地产市场推广包括广告推广、营业推广、关系推广、人员推广。广告推广、人员推广和营业推广是较直接、较常用的房地产促销手段，而公共关系推广是非直接的，主要体现为提高企业的声誉和树立良好的社会形象，具有长久促销作用。各种推广策略不仅成本不同，所取得的效果也会有所差异，同时也具有不同的实施步骤。房地产企业在进行市场推广时，应该根据企业的整体目标、市场状况以及资源状况，合理使用这些推广策略，以实现最理想的推广效果。营销渠道策略是企业营销活动中不可或缺的一个重要策略。企业开发生产出来的产品，只有通过各种营销渠道，才能到达消费者手中。

复 习 题

1. 什么是卖点？卖点应具备哪些条件？挖掘卖点包括哪些阶段？
2. 如何提炼推广主题？
3. 广告策划要经过哪几个步骤？
4. 什么是关系推广？关系推广有哪些特点？
5. 什么是人员推广？人员推广的优缺点分别是什么？
6. 什么是房地产营销渠道？

思考与讨论

1. 尝试搜集当地某房地产项目的资料并进行汇总整理，进而发现该项目的卖点。
2. 试以当地某房地产项目为营销对象，并假设你是该项目的开发商，你将如何选择房地产广告媒体？

案例分析

房地产销售中的不同推广手法

1. 折扣与赠送推广——江苏某房产公司定向渠道推广优惠

房价明降对于房地产开发商来说是一件特别忌讳的事情，但采用定向渠道优惠的措施，就会使消费者觉得是只针对某些定向群体给予优惠，并非楼盘降价。在2008年楼市受宏观调控影响下，全国成交量普遍下降，各开发商便纷纷使出各种招数。5月份江苏某房产公司对其旗下的三个楼盘也采取了推广措施。

该公司决定在5月10日—8月31日对三个项目进行定向渠道营销。具体安排为：5月10日—31日，在职教师、公务员、医生、大学教师与某医院医生；6月1日—30日，某纺织城员工与经营业主，某家装城员工与经营业主；7月1日—8月31日，在职教师、公务员、医生、大学教师与某医院医生。在以上这些时间段内，业主购买指定楼盘均可在正常优惠基础上再享受1折优惠。根据公司内部数据统计，在优惠活动开始之后，销售量得到明显提升，而且受惠群体的买房数量大大增加，此次推广活动取得了很好的预期效果。

其实该公司此次定向渠道优惠推广相当于直接打折，间接调低售价。因为公司选择给予优惠的定向客户均是几个项目的最主要目标客户群体，"犹抱琵琶半遮面"的操作手法既对主要客户群直接进行了点对点的营销，又避免了直接降价对项目品牌形象及前期购买产品的客户造成直接冲击。

2. 诚信与质量推广——某集团推出无条件退房活动

某集团推出以下活动：凡是在××年3月1日—31日购买公司旗下任一在售楼盘的客户，均可在活动期间享受无条件退房的权利。从该集团开展"无条件退房"责任月活动至结束，真正选择退房的消费者共有3户。其中有两户最终退了房，另外一位购房者退掉了原先购买的一套住宅之后，出人意料地在该集团另一个项目购买了一套滨江住宅，同时还介绍自己的亲朋好友到售楼部来看房买房，几家人共购买了5套住宅。同时根据统计数据，该集团旗下8个在售楼盘自进入3月以来，整体销售态势呈上升趋势。退房变买房，公司迎来了一波销售高潮。开发商此次策略收到了很好的效果。

"无条件退房"其实传达了两方面的信息：房价不会跌和自身产品的质量经得起考验。实际上，"无条件退房"是在成熟的市场竞争中开发企业都该采取的必备手段。保证产品品质、服务质量是企业应当做到的和必需的，只要严格管理、确保工程质量等工作到位，不仅能得到广大消费者的认同，而且还会吸引更多的购房者来买房。正是有了品质的保障，无条件退房才演变为争相买房，该集团的品牌实力得到进一步的验证，而此次轰动全城的"无条件退房"事件也被传为佳话。

3. 另类方式的推广

北京广安门附近楼盘在开盘时，售楼处放置了一个金灿灿的楼盘模型沙盘，该楼盘在推广时紧紧围绕"金"字大做文章。这是北京首家外观设计采用金色玻璃幕墙与24K金箔砖镶嵌的楼盘，此外它的腰线等装饰部分也用24K镀金来点缀。据开发商介绍，他们这样做是为了提高整个楼盘的档次，让购房者在买房时体验到"尊贵"的感受。

北京门头沟区某楼盘的销售现场大打"学历购房"牌。销售现场打出了"文凭购房，凭证优惠"的标语，具体标准为：专科学历优惠1%，本科学历优惠2%，硕士学历优惠3%，博士学历优惠4%。这一"文凭成了优惠证"的促销手段引起了路人的特别关注，售楼处对此的解释是"为吸引更多高学历人士入住，最终目的是提高整个小区的档次"。

思考：结合本地实际，撰写一份楼盘推广方案。

第十章　房地产销售策划

房地产销售是房地产策划方案和价值实现的最终环节。通过销售房地产，开发商才能完成资金回收和利润实现。同时，前期所有工作也需要通过销售环节来检验。本章将重点以住宅项目的销售为线索，介绍销售实施前的准备工作，以及销售进入各个阶段后要准确把握的规律。

第一节　房地产销售准备

在房地产项目进入销售阶段时，要明确销售实施前有哪些准备工作要做。一般而言，房地产项目在进入销售时，主要应在销售资料、销售人员、销售现场三大方面做好充分的准备工作。

一、销售资料的准备

（一）法律文件的准备

1. 建设用地规划许可证

建设用地规划许可证是房地产建设单位或者个人在向土地管理部门提出建设用地申请，经城乡规划行政主管部门审查批准的用以确定建设用地位置、面积、界限的法定凭证，是建设用地的法律凭证。没有此证的用地单位属非法用地，房地产出卖人的售房行为也属违法，不能领取房地产权属证书。

2. 建设工程规划许可证

根据相关法律规定，在城市规划区新建、扩建、改建建筑工程和市政工程应向规划主管部门领取建设工程规划许可证方可办理开工手续。建设工程规划许可证的附图和附件是该证的配套文件，具有同等法律效力。建设工程竣工后，建设单位或个人持建筑工程竣工测绘报告向原审批部门申请规划验收，未经验收或验收不合格的，不予发放规划验收合格证，不予房地产权登记，不得投入使用。

3. 建设工程施工许可证

建设工程施工许可证是建筑施工单位符合各种施工条件、被允许开工的批准文件，是建设单位进行工程施工的法律凭证，也是房屋权属登记的主要依据之一。没有施工许可证的建筑属违章建筑，不受法律保护。

4. 国有土地使用证

国有土地使用证是证明土地使用者向国家支付了土地使用权出让金、获得了在一定年限内某块国有土地使用权的法律凭证。

5. 土地使用权出让合同

土地使用权出让合同由土地管理部门与土地使用者签订，土地使用者与土地管理部门签订或者变更土地使用权出让合同，并缴纳土地使用权出让金。

6. 商品房预售许可证

对符合规定预售条件的商品房，经主管机关核准后，会发放商品房预售许可证，各地政府发放预售许可证有不同的规定。

7. 国家或地方政府规定的其他法律文件

国家或地方政府规定的其他法律文件主要是指《商品房销售管理办法》《城市商品房预售管理办法》《商品房买卖合同示范文本》，以及限购、限贷、公积金贷款须知等政府文件。根据国家和地方政策灵活调整，确保房地产销售工作符合当下国家及地方的各项法规，进一步确保购房者的合法权益。

针对商品房现售情况，除准备上述销售法律文件外，还需要准备竣工验收登记备案证，以及证明小区供水、供电、供热、燃气、通信等配套基础设施具备交付使用条件，小区其他配套基础设施和公共设施具备交付使用条件或者已确定施工进度和交付日期等。

（二）宣传资料的准备

房地产销售的宣传资料一般有楼书、折页、置业锦囊、宣传单张等形式。在进行资料准备时，一般要根据项目的规模、档次、目标客户群等选择其中一种或多种组合使用。

1. 楼书

楼书，是房地产商宣传楼盘、吸引客户的重要资料，是房地产广告的重要形式，也是房屋销售和推广的重要组成部分。楼书承载着楼盘信息，是购房者与开发商之间的沟通桥梁。它既有同广播、电视相类似的时效性特点，也像书籍那样便于人们阅读。总的来说楼书可以划分为两类，一类为功能楼书，一类为形象楼书。

（1）功能楼书。功能楼书一般是对房地产项目各方面较全面的说明，可以理解为一本简单的"产品说明书"。功能楼书的设计是以最直接、最便利的方式将楼盘的开发商、地理位置、建筑特色、交通状况、周边环境、整体规划、内部规划、各层功能分区、户型等展现在客户面前。

（2）形象楼书。一本好的楼书，不仅要反映楼盘的信息，还需融入楼书本身的艺术性，以及想要传达出来的理念。随着人们物质生活水平的不断提高，人们对精神文化需求也越来越重视，而形象楼书更能满足人们的精神需求。一本优质的形象楼书可以提高楼盘的市场竞争力。一方面，楼书展示了楼盘的详细信息，让消费者对楼盘有了直接的了解；另一方面，形象楼书是实用性与审美性的有机结合，不仅能让消费者从楼书中满足自己的精神需求，还能激发消费者的购买欲望。

【案例10-1】 楼盘形象楼书

如深圳房地产项目"阳光四季"在形象楼书中除用大幅图片表达项目的品牌、档次和展现未来生活外，其主打语为"阳光有多好，你就有多好"。

另一楼盘"美庐锦园"则是用大幅图片表现蓝色大海、绿色高尔夫及华侨城景观等生活环境，配以"海风轻拂，芳草绿，悠然在我家"等文字。

看完形象楼书后，留给人很多回味及想象的空间，将项目与自己未来生活的美好联系在一起。

2. 折页、置业锦囊、单张

除了楼书，还可以准备折页、置业锦囊、单张等宣传资料。折页主要是形象楼书和功能楼书的一种简要版本和补充。折页外表用来表现形象包装的内容，而里面可配以各种户型或楼盘的介绍。其他方面内容的介绍也可以采用插页形式夹在其中。置业锦囊则主要侧重于对生活配套及目标客户关注问题的说明，它可补充楼书没有介绍的有关产品和配套方面更为详细的内容。单张一般用于大量派送，如展销会或街头派送等。

（三）销售文件的准备

1. 客户置业计划

项目在推向市场时，不同的面积单位、不同的楼层、不同的朝向，总价都不会相同。应事先制订出完善的客户置业计划，这样可以明确地告诉客户不同的付款方式和金额。

【案例 10-2】某项目的客户置业计划

如图 10-1 所示是某项目的客户置业计划。

基本情况
序号：_____ 户型：_____ 建筑面积：_____ m²   单价：_____ 元/m²   总房款：_____ 元
付款方式
(1) 一次性付款优惠 ____ 折，优惠后单价 _____ 元/m²，优惠后总价 _____ 元   (2) 按揭付款优惠 ____ 折，优惠后单价 _____ 元/m²，优惠后总价 _____ 元
其他费用
其他费用：约 _____ 元(含契税、维修基金、煤气初装费、有线电视初装费、相关办证费用等)
注：1. 以上定价、付款方式及折扣如有变动，恕不另行通知。 2. 以上收费标准如有更改，按照政府及相关部门规定执行，恕不另行通知。

置业顾问 _____ 电话_____ ____年___月___日

图 10-1 某项目的客户置业计划

2. 购房须知

房地产属于大宗消费品，购买过程复杂，为明晰置业者的购买程序，方便销售，事前应制定书面购房须知。购房须知内容包括物业介绍、可购买对象、认购程序等。

3. 售价表

发展商制定的楼盘价格表主要是针对不同户型、楼层和面积而制定的单价及总价，以及可供选择的付款方式和折扣，使顾客对各单元售价一目了然。售价表可视销售情况和工程进度而进行调整。

4. 楼盘表

楼盘表是指发展商印制的用来反映销售情况及向物业公司移交的材料。楼盘表记录了各楼层、户型、户号的业主名字（名称）。

5. 售楼指导书

售楼指导书是指导销售人员工作的内部文件，目的是让销售人员掌握楼宇的详细情况和明确销售任务，做到心中有数，有据可依。指导书内容主要包括楼宇开发的背景情况（土地价格、总投资额、合作伙伴等）、设计特点、工程计划、资金计划、成本价格、预期利润、目标市场、广告重点等。销售过程中某项内容的变更和修改要及时通知销售人员。

6. 按揭协议书

按揭协议书是指发展商需要银行按揭服务时与银行的合同意向书。用于说明银行提供按揭服务的时间、期限、楼层数及资金总额等内容。

7. 其他相关文件

其他应准备文件可根据项目自身来确定，如需交税费一览表、办理入住指引等相关文件。

二、销售人员的准备

在房地产销售准备工作中，销售人员的准备是极其关键和重要的一项工作。房屋销售是整个房地产活动中最重要的环节，是直接产生利润的环节，销售人员是整个销售活动的执行者，因此销售人员的作用就显得至关重要。也正是销售人员的重要性，对销售人员的准备、培训提出了严格的要求。销售人员准备情况的好坏将直接影响到楼盘的销售速度。销售人员的准备主要包括以下几个方面的内容。

（一）建立销售制度

组建销售团队，首先要建立相应的销售制度，最基本的制度是销售日常管理制度和销售薪酬制度，明确销售人员的上岗要求，上班时间、地点及日常行为，底薪和佣金结算规则等内容，为后期顺利确定销售人员奠定基础。销售人员会议制度、销售人员客户界定制度等其他规范销售人员行为、提升团队销售业绩的制度，可以在销售团队组建后再根据团队的具体工作需要而分批制定。同时，为便于开展后续各项销售工作，现场销售一般会建立行政管理制度、工作规范制度、业务管理制度等销售相关制度体系。

（二）确定销售人员

房地产销售一般根据项目销售量、销售目标、广告投放等因素决定销售人员数量，然后根据销售情况进行动态调整。选择销售人员时，应注重素质，要有基本的专业素质和沟通能力，能为客户提供专业及优质服务，还要有良好的个人形象。根据不同的房地产项目选择熟悉该地区、该类客户、该房地产类型的销售人员，为房地产销售打下良好的人员基础。一个优秀的销售人员不仅仅是推销产品，同时也是推销人格、品位、审美价值、职业修养。

（三）培训销售人员

为了能够达到预期的销售目标，在正式上岗前对销售人员进行培训是尤为重要的，同时在销售过程中也要不断结合销售中出现的新问题进行后续优化培训。对销售人员的培训内容一般包含：公司背景、项目推广目标、公司发展目标、项目概况、对竞争对手的分析、销售人员的行为准则、工作流程、推销技巧、签订买卖合同程序、物业管理课等。通常在这些培训完成后，会进行销售模拟，模拟销售过程结束后，要及时讲评、总结，必要时再次实习模拟，进一步提高销售团队的凝聚力和战斗力。

（四）销售人员的激励与考核

销售人员也需要不停地激励。一般是先给销售团队和销售人员个人设定各项销售指标，当最终完成销售指标时，给予销售团队及个人相应的物质奖励或者精神奖励，促进销售人员的工作积极性，确保销售团队在项目开盘、持续期及尾盘销售期等重大营销节点均能够保持高昂的激情。

销售人员的考核是一项系统性工作，关键是考核销售人员的工作态度和销售能力，主要以销售业绩来衡量，同时兼顾销售人员个人对团队的影响，确保销售人员个人销售能力的提升和团队整体销售业绩的增长能够兼容。通常情况下可以从陌生拜访的客户数量、新客户的开发数量以及销量的增长率三个方面对销售人员进行考核。

三、销售现场的准备

房地产销售现场准备是销售前准备工作中非常重要的一环。诚意客户在接收到楼盘销售的信息后，决定到现场参观，现场状况将直接影响其购买行为。一般来说现场准备包括布置与设计楼盘售楼处、看楼通道、样板房、形象墙、户外广告牌、灯箱、大型广告牌、导示行为、彩旗、示范环境、施工环境等，具体内容详见第二节。

第二节 房地产现场包装策略

楼盘包装的重要性在于它代表的是企业的形象，代表的是项目的整体，代表的是实体产品。现场包装是广告的有益补充，是营销策划中不可缺少的一环，起到强化及深化广告宣传的作用。现场包装不仅有利于提升楼盘档次和品位，表现楼盘内涵，获得买家认可，促进销售，而且有利于提升公司形象，树立公司品牌。

一、楼盘包装

下面从预售阶段和收尾阶段两方面阐述楼盘包装策略。

（一）预售阶段楼盘包装策略

预售阶段的楼盘包装工作主要集中在售楼处、样板房、模型、形象墙、示范环境、施工环境、看楼通道、充气拱门、路旗、小彩旗、指示牌等方面。

1. 售楼处

开发商会在项目现场设置售楼处，它是开发商直接面对客户的脸面，对消费者的购买决策具有一定的影响。售楼处的布置大致包括地点的选择、室外场地设计、入口设计、功能空间构造、装修风格。具体内容将在后面详细介绍。

2. 样板房

房地产项目在预售时，由于置业者在产生购买行为时看不到完整的房屋状况，因此，样板房的制作主要是让客户在此之前对所购买物业有一个直观的感觉和印象。具体内容将在后面详细介绍。

3. 模型

模型主要用于在无法完整直接地看到楼盘实际效果时，用来告知客户完成后楼盘的完整形象，同时也方便售楼员给客户讲解时指明具体户型的位置、方位。模型一般包括整体规划大模型和分户模型。整体模型用于表现项目的具体位置、周边的景观、配套和小区布局，以及中心庭院等；分户模型主要用于实体样板房和交楼标准不能展示全部户型时，方便客户对户型的实际布局和室内空间大小尺寸进行了解。

4. 形象墙

形象墙一般主要用于分隔施工场地，保证客户看楼的安全和视线的整洁。一般可用普通的砖墙，也可用围板；墙上要进行美化和装饰，可以上裱喷绘，也可用色彩直接上绘；墙上的内容可以是楼盘的标志和售楼电话，也可以根据所在的位置结合灯箱广告牌来昭示和展示楼盘的形象和卖点。形象墙是影响人的第一感觉的重要视觉因素，可以改变客户对项目的看法，因此，设计必须大胆、新颖，以期能使整个售楼处焕然一新。

形象墙其实是最佳的广告包装位置，因为它面积大、范围广，房地产商应该在这方面多花些心思，认真研究如何利用。例如，金地翠园以"翠"为主题，以草皮墙切合这一主题，令看楼者耳目一新。又如，金海湾花园以"海文化"为主题，由此开发商想到用贝壳装饰外墙。

5. 示范环境

有条件的楼盘，可以在售楼处前面的空间布置一些庭园式小景观，如假山、雕塑、喷泉、小瀑布、微型小花园等作为示范环境。这样的景观庭园的示范环境可以为死板生硬的售楼环境注入活力与生气，表现地产商的细心体贴，增加亲和力和温馨感，特别适合住宅楼盘的包装。

6. 施工环境

施工现场应保持干净整洁、有条理。施工现场的组织与管理水平，直接代表着建筑施工公司的水平及实力，而建筑施工公司的水平及实力又直接影响房地产产品的质量。对施工现场环境的维护和有序的管理，将直接影响到项目的形象和市场口碑，从而影响到消费者的购买信心。

7. 看楼通道

看楼通道是连接售楼处和样板房或现场实景单位之间的交通通道。看楼通道的选择要保证路线尽可能短和安全畅通，要保证通道有充足的采光或照明，在通道较长的条件下，要做到一步一景，要丰富、不单调。

8. 充气拱门

充气橡胶做成的弧形拱门在商铺物业、写字楼物业的包装中应用较多，一些大型庆典活动及表演也常用，有时也用数个充气拱门及幕布做成充气篷房，起到防雨防晒作用。

9. 路旗、小彩旗、指示牌

严格来讲，设置在围墙上及售楼处顶部周边的旗帜也属于路旗。路旗对于一些地处偏僻位置，或者有一定纵深的楼盘起着重要的引导作用。运用小彩旗可以装点现场，营造气氛，可以是三角小彩旗或者是旋转风轮小彩旗。

指示牌的形状灵活多样，有箭头形指示牌、指示板、三角指示牌、平面指示牌、多面指示牌等等。指示牌与路旗一样，起引导作用。设置指示牌，方便消费者参观看楼，提醒他们注意某些事项，展示开发商的细心与诚意。消费者最后之所以决定购买，有可能就取决于一些极细微的行为，正如俗语所说："于细微处见精神。"

(二) 收尾阶段楼盘包装策略

楼盘销售收尾阶段现场包装同样非常重要，它关系到楼盘和企业的形象，混乱的场面容易直接影响已购和未购消费者的心理感受。收尾阶段楼盘包装主要体现在树立入住率广告板、逐步回撤各种包装工具、告谢板等。

1. 树立入住率广告板

收尾阶段，在现场树立入住率广告板，把销控表做大，胜于任何一种宣传促销方式，给已购消费者信心，给未购消费者良好的心理感受。

2. 逐步回撤各种包装工具

在收尾阶段，工作也要井井有条，有步骤地撤回路旗、彩旗、充气拱门、广告板等，保持现场整洁。

3. 告谢板

公开感谢市民的大力支持，树立公司品牌形象。

二、售楼处的包装

售楼处又称销售中心，主要是向客户介绍楼盘和展示楼盘形象的地方，同时也是客户做出购买决定并办理相关手续的地方。因此，其地点的选择、室外场地设计、售楼处入口设计和功能空间构造都要精心安排。

(一) 地点的选择

售楼处建筑作为销售的前沿阵地，选址是其规划设计中很重要的环节。在楼盘销售中，途经客源一般占相当大的比例。一些楼盘的成交客户中，途经客源甚至比传媒广告所吸引的成交客户比例还要大，而吸引途经客户的重要途径就是售楼处现场的包装。从这方面考虑，售楼处应尽可能选在主干道或人流量密集的地方。

对小规模项目来说，由于场地的限制，要考虑售楼处的选址是否会影响到工程的施工。而对于大型项目来说，售楼处的地址应尽可能选在项目首期开发区域范围内。对于地块狭长或者地块较大的楼盘，要考虑放在哪个部位更能提升项目的市场价值和项目的正面形象。

(二) 功能空间构造

作为销售的前沿阵地，售楼处直接影响买家的购买，混乱的场面容易影响客户看楼的心情。因此，设计一个合理、层次分明的空间布局不论是对于开发商的形象，还是对于客户的现场体验都会起到积极的作用。

1. 迎宾辐射区

迎宾辐射区对于吸引潜在客户进入售楼大厅至关重要，因为它位于售楼处的外部，这片区域通常会有售楼宣传横幅、广告牌、指示牌以及其他宣传装饰等。

温馨的细节处理对于这片区域非常重要，因为这是客户走进售楼大厅之前的第一个"门户"。譬如很多客户都是开车来看房的，那么停车场的指示牌以及进入停车场的引导工作对于开车来的客户就显得相当重要。比如放置醒目的停车指示牌，或者安排专门的停车引导人员，让客户不会因为停车问题而影响看房的心情。

迎宾区一般安排在售楼大厅门口，是迎宾、送客的地方。这个区域通常会安排四到八人，分别站在门口两边。当有客户朝大门走来时，站在最外边的迎宾人员要面带微笑及时走过去，简单地问候与询问，如果对方要求引导看房，则应该把其带到接待区，让售楼人员接待。

2. 接待区

接待区主要用来接待需要咨询的客户，让客户尽快满足需要。同时这里也是售楼处服务窗口的一个形象展示，接待区工作台的整洁以及工作人员的热情是该区最需要的。

接待区可以布置在售楼处入口处，以便于接待人员及时接待来访的顾客。也有很多售楼处把接待区设置在正对大门的地方，这样的好处是客户一进门就可以看到。此外，接待区还可以设置为总台形式，以本楼盘项目的大幅形象标志展板为背景，做成形象墙。在接待台上放置楼盘的相关宣传资料，并配置2~3台电话，有固定的电话接听人员和现场服务人员。

3. 展示区

展示区的主要目的在于吸引客户观看与楼盘项目有关的宣传信息，可以通过展板、视频、触摸显示屏等多种形式介绍项目产品。

展板是展销会的重要部分，它可以系统地介绍本项目的基本情况及销售情况，其最重要的目的之一是让客户了解项目的优点。它以统一的艺术形式加以布置，使项目个性形象突出，缩短买家了解项目的时间，甚至可以使买家迅速做出购买决定。展板内容包括项目各户型透视图、主要交通图、建筑物立面图、地理规划图、住宅单位平面图、住宅单位室内布置图、项目的真实效果图、开发商的背景、价目表以及付款方式等。

4. 模型区

模型主要用于在无法完整直接地看到楼盘实际效果时，告知客户完成后楼盘的完整形象；同时，也方便销售人员给客户讲解时指明具体户型的位置、方位。模型区主要采用沙盘模型的形式，模型展示区应临近洽谈区，分功能不分区域，方便售楼人员为客户随时解说。

5. 洽谈区

洽谈区是销售人员与购房者一对一沟通的场所，其对于谈判的成功与否有着很大的影响，所以这片区域的设计非常关键。洽谈区要求空间舒适明亮，一般为开敞式设计。该区域可以与水吧相结合，便于及时向顾客提供饮料和茶点。

6. 其他功能区

售楼处内其他功能区包括签约区、休闲区、工作区、卫生间等。签约区要求安静，需设置为单独隔间形式，便于重要客户的洽谈和签约等一对一活动的进行。休闲区是过去很多售楼处忽视的一个区域，但现在已经受到了越来越多的重视。休闲区为看盘的客户提供驻足休息的场所，其价值在于让客户逗留一会儿；客户在售楼处多待一分钟，售楼人员就多了一分钟的机会。工作区可以设置在售楼处最靠里面的位置，因为这片区域完全是提供给办公人员办公用的，也是售楼处不对客户开放的区域，可以设置在相对偏后的位置。

（三）装修风格

售楼处作为销售的前沿阵地，是客户对项目产生第一印象的地方，因此其包装是否符合项目特点和气质至关重要。售楼处肩负着太多的功能，所以它的装修风格要与建筑风格、楼盘档次相匹配。大体上讲，常见的楼盘风格不外乎现代、古典、中式、异域、时尚和古朴等几种。每一种风格都有自己独特的韵味，关键是要做到统一和专业。

售楼处的设计风格和现场包装要充分结合项目的产品定位和建筑风格，做到形式和内容的统一。在确定了项目的定位和风格之后，应该按照这种思路通过售楼处加以渲染和放大，达到加强宣传的效果。

（四）室内软件包装

售楼处除了上述硬件包装外，室内软件包装同样不可忽视。

1. 销售人员的着装

销售人员不仅代表自己和公司形象，也代表所售楼盘的形象，所以一般要求他们统一着装，着装应给人热情周到、亲善友好的感觉，服装设计一定要求款式美丽大方，有利于提高工作效率，服装的款式不可太宽松，以合身和不妨碍操作为原则。销售人员制服的材料、款式及颜色的选择与搭配，还应该与项目的建筑风格、售楼处设施情调以及室内装饰相呼应，浑然一体，使客户感到舒适、典雅、协调。

2. 现场气氛包装

销售现场气氛营造是推盘的重要环节。常用方法包括：接待中心播放广告录像；邀请合同公证处、保险机构、银行按揭处有关人员现场办公；给客户赠送楼盘 VCD 等；现场布置一些游乐休闲设施，或者在现场举办一些游艺会、免费餐饮、送礼品、酒会等活动，邀请名人表演等。以上活动的目的都是为了吸引消费者，塑造现场旺气，所以，这些现场活动既是销售手段也是销售包装。

3. 现场环境清理以及管理的包装

现场清理及管理是维持楼盘良好形象的包装。它主要包括：销售人员的管理（如着装、轮值时间安排等）、接待中心和样板房的清洁整理、道路的修整、损坏的广告布幅及看板的更换、花木浇水等。干净整洁的销售现场、整齐有序的销售队伍、鲜亮的广告布幅等，这就是良好的现场环境清理及管理的包装所给客户带来的基本印象。

三、样板房的设计

样板房是销售的第二阵地，是提高楼盘形象的直接表现形式，与产品定位和目标客户紧密对接的样板房不仅是户型空间的展示，更是整个楼盘形象的缩影。样板房是销售人员向客户介绍产品的道具，能为促进销售提供有力的支撑，对顾客的直观感受和现场心理感觉也能起到无形的诱导作用。

（一）样板房的位置

样板房位置的选取以靠近售楼处为宜，这样不仅可以延续售楼处产生的渲染力，还能给客户提供看房方便。根据位置的不同，样板房可以分为实体样板房和户外示范单位。

1. 实体样板房

实体样板房是直接设置在项目楼栋内，选取正在施工或已经完成的项目楼栋内的户型，经过精装修后向顾客开放作为样板间参观。利用实际产品作为样板间展示，一方面可以为客户带来真实的感受，另一方面降低了成本，因为实体样板房不必拆除，在销售后期可以直接售出。

2. 户外示范单位

户外示范单位即样板房设置在户外，按照 1∶1 的比例模拟实体建造的豪华装修样板房。设置户外独立的示范单位的优势：①避开施工带来的负面影响，保证施工建造不受外界干扰；②通过选取较好的位置，可以弥补示范单位局部细节如朝向、通风、采光条件的缺陷。

（二）样板房设计装修

样板房不但展示了楼盘的良好形象，而且也更好地促进了销售，产生直接的经济效益。样板房作为一项重要的销售道具，其设计应针对目标客户群进行，应充分展示户型的特点和优势,通过装修引导人们的生活方式,引起客户对产品的认同感。

样板房是交房标准的具体展现,因此,样板房的设计要以交房标准为基础,偏离交房标准的样板房会使消费者产生受骗的感觉,从而间接影响销售。样板房的装修要精心设计、合理布置,努力营造一种温馨舒适的感觉。此外,在装修基础上进行恰当的配饰摆设可以引起消费者对"家"的人性触觉和拥有的欲望。配饰的选择以与设计风格相匹配并能引起消费者共鸣为原则。如有的样板房就做得十分细致,厨房里冰箱、厨具、锅碗瓢盆甚至水果蔬菜等一应俱全,使客户在参观时不自觉地将自己融入居家环境,从而产生认同感。

第三节 房地产销售实施与管理

房地产项目在进行了准确的项目定位,确定了价格策略和市场推广方案后,紧接着就进入了实战阶段,也就是房地产项目销售阶段。在前期工作准备完毕后,下一步就进入了销售实施阶段。

一、销售实施各阶段的销售策略

当房地产项目进入销售阶段,通过前期项目定位及各销售阶段的总结,可得出下一阶段的销售策略。

(一)预热期的销售策略

房地产市场的发展越来越理性,置业者在购房时都会反复比较和挑选,寻求性价比最高的物业,多注重眼见为实。与现楼对比,置业者对期房的信心相对不足。因此,入市的时机一方面取决于当时市场的竞争状况,更大程度上则取决于入市时的工程形象和展示是否到位。这个阶段的策略主要目的是:吸引和引导更多的消费者认知、关注和购买项目,创造更多的销售机会,为项目培养尽可能多的潜在的客源,扩大项目与公司在市场中的知名度和影响力,树立项目的品牌形象,为项目的顺利开盘奠定基础。

一般来说,项目在正式进入市场前都要有一个预热及提前亮相的阶段,该阶段一般有以下几种作用。

(1)不具备销售条件,但需要提前发布将要销售楼房的信息以及吸引客户等待。

(2)面对市场竞争激烈的形势,提前预销可分流竞争对手的部分客户。

(3)为了在开盘时能达到开门红,先行在市场中建立一定知名度和客户基础。

(4)对目标客户及市场进行测试,为正式开盘时的销售策略提供准确依据。

(二)强销期的销售策略

此阶段一般为项目正式进入市场开始销售,在此阶段项目会投入大量的广告、推广费用,一般还配合有开盘仪式以及其他各种促销活动等,以促进楼盘形象进一步提升。比如,鉴于蓄客期已基本达到标准,为了能够加强客户的忠诚度和购买度,配合开盘仪式,有必要根据实际情况做一次全面的、有针对性的产品推介会,展示开发商品牌和项目价值,刺激客户开盘购买欲。这个阶段为配合销售达到顶峰,各种促销手段应层出不穷,以保持热销场面。在强销期内需注意以下问题。

① 调整销控放量。做好销控工作,顺应销售势头,保持较充足的房源供应,控制好销售节拍。

② 调整价格控制。在房地产销售过程中，基于市场情况的变化以及企业自身目标的调整，有可能需要对价格进行调整，但价格调整一定不能一次太多，一般每次不应超过1%，但在客户可接受的前提下，可采用小步慢跑式（即可多次提价，但每次提价较少）。

（三）持续销售期的销售策略

项目通过大规模广告及促销后，逐渐进入平稳的销售期，此阶段即为持续销售期。在此期间上门客户量逐渐趋于平稳，广告量也不如前一阶段那么大，大多数户型较好、位置较好的房源基本上都在前期的销售中销售一空。这个阶段的销售策略应注意：一是根据项目特点和所剩房源，挖掘个性进行销售；二是加强有潜力地区的宣传，电话跟踪有成交欲望的客户；三是加强补充和签约工作。

如深圳某项目，因其紧靠山景公园，楼盘最大卖点为山景高端住宅，因此，朝向山景的单位在前期销售较好。在进入持续销售期后，剩余大量房源为无山景的住宅，此时及时发掘这部分楼房的价值，对此部分单位主推此卖点，吸引大量客户成交，很快起到作用。

（四）尾盘期的销售策略

项目进入尾盘期，销售速度明显减缓。尾盘期的最终出现是由销售产生的，其病因却始于销售之前和销售之中。尾盘期的销售策略详见第四节。

二、销售日常管理

销售的日常管理工作主要体现在销售现场业务流程的管理和房号的管理两个方面。

（一）销售现场业务流程管理

1. 来访流程管理

（1）来访接待流程参见图10-2。

（2）来访接待管理包括以下几个方面。

① 客户到访接待。为了给客户留下良好的第一印象，客户到访销售中心后，销售人员必须及时上前问好，并询问客户姓名以及是否为首次来访，如以前来过，便由第一次接待的销售人员上前接待，反之则继续接待。接待客户一般一次只接待一个人，最多不要超过两个人。

② 项目的整体介绍。销售人员在销售中心门口接待客户后，一般会依次为客户讲解项目的区域、产品、开发商等基本情况，以便客户对项目有一个整体了解。在介绍完项目的整体情况后，销售人员应有针对性地询问客户的购买意愿和意向单位，以便及时发掘客户的需求，从而开展更加深入的沟通，打消客户的各种疑问，激发客户的购买意愿。

③ 入座洽谈。看完模型后请客户到洽谈桌入座并奉上茶水，在对客人需求有一定程度了解的基础上，再进行针对性介绍，同时可再详述项目的优点、项目期内的优惠，以增加客户的购买欲，力争成交。当客户产生疑问时，应详细、耐心地倾听客户的疑问，并不断点头表示清楚客户的疑问，在客户停顿时进行解答。

④ 客户登记。不管客户是否成功认购，每接待一位客户，都应记录详细的客户资料及来访情况，方便日后的跟进工作。

客户到访登记之日起三至七天之内必须进行第一次跟踪，同时做好详细的跟踪记录。原则上每七天要跟踪客户一次，直到客户明确表示不购买，每次都需做好详细的跟踪记录，对于分析客户的成交或未成交原因有重要意义。

⑤ 送客。在客户表示即将离开时，要礼貌送客至销售中心大门口，给客户留下良好印

图 10-2 来访接待流程示意

象,以便日后与客户再次联系。

2. 来电接待流程管理

(1) 来电接待流程参见图 10-3。

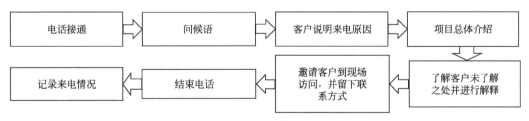

图 10-3 来电接待流程示意

(2) 来电接待管理包括以下内容。

电话接待服务的基本要领:礼貌、准确、高效。

来电接听的基本规范:①接听电话时应清晰地报出公司名或在售项目名称,使用礼貌用语;②对于客户的询问,应抓住重点耐心讲解,通话时间以控制在 5 分钟之内为佳,尽量将解释的时间缩短,邀请客户到达现场了解;③电话中的长时间沉默会使对方产生误会或猜疑接听人员没有认真听,因此,应在适当的时候附和,如"是、对、嗯、很好、请继续说"等;④如果来电要找的人不在,应先说"请稍等一下",然后立即传达,传达时不可大声呼叫,要注意言语表达,如应询问客人有什么可以帮忙的,客气地请对方留言或留下电话,以便回电；⑤当对方激动或言辞过激时，仍应礼貌待客，保持冷静、平静对答；⑥在来电登记表上对客户来电情况及时进行记录，特别是客户的姓名和联系电话。

3. 签约流程管理

（1）签约流程参见图10-4。

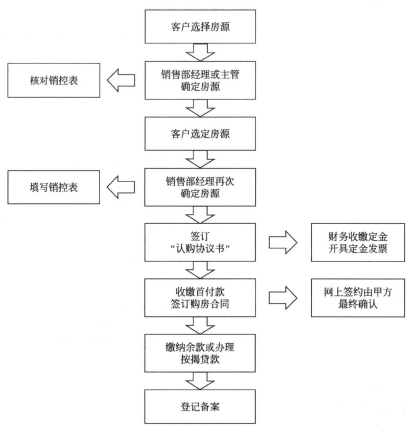

图10-4 房屋销售签约流程

（2）签约管理包括以下内容。

① 收取定金，签订认购合同。该项工作由销售人员与财务人员配合完成，认购合同由财务人员统一保管，在使用前由销售人员按顺序领用，由销售人员与客户共同签订。在签订认购合同前必须与销售经理核定房号，然后才能通知收取定金。

收取定金不在于金额大小，其主要目的是使客户关注该楼盘，因此当客户未带足资金时，鼓励客户支付定金是一个行之有效的方法。定金必须由财务人员直接收取并开具收据，财务人员在收取定金时，必须做好房号的再次核实，以及认购合同的核查工作，然后即刻做好账目记录，这些记录包括房号、收取定金金额、合同编号、业主姓名、联系地址及电话等。

② 收缴首付款，签订购房合同。签署认购书只是客户购房的重要步骤，但并没有确定出卖人和客户之间的最终买卖关系，二者之间的买卖关系建立是以客户缴纳首期房款、最终签订正式楼宇买卖合同（俗称商品房买卖合同）为法律依据的。客户缴纳首期房款和签署买卖合同的手续与缴纳定金、签订认购书的形式相同，只是首期款金额一般高于定金金额，买卖合同的内容也比认购书的内容更详细，且会包括分户平面图、公摊说明、交楼标准、质量

保证书、补充协议等附件,以更加全面、详细地约定买卖双方的权利和义务。

③ 缴纳余款或办理按揭。目前,客户购买商品房一般有三种付款方式:一次性付款、分期付款和银行按揭付款。一次性付款是指客户在签订商品房买卖合同的同时将全部房款支付完毕,而分期付款和银行按揭付款是指客户只是在签订商品房买卖合同的同时缴纳部分房款,剩余房款采取分期或者银行按揭的方式另行支付。

针对分期付款方式,客户将根据与出卖人的合同约定内容,在一定时间内分几次付款,每次支付的金额或者比例可以相同也可以不同,但均要求买受人按照合同约定的付款时间按时支付相应金额的房款,否则买受人将承担相应的滞纳金处罚或者违约的风险。

针对银行按揭付款方式,客户须在签订商品房买卖合同的同时按照国家同期银行贷款政策缴纳相应比例的楼款(即首期款),并按照按揭银行要求,及时提供收入证明、近6个月的银行流水账、按揭银行开户账号等资料,与出卖人提供的按揭合作银行办理按揭贷款业务,通过按揭银行将剩余房款一次性支付给出卖人,再每个月定期向按揭银行偿还贷款。

(二)房号管理

售前一定统一安排房号(经书面确认),对整层保留、交叉保留、自然保留做好计划。对外有统一的售价与房源结合的资料,每天关注房号的变动。

房号管理应遵循以下原则。

(1)房号管理应由专人负责,销售人员在收取预定款性质的费用前应通知房号管理者,确定房号允许销售后,方可办理收取预定款性质的费用的手续。

(2)房号管理者应以客户办理定房手续作为销控房号的标准,任何咨询或诚意表示均不视同成交。

(3)发生交易(即客户办理定房手续)后,房号管理者应立即做好书面记录,并通知其他销售人员停止向客户推荐此房号。

第四节 滞销楼盘与尾盘的销售策划

一、滞销楼盘的销售策划

滞销楼盘是指由于开发商初期市场定位不准,或其他原因导致的一推向市场就卖不动的楼盘。一般来说,若一个楼盘在开盘后一个月内所推出房源消化率不到30%,或三个月内消化率不到50%,或一年内消化率达不到90%,可称为滞销楼盘。楼盘滞销对开发商是一个致命的打击,这种打击使开发商损失惨重,严重者可能导致开发商破产。

(一)开盘即滞销产生原因分析及销售策略

1. 产生原因

房地产开发项目开盘即滞销的现象主要是由于项目缺乏市场调查、开发商主观臆断成分较多。开盘即滞销的主要原因如下。

(1)市场定位错误。项目开展前期,有的开发商没有认真做市场调研就盲目开发,不能把握市场发展趋势,导致产品定位偏离目标顾客,造成产品销售不畅。主要存在定位过高、定位过宽和定位超前的问题。

(2)规划设计落后于市场需求。产品的规划设计是建立在目标市场确认的基础上,根据市场的需求来制定的，这是影响产品是否为消费者接受的最重要的环节。任何产品构想的产生都是建立在确认目标市场的基础上的，因此一定要分析市场需求，否则就会受到其他替代产品的威胁。如银川市某花园项目从地段上讲应该是非常优越的，但被设计成点式小高层、一梯四户，有两户在阴面，没有充分考虑到消费者实际需要，从而严重影响了销售。

（3）忽视营销推广手段的重要性。营销推广手段也是直接影响产品销路的因素之一。随着房地产竞争的日趋激烈，同质化的房地产大量涌现，加上各类传播媒体大量充斥，使顾客对产品的优劣很难区分清楚，这种情形下，如果没有有效的推广手段，就很难打开产品市场。因此，营销手段的运用便显得格外重要，有时甚至成为一个楼盘成败的关键。比如某开发商开发的"星河明居"定位准确，寻找到了其与其他楼盘的差异化特征，综合运用如免费会所、"一楼两制"装修计划、橱窗、广告、展示等各种营销手段，均可算是深圳首创，这是促使其成功的直接原因。

2. 销售策略

针对以上原因可以采取以下策略。

（1）修正市场定位。重新定义市场一般需要对产品进行改进，才能维持持续销售期，避免提前进入尾声。如南山金融中心，原名"辉煌大厦"，在停工三年之后世联介入，世联所做的第一件事就是对市场重新定位。经调查得知，该项目的周边是一批中小企业主，也就是该项目的目标顾客。因此，世联针对这些客户的特点，建议开发商对产品进行了改进，如取消集中空调、将面积变小，并编写了一本"完全工作手册"，该手册详细列出了在该大厦办企业的种种优势，如周边有哪些政府部门，有哪些运动场所，有哪些酒楼，周边商家的服务范围，甚至给出这些部门、商家的电话号码和联系方式等内容，甚至告知买家在该大厦办公，周末是否必须付空调费这些细节上的问题。最后，仅凭这样一本手册就完成了销售。

（2）对楼盘的平面布局进行修改，改进房间功能。

（3）改善楼盘外立面及配套条件，提高楼盘的附加价值。

（4）注重营销策略，增加广告投放量。

（二）销售中期滞销原因分析及销售策略

1. 售出两三成后滞销

（1）产生原因。现实中，一些楼盘刚开盘时反应良好，但售出两三成后便出现滞销，造成这种局面的主要原因有两点。一是目标客户群规模过小，市场定位过窄。一般情况下，每个楼盘都有或多或少的"捧场客"，开发商对这一部分客户量可能存在过高估计，致使其忽略了对客户市场的研究，而实际的目标客户群体规模较小，不足以支撑项目的主体部分，并且这部分客户的前期购买掩盖了项目在市场定位、产品设计、销售管理以及营销推广等方面存在的问题，导致项目在消化了这部分客户，取得一定的销售成果（售出两三成）后遭遇销售困难。二是开发商作为项目的实施者实力缺乏，没有充足的资金保障工程的顺利进行，可能导致延缓交接，造成客户的投诉，从而影响售楼进度。

（2）销售策略。针对项目这种滞销情况，首要的对策是发掘市场、细分市场，将目标客户群定位由单一群体扩展到多个群体来扩大市场。项目的这种滞销情况在房地产市场上普遍存在。除了上述的目标客户市场策略外，一般情况下，应该从产品因素、销售管理因素、营销推广因素以及其他因素等方面全方位地总结分析项目的销售障碍，并做出相应的对策。

2. 售出四五成后滞销

（1）产生原因。一些楼盘在售出四五成后销量锐减，造成这种情况的原因很多，最主要的有两点。一是营销推广缺乏持续性。一些房地产开发企业在最开始销售时就推出楼盘的全部卖点，但没有新的卖点补充进来，无法吸引更大量的客户，导致客户向其他新推出的楼盘转移。二是房地产开发企业缺乏整体、科学的销售计划，整体推盘的控制与管理出现失误。在楼盘最初开卖时，一些房地产开发企业往往将可售的单位全部推出，让买家自由选择，结果导致售出类型的比例失衡，例如位置、户型、价格等较好的单位已经售出，剩余的只有相对位置较差、户型相对较差的单位，或者余下高价的单位，最终造成滞销。

（2）销售策略。针对营销推广缺乏持续性，可以合理安排营销推广计划，持续不断地推出卖点，保持市场对项目关注的持续性。

针对可能出现的销售控制失误，开发商应从前期开始科学控制整体楼盘的推售计划。应本着小批量、多批次的原则，有限制性地推售楼盘，尽可能制造短缺效应，凝聚购买冲击力；新加推单位要与前期推售单位保持一个时间差，使楼盘销售具有节奏感，以便调控。

二、尾盘的销售策划

尾盘一般指楼盘的销售率达到70%左右时，对所剩单位的统称。因为尾盘数量不多，大都是一些销售较为困难的单元，营销费用有限，不可能进行大量、轰炸性的广告宣传，所以尾盘一直以来是一件令开发商颇为头疼的事。尾盘不仅沉淀了开发商的目标利润，更抑制了他们继续开发项目的热情，因此，尾盘的销售一直是房地产业内人士探讨的一个重大课题。

（一）尾盘产生的原因分析

尾盘的出现不是一个偶然现象，也不是一个局部个案，而是经济和市场发展到一定阶段的综合表征。从宏观层面来看，国家经济政策的改变、经济结构的重大调整以及国民经济发展的快慢，都将对极度敏感的房地产业产生重大影响。从市场层面来看，尾盘的出现也与区域性的房地产市场发育程度，以及房地产区域板块的移动等方面有密切关系。从技术层面来看，房地产项目的定位、开发周期、开发节奏、入市时机也是至关重要的因素。规划设计是否适度超前，营销推广中销售节奏的控制、销售渠道的有效运用，都直接影响到项目销售状态。

具体来说，尾盘产生的主要原因除了政策、经济因素外，还可以概括为以下几点。

1. 规划设计不合理

楼盘规划设计落后，不能满足消费者日益提高的生活需求，尤其是由整体规划布局产生的朝向差别、暗房、没有飘窗、卫生间太小、主人房不气派等，还有户型内部设计和功能分区不尽合理的因素，影响了楼盘的销售。

2. 缺乏先进的销售方法和促销手段

有些开发商或代理商营销水平低，没有先进的销售手段，使楼盘自身优势没能得到充分的挖掘，没能准确界定目标客户进行针对性营销。有些房地产开发商抱有"好酒不怕巷子深"的陈旧观念，重开发、轻经营，或者自认为营销水平很高，自信心很强，不愿听取客观专业的意见，一意孤行，对客户的置业心态缺乏深入了解，以想当然的态度推广广告，或对楼盘的展示不到位，造成了楼盘的销售困难。

3. 楼盘自身缺陷暴露

到了项目后期，楼盘整体的一些固有缺陷逐渐被暴露出来。一是区位不好、交通不便、出入困难，如公交车不通或线路少等情况。二是配套不全，主要是室内配套和社区公建不齐,如配套设施方面没有会所,附近中小学、医院配套不全等。

4. 新的竞争对手出现

房地产是个跨度大、周期长的行业,快则三至五年,慢则十年八年,甚至更长,这样就形成一个时间跨度差,将会令竞争对手有机可乘,他们抓住落成的小区不易转型的弱点,运用"后来效应"以更超前、更人性化的意识介入,瓜分同类市场。

从顾客角度来说,有的客户对于落成的现房缺乏想象空间,反而去追捧那些精美的楼书上鼓吹的更超前、更高档、更有想象空间的期房。这种"这山望着那山高"的消费心态,加上顾客会货比三家,使得尾盘在质量、面积、物业管理、外部环境、价格等方面没有明显的优势,也是尾盘产生的主要原因之一。

5. 销售策略及计划的失控

对于开发商来说,能把楼盘全部卖出去,取得开发商、顾客和社会效益的多重丰收,是一件令人高兴的事情。在价格上是高开低走,还是低开高走,在数量控制上是全部推向市场,还是逐步推向市场,这些都与决策有关,应由市场经验丰富的专业人员做出合理可行的计划,由决策者做出正确决策。销售失控的状况主要分为两种:一种是价格炒作过度,产生过多的泡沫而影响到后期的销售进度;另一种是销售计划安排无序紊乱,好的位置、好的朝向、好的景观、好的房型和低价位房在前期顺畅地销售出去以后,剩下相对较差的单位不易消化而形成尾盘。

6. 不良的社会口碑导致滞销

楼盘在前期售楼时,处处显示售后服务的人文关怀,但到了尾盘,却出现很多售后服务的漏洞,很多细节没有做好,导致客户的投诉增加,会影响项目的口碑,进而影响未售产品的销售。此外,开发商因某些环节处理不当,或者因产权问题、资金问题等纠纷造成项目停工、打官司或延迟入伙等,从而导致社会口碑不良,也会导致销售停滞。

(二)尾盘销售策略

1. 正确引导消费者

在人们的惯性思维里,尾盘给人的感觉是卖不出去的差房子,实际上尾盘不一定都是烂尾的房子,有些房子是进入销售最后阶段的少部分剩余房屋。尾盘有三大特点:一是具有价格优势。尾盘放置一段时间后,有些开发商和代理商在处理尾盘时,一般会采取降价策略。二是尾房都是现房。买家可以直接到实地品评房屋质量、社区环境、生活配套等,不存在像期房那样的担忧。三是在物业管理的磨合上可以省时省力。经过前期其他客户的入住,对实际生活中的物业管理问题可以提早知道。因此,只要精心挑选,就可以买到价廉物美适合自己居住的房子或具有投资增值潜力的房子。

2. 降价

降价是处理尾盘的一种最常见的方法,也是开发商和代理商用得最多的一种方式。可以说,几乎所有尾盘都离不开"降价"这两个字,尤其是一些开发商急于变现的尾盘,降价可以说是唯一的方式。降价有多种方式:有的是明降,如广告"大降价、大让利",或"一口价、统价销售";有的是暗降,即"隐性降价",如降低首期款、送装修套餐、送家电套餐、免若干年的物业管理费、送花园、送绿化等,这些颇具人情味的降价方式所起的作用非常有效。

但降价有利也有弊。首先是开发商损失利润;其次是损害前期购买者利益,让他们觉得不平衡,从而有损开发商品牌形象。因此,开发商应慎重对待。

3. 重新定位

一是对现有产品进行改进，如对项目的户型、采光不足等劣势做出一定的修改。如某高档小区，20套原本被看好的四房却成了库存，开发商聘请营销策划人员经调查后发现，原来不少客户认为该户型房间太多而卧室面积又普遍偏小，于是营销策划人员建议开发商将其改成三房，果然很快售罄。

二是重新定义市场。改进产品这一方式，对写字楼和商铺来说运用较多，但住宅产品有其特点，其户型的改动比较困难，而且住宅产品销售到了尾声，改进的可能性可以说是微乎其微。因此，住宅较多采用重新定义市场的方式，重新界定客户群。首要工作是找出剩余单位里每一套单元的问题，找出优缺点，针对性地制定销售说辞，同时分析剩余产品的成交的共同特点，找到突破口。

4. 寻找新的推广方式

项目尾盘时的产品数量并不会太多，所以就决定了项目的推广费用不会太高，因此，项目在宣传推广上就会受到很多制约，必须采用适合的推广措施，比如可以以租代售、降低置业门槛、发掘潜在的消费需求。如福源花园位于保税区旁，优点是周围环境安静，缺点是位置较偏，不太引人注意。二期尾盘销售时曾有过几次降价，均价降至每平方米4900多元，广告也打了不少，但市场几乎没有反应。采用"试住"这一方式后，仅两周时间便完成了销售，55套住宅全部售出，同时单位售价比原来上涨了15%。

5. 提升楼盘综合形象

比如对一个规划落后的小区增加公共配套和会所、美化环境、增加便民措施、增开住户专车或引入专线巴士，对物业管理不完善的小区采取重新聘请知名物业管理公司进行物业管理等措施，提升楼盘的综合形象，这些举措无疑都会增加楼盘的附加值，但同时也会增加开发商的投入，然而这笔投入会换回更大的收益，所以从边际利润的角度看是恰当的。

本章小结

房地产销售是房地产策划方案和价值实现的最终环节，房地产销售准备包括销售资料的准备、销售人员的准备、销售现场的准备。其中销售现场准备是销售前准备工作非常重要的一环。销售实施阶段可分为预热期、强销期、持续销售期、尾盘期四个阶段，各阶段有不同的销售策略。影响滞销楼盘与尾盘的销售原因很多，对滞销楼盘与尾盘进行销售时，可以采取修正市场定位、改进功能、科学控盘、正确引导消费者、寻找新的营销推广方式、提升楼盘综合形象等方法。

复习题

1. 销售文件的准备有哪些内容？
2. 销售现场业务流程管理有哪些内容？
3. 影响滞销楼盘与尾盘的销售原因有哪些？
4. 滞销楼盘与尾盘的销售策略有哪些？

思考与讨论

以小组为单位，结合当地的房地产项目，试分析该项目的销售策略，同时各小组形成书面材料，以小组课堂汇报的形式进行交流。

案例分析

拯救缺陷楼盘

拯救缺陷楼盘属于"矫正型"策划，可以说是令开发商和策划人都感到头疼的难题。

"某海苑"是位于某省会经济开发区的一个新楼盘。2002年4月上旬，策划公司接到了开发商告急的电话，除了开盘短时间内售出三四十套房子外，后来每月只能售出两三套，对于一个第一次经营房地产的开发商而言，这意味着面临商海翻船的巨大危险。

通过简单的"把脉"，策划公司了解到"某海苑"的病因：一是没有进行前期总体策划，根本就没有正确的定位和营销策略；二是规划上有问题，容积率和建筑密度都太高，这意味着绿化环境很差，小区品位难以提高；三是户型设计的问题，有的没有考虑饭厅，有的厨房与厕所面对面，且距离只有几十厘米；四是刚开盘时的营销和价格策略有问题。当初，公司曾经请了一家代理商，该代理商制定了"低价任意挑好房"的开盘价格策略，就是消费者都按一个价格——当然是很优惠的开盘价，随意挑选好楼层、好朝向和好户型的房子。开发商说开盘时火爆了一阵子，就是指这个价格政策产生的效应。

听完开发商的诉说，策划公司知道楼盘现在已经陷入了一个进退两难的境地：想把价格提升到正常价位，好房子早没有了；想降价，楼盘形象受影响不说，开始购房的人一定会有意见。一般人们都认为房地产是升值的，而且"某海苑"前期广告还说"升值潜力巨大"，怎么这么快就跌了？看来，价不能降，但还要将房子卖出去。

第一步：市场调研，选准策略

对于楼盘策划，市场调研很重要；对于楼盘的矫正型策划，市场调研就更重要。除了了解"缺陷"，更重要的是了解消费者在何处以及他们的真正需求、对该楼盘的看法，同时要了解竞争对手与自身楼盘的优劣势，由此找到解决问题的关键点。通过调研得知，该楼盘前期购房者70%为楼盘旁边的SL汽车公司的普通职工。SL公司普通工人月收入一般在1300～1500元之间，收入稳定；年龄大多在22～25岁之间，一般未婚，购房一两年后打算结婚者居多；这些工人多半只有中专和技校文化程度，有一些职工在自学；他们基本上来自该省内各地，在省会缺少亲友；工人的业余生活单调。根据调研得出的结果，策划公司确定了"针对性公关，多样化促销"的策略。

第二步：策划造势，扬长避短

缺陷楼盘的营销策划一般要从三个方面来为销售造势：一是从楼盘自身的硬件着手，看地段、户型、配套、环境等有没有值得大肆宣传的优点；二是从楼盘的软件着手，在物业管理、销售服务、保修等方面为楼盘创造一些亮点，增加附加值；三是如果改造楼盘的软、硬件配套的成本过高，那就只有运用独特的宣传攻势和最后的价格武器。

在矫正型策划中，关键是要提出一个"SBSP"（次优销售主张，这是策划公司提出的一个概念）。按照理论，任何一种商品不一定存在USP（独特销售主张），但一定有SBSP存在。换言之，以积极的策划找出一个最佳的办法总比坐以待毙好得多。

针对"某海苑"的基本情况，策划公司将该小区定位于"关心普通劳动者的优价住宅"。确定的SBSP是：变相而适当调价，公关与促销合一，活动与分销并进。

第三步：锁定目标，多管齐下

找出SBSP并制定了正确的策略，矫正型策划只是完成了一半，必须将SBSP所应包含的信息准确、完整地传达给目标受众。

锁定的客户群是 SL 公司普通职工和经济开发区内其他企业的普通职工。于是，除了在开发区内派发直递广告外，还于周末假日在开发区的大门以及人流量极大的"家乐福"超市门口设立了分销点。分销点除有销售人员负责接待咨询外，周边还分布了一些派单人员向人们派发宣传品，对有意向购房者则安排专车专人送到售楼部洽谈。同时，还组织人员在客户到竞争对手楼盘去的必经之路上派发宣传品，实施"终端拦截"。

传播的主题必须体现营销策略和 SBSP。4 月底策划公司正式介入"某海苑"项目，在"五一"劳动节的长假期间，推出了第一张传单广告。传单上"谁来关心劳动者"的巨大标题立刻吸引了受众，副题"某海苑——劳动者的幸福超市"则有力地补充了主题。这个广告中提出了三种"幸福套餐"，购房者可以选择三种"套餐"中的任意一种。

① 利用项目在大学旁边的地理优势，提出了一个给想业余进修的业主提升学历的"幸福教育套餐"；

② 提出帮助业主组织豪华车队并操办婚礼的"幸福婚姻套餐"；

③ 免费为业主提供一年保姆服务和 2000 元子女教育保险的"幸福子女培育套餐"。

应该说，三种"套餐"都精确地瞄准了目标客户的基本生活需求和高级心理需求：年轻的职工很多有上进心，想通过知识改变命运，有进修的需求；SL 等公司的年轻职工大多来自各地，在省会难以组织豪华进口轿车作婚礼车，但他们普遍希望婚礼能够气派，从而让亲友觉得他们在省城工作比较成功；他们结婚后不能丢掉工作在家照顾孩子，他们的父母亲也大多因为还要继续工作或家中子女较多而不能来照看小孩，自然需要保姆。

果然不出所料，该广告创造了 7 天售楼 18 套的记录，而以前每月才两三套。开发商的脸上终于露出了笑容。

第四步：一鼓作气，连续促销

在次优销售主张 SBSP 得到消费者的初步认同后，还必须借助波浪式的促销活动"推"消费者一把，以掀起销售的热潮。

对缺陷商品，力度适当的折扣和优惠永远都是能够给消费者以"推力"的利器。但使用价格策略一定要注意节奏，即销售人员应该先强调产品的一些优点，争取消费者认同，然后再谈促销；否则，就会陷入一折再折的"无底洞"，还可能引起消费者的反感和不信任。

在第二个月度推出了主题为"谁来关心好朋友"的活动，重点是促进小型"团购"。

该活动广告提出，如果已经购房的业主介绍朋友来购房，除了给予团体购买的优惠，还可以享受与被介绍来的朋友一起到"黄山松"、坐飞机到海南看海度假或继续"了心愿"享受"幸福套餐"。广告中一句"邻居中多几个朋友，人世间少许多冷漠"的广告口号，打动了消费者。同时抓住"某海苑"被定为"开发区唯一的黄鹤工程奖候选楼盘"（相当于省会城市优质工程）的机会，进行了新闻策划，通过报纸宣传，增强了项目的可信度。毕竟，在矫正型策划中，任何正面新闻宣传都太难得了。

在被普遍认为是"火炉"房地产淡季的夏天，策划公司创造了月度销售量达 30 多套的"神话"！这在缺陷楼盘中是罕见的。

第五步：公关营销，巩固成果

虽然初步取得了较好的销售成果，也不能掉以轻心。因为竞争对手正虎视眈眈，有些消费者也不一定对项目深信不疑，良好的口碑效应还没有形成，这些还得继续"矫正"。

公关营销和关系营销是巩固战果的主要手段。一方面需要销售人员运用良好的工作方法,"多一个客户,多一个朋友",签完合同后,仍然要与顾客多联系、多沟通,让其做楼盘的义务宣传员,不断提高销售业绩。另一方面,要针对主要的潜在客户群开展一些公关活动。

在推广令消费者感到有较大支付压力的"老大难"户型——大面积户型时,一面在宣传中突出开发区唯一"黄鹤工程奖"候选楼盘的高质量,一面推出"优价买大房,三代喜洋洋"的促销活动,同时赞助SL公司总装厂举办"某海苑"杯职工足球联赛。联赛期间,销售人员在每场比赛结束时还开展了购房咨询活动,提高了项目的知名度和美誉度。这场比赛持续了十几天,受到平时业余生活单调的SL公司单身职工——项目最主要潜在客户的极大欢迎,而开发商仅仅赞助了1.5万元(SL公司工会支付了一半费用)。但根据测算,该活动至少直接产生了上千万元的销售额,而且还大大增强了项目的品牌亲和力,实在是最经济、最有效的公关宣传活动。

另外,还推出了主题为"上帝的意志"的公关活动:请每一位客户设计一种理想的户型及物业管理方式,再从中抽出10名"上帝奖",各奖现金1000元。实际上,这是为开发商后期项目的户型设计征集意见,以便将来更有效地实施"针对性"开发营销,不再走盲目行动制造缺陷楼盘的弯路。开发商对策划公司的战略眼光赞叹不已。

在正确的策略、正确的执行和开发商的密切配合下,缺陷楼盘"某海苑"居然不断升温,一举成为经济开发区最热销的楼盘之一,价格也高于直接竞争对手,而且良好的品牌效应为开发商下一步的发展奠定了良好的基础。

思考:结合本地实际,拟定尾盘与滞销楼盘的销售策划。

第十一章 房地产网络营销策划

随着网络的普及,网络已经成为人们生活的一部分。网络经济的出现和电子商务的日益普及,不仅改变了原有的市场营销理论,带来了营销观念的革命,而且还在切实地引导营销实务变革。如今,网络已成为房地产广告投放的重要途径。在此背景下,如何充分利用网络技术手段和新的经营思维制定有效的市场营销策略是房地产经营层面关注的焦点。

第一节 房地产网络营销概述

一、网络营销的产生与发展

网络营销的发展始于 20 世纪 90 年代初。由于当时计算机应用技术发生了重大的变化,互联网从一个学术网络、技术网络迅速发展演变成了一个大众媒体,随着上网人数的增加,网上蕴含的商机也越来越多。1996 至 1997 年期间,在美国掀起了一个网络购物的高潮,特别是在圣诞节和元旦期间这些美国传统的购物高峰时期。网络购物成为一种新时尚和全新的生活方式。此后,网络经济逐渐被世界各国社会接受。

1997—2000 年的几年中,在世界知名大公司的年度经营业绩中,网络销售至少占有 30% 的贡献份额,有的甚至高达 70%。网络营销的飞速发展,使人们对其寄予了极高的期望。但是随着时间的推移,人们开始逐渐意识到网络营销的作用还不像预想的那样神奇,它的发展会受到网络营销环境因素的影响。例如,外部环境为开展网络营销提供潜在用户,以及向用户传递营销信息的各种手段和渠道;内部环境要求企业内部管理流程的规范,员工对于计算机及互联网的使用达到一定水平。如果网络营销环境不完善,那么建设这些业务系统只能是空洞的形式。

2000 年以后,世界范围内的网络经济进入了调整期,同时也开始进入了理性的发展阶段。网络营销成为一种线上线下相结合的商务模式,即利用网络来开展各种营销的促销活动,而具体的交易过程则还依托于传统的商业环境进行。

21 世纪是信息社会的时代,网络技术的发展和应用改变了信息的分配和接受方式,改变了人们生活、工作、学习、合作和交流的环境,企业也必须积极利用新技术变革企业经营理念、经营组织、经营方式和经营方法,促使企业飞速发展。网络营销是适应网络技术发展与信息网络时代社会变革的新生事物,必将成为跨世纪的营销策略。

二、房地产网络营销的概念及内容

(一) 房地产网络营销的概念

网络营销是传统市场营销在网络时代的延伸和发展,指企业通过网络媒体以新的方式、方法和理念综合利用各种营销手段并协调其间的相互关系,更有效地促成个人和组织交易活动的实现。

房地产网络营销是将网络营销方式应用于房地产领域的营销手段,房地产公司将自己的营销活动全部或部分建立在互联网的基础上,就具备了网络营销的特性。具体来说,房地产网络营销就是通过调查和对购房者行为的分析,建立自己的网站或网页,并利用一定的方式,让社会各界人士广泛知晓企业在互联网上的域名地址。购房者可根据自己的需要浏览房地产企业的网站或网页,通过网页了解正在营销的房地产项目,同时向房地产营销网站反馈一些重要的信息,并可通过网上支付的货币手段,网签购房合同。

房地产网络营销是传统营销的继承和发展,房地产网络营销充分利用了互联网的技术优势和效率优势,拓展房地产营销的空间,突出房地产项目的特色,全面地展示房地产信息,有针对性地向消费者推出房地产商品,提高从事咨询、开发、中介等房地产业务的企业的竞争能力,从而更好地服务于消费者。

(二) 房地产网络营销的内容

作为新的营销方式和营销手段,网络营销的内容非常丰富。了解网络营销的内容有助于改变对网络营销的片面认识,同时有助于明确企业网络营销工作的基本任务,下面是房地产网络营销的主要内容。

1. 网络营销策略制定

网络营销虽然是非常有效的营销工具,但实施网络营销需要投入,是有风险的。在采取网络营销实现企业营销目标时,必须根据房地产企业在市场中所处的地位,采取相适应的营销策略。

2. 网络广告与促销

在市场营销中,广告是最重要的促销工具,网络广告也就成了网络营销的最基本形式。房地产网络广告要充分宣传企业的品牌形象和产品特点,宣传企业的经营理念、服务内容和服务承诺,充分发挥网络媒体广告的优势。但在网上开展促销活动必须遵循网络的一些信息交流与沟通规则,特别是遵守一些虚拟社区的礼仪。

3. 网上市场调查

房地产企业可以直接在网上通过问卷进行调查,也可以通过网络收集市场调查中需要的一些二手资料。直接在网上调查时,由营销策划人员制定调研内容及调研方式,如客户喜欢的户型套型、能够承受的单价、对项目所在区位的看法、对公司提供服务的意见建议等,将以上有关信息放入选定的网站,就可以获得调研数据。应用网络营销时,要及时识别和把握网上虚拟市场的消费者特征和消费者行为的变化,为企业在网上虚拟市场进行营销活动提供可靠的数据分析和营销依据,实现企业营销目标。利用网上调查工具,可以提高调查效率和调查效果,并且整理和分析数据更为快捷和高效,但关键是如何在信息海洋中获取想要的资料信息和分析出有用的信息。

4. 产品和服务展示

企业要让消费者非常容易地了解本企业所有房地产的区位、户型套型、建筑结构、设计特色等,还要有清晰的小区规划图、交通区位图、房型展示图,消费者能够得到的服务以及企业的服务工作流程等一切消费者需要的信息。

5. 在线沟通

主要是通过 QQ 和微信等即时通信软件、电子聊天室、门户网站等方式进行。

6. 公共关系活动

主要是通过企业活动去影响舆论。

7. 网络营销管理与控制

网络营销作为在互联网上开展的营销活动，必将面临许多传统营销活动无法碰到的新问题，如网络产品质量保证问题、消费者隐私保护问题以及信息安全与保护问题等。这些问题都是网络营销必须重视和进行有效控制的问题，否则网络营销效果会适得其反，甚至会产生很大的负面效应。

三、我国房地产网络营销的发展

我国自1997年引入电子商务概念以后，许多行业都在开展网络营销，网络经济有了很大的发展。对于房地产营销而言，由于当时受上网条件的限制，同时由于房地产是不动产，价值高，房地产网络营销还远远没有得到发展，业界大都还没有认识到网络营销的重要性。在2003年经历一场"非典"之后，房地产行业普遍看好利用网络进行营销，开展网络营销的企业也越来越多，房地产网络营销迅速在我国发展起来。随着入网费用的不断下降，我国网民数量迅猛增长，网络逐渐渗入普通居民的生活，对人们的生活、阅读及工作习惯造成了深远的影响，互联网成了辐射面更广、交互性更强的新型媒体，它不再局限于传统的营销方式下各种媒体的单向性传播，而是可以与媒体的接受者特别是潜在的房地产消费者进行实时沟通和联系，这使得房地产网络营销成为一个新兴的有魅力的潜力巨大的营销模式。2020年由于受到新冠疫情的影响，很多房地产企业线下售楼处关闭，给房地产营销带来了很大的挑战。为了应对和缓解疫情带来的不利影响，多数房企已开启线上售楼处，积极探索线上营销模式。房地产营销人员必须正确掌握与运用网络营销观念，将房地产市场营销策略与网络营销技术紧密结合，才能更好地达到企业市场营销的目的。

第二节 房地产网络营销模式

我国房地产企业的营销起步较晚，房地产企业出现营销模式老化、营销思路局限等问题。房地产行业的销售业绩也普遍下滑，传统的营销宣传模式对于市场的开拓已经显现疲态。因此，打破传统房地产企业营销模式和局限，对房地产项目实行改革，研究出新的营销思路，可以有效提高企业竞争力，降低风险。

一、房地产 O2O 营销模式

O2O 是 Online To Offline 的缩写，即以互联网为依托，为消费者提供大量的信息服务，将线下商家的信息推送给线上消费者，消费者在线完成下单消费之后到实体店面提取商品和享受服务。当前，绝大多数 O2O 房地产电商采用的方式是：线上信息推送，为购房者提供大量楼盘信息供其选择，以打折优惠甚至团购等吸引顾客，顾客在线下到售楼部购买房产。2013 年以来，国内各式各样的 O2O 房地产电商大量涌现，极大地丰富了消费者的选择空间。除了专业的房地产电商外，房地产微信营销、微博营销等也成为 O2O 营销模式的一种，在线上房地产信息传播方面起到了一定的作用。

对于房地产开发商来说，O2O 营销模式有多种优势：①线上宣传具有信息容量大、传播速度快、表现形式丰富等多项优势。现在的技术条件能够集多种媒体功能于一身，购房者只需动动鼠标就能获得文字、图像、声音、视频等形式的信息，甚至可以利用计算机街景虚拟现实技术身临其境地感受房子的空间布局、室内设计、周围环境等。②线上宣传费用低，性价比高。相对于传统的广告模式，线上宣传大大降低了人力成本，减少了纸质宣传页的发放。③线上宣传可实现对潜在购房者的有效跟踪，线下有针对性地对购房者提供服务。④线上宣传增大了拓客范围，降低了售楼部人员的压力。地域性对线上宣传的限制减小，只要拥有客户端和网络，购房者点击了广告页面就可以看到楼盘宣传广告，使拓客范围大幅增加。

对于购房者来说，O2O营销模式也提供了多种便利：①线上服务可以提供更全面的信息，甚至包括周边楼盘的对比、同价位楼盘对比等多种信息，降低了消费者与开发商之间的信息不对称的程度；②购房者可以足不出户了解楼盘信息。

O2O营销模式具有良好的市场宣传效果，极大地节约了房地产的营销成本，有效地提高了房地产行业的营销效率和质量，扩宽了渠道的销售资源，甚至在一定程度上实现了企业营销跨越式发展，促进了营销模式的多元化发展。比如2015年乐居充分利用O2O营销模式，发展"E金券"，并与滴滴打车合作，实现了多元化的营销发展。

二、房地产社交网络营销模式

房地产社交网络营销模式是指利用社交网络平台为主要传播载体展开营销的一种模式。这种模式能够充分利用网络社交优势，建立强大的社交网络关系，以此来支持房地产营销，为其提供充足稳定的客源。目前一手房地产互联网营销模式主要为利用社交平台阶段，通过做好流量、数据和媒体平台，最终促成房地产交易。云社区、微信、微博、QQ和网站推广等多种社交工具都被房地产企业所运用，以便吸引购房者关注。例如2014年万科房地产企业与QQ、微信等众多社交网络平台合作，对房地产社交网络营销模式进行了全新的探索，使房地产社交网络营销模式发生了革命性的改变。

房地产社交网络营销模式的核心属性是信息互动。它通过创造有价值的、引起用户共鸣的具有吸引力的信息，进而激发用户的转发、分享行为。信息按照从用户到用户的路径传播，可以帮助房地产商建立良好的品牌形象以及优质的信誉。随着用户转发次数的增多，社交平台上获得房地产信息的用户也会成倍增加，可能为房地产商带来更多的销售机会。但在社交平台上，任何人都可以注册、发布信息等，这就使得社交平台上的信息质量参差不齐，并且由于大量网上信息的存在，用户无法有效地辨别真伪，间接造成了用户获得信息的不对称性，进而影响产品的销售。

三、房地产大数据营销模式

房地产大数据营销模式是对多种网络平台的数据进行综合性的分析，充分运用大数据网络信息技术深度挖掘客户需求，从而定向开展推行营销策略、提供增值服务、改善商家经营行为等活动。主要有三种形式。一是基于网民搜索行为、浏览行为、累积行为等进行人物画像、人群分类等，指导广告投放策略，最后以地域、时间、兴趣、关键词、回头客定向等因素定向投放广告，实现更科学、高效、精准的营销策略，将线上产品及线下活动定向推送给客户。二是为客户提供室内导航、车位预定、提前点菜、商品配送等服务。三是自动持续生成客户新数据，以协助商家改善经营。在大数据营销模式下，房地产企业要对大数据的技术和数据进行有效的分析和处理，从数据的走向和发展趋势对未来房地产发展前景进行有效预测，进行精准化的市场定位，从而确定房地产企业的发展模式，提升企业的品牌内涵，增强企业的市场竞争力，进而使企业获得较高的投资回报率。比如2014年万科房地产企业携手百度，迎来房地产企业的大数据营销时代，系统用户上网搜集的全面性信息为万科指明了广告投放方向，其投放效果远远高于传统手段。

四、房地产电商平台营销模式

在互联网不断发展的背景下，有很多房地产企业已经不再满足于将互联网作为媒介，而是开始进行线上、线下整合模式的研究和推广。2011年，我国房地产行业正式进入了以电商平台为主的营销时期。房地产电商平台营销模式是指以互联网为基础进行的房地产商务交易营销模式，包括商品和服务的提供者、广告商、消费者、中间商等有关各方行为的总和。

从2011年至今，经过多年发展，房地产电商可以分为三类。①媒体电商平台：它是2000年以来普遍存在的电商形式。房地产媒体电商主要的代表是安居客等。媒体电商的核心是媒体属性，其网络媒体是开发商和二手房经纪公司发布房地产系列广告或房源的平台。②渠道电商：它是2013年以来快速发展的另外一种房地产电商类型。房地产渠道电商主要的代表是房多多等。渠道电商通过互联网可以整合销售渠道。在我国三、四线城市房地产市场低迷的情况下，渠道电商在新房楼盘领域，能把广泛分散的不同房地产销售渠道整合起来，包括二手房渠道，最大限度为开发商快速拓展购房者，不断加速销售库存房源。③交易电商：它是用于交易的房地产电子商务，是代表未来发展的房地产电商类型。

相对来说，房地产电商平台营销模式具有能满足消费者多元化需求、交易不受时间及地域限制、信息互动性强、成交成本低等优点，但还存在交易系统不齐全、交易不够安全等缺点。

第三节 房地产网络营销的优劣势分析

一、房地产网络营销的优势

与传统营销手段相比，房地产网络营销具有许多明显的优势。

（一）成本投入低，实现精准营销

当今房地产市场竞争激烈，传统媒介的成本不断增长，而传播效果却在日益下降。网络营销的成本相对较低，而且可以随时更新项目信息，与传统媒介相比，属于低投入持续回报。网络广告主要发布在专业房地产网站上，提供给特定的人群，其广告的精准程度也相对高于传统媒体广告。网络广告的内容还可以随时更改，而且速度快、花费小。相对于电视媒体的黄金时段或报纸整版投放的高费用、内容更改的高成本和长周期，网络广告的价格具有明显的优势。

（二）沟通的互动性强

与传统营销手段相比，网络营销是一种更强调互动的信息交流，由强势营销转为软促销。一方面，消费者通过网络提出的问题能得到及时解答，房地产企业与消费者能保持密集的双向沟通和交流，大大提高了营销过程中消费者的地位。企业也可以通过有效的沟通，充分了解消费者的需求，树立企业及产品在消费者心目中的地位。有的网站或网页还进行了链

接，为购房者提供及时的购房、贷款方面的法律咨询。另一方面，企业可以制作调查表收集消费者的意见，让消费者参与产品的设计、开发、营销过程，充分了解消费者的需求，及时改进产品和服务，真正做到以消费者为中心，从各方面满足消费者的需要。这些有效的沟通有利于企业获取未来的竞争优势。

（三）获取信息的便捷性和决策的自主性

房地产产品是一种复杂产品，消费者购买房地产时需要获得大量的信息，而互联网可以承载海量的信息，互联网所提供的多媒体信息，不但包括商品的文字和图片介绍，还可以通过虚拟现实（VR）实景技术实现对商品的三维动态展示，这一点对于房地产商品尤其有利。此外消费者只需根据自己的喜好或需要去浏览网上相应的信息，然后进行比较，最后做出是否购买的决定。这种轻松自在的选择，不必受时间、地点的限制，只需操作鼠标而已。网络营销的一对一服务体现了对消费者的尊重，留给顾客更多自由考虑的空间，决策也完全由自己做主，避免冲动购买。

（四）多媒体展示

利用互联网，消费者只需动动鼠标就可以获得文字、图像、声音、视频等形式的信息，甚至可以利用增强现实（AR）等技术身临其境地感受房子的空间布局、室内设计等。相对于传统媒体，房地产的网络营销可以真正做到多媒体、立体式的全景信息展示。

（五）房地产营销方式多样化

利用网络，房地产企业可以提供多种售房模式，如网上订购、网上定制、网上拍卖、网上办理购房手续等，以方便客户。其中，网上订购是由购房者先通过系统平台进行订购，经开发商确认拥有其所订购户位优先购买权的售房模式，已经被许多开发商使用。

（六）将个性化服务融入顾客关系管理

网络营销在客观上需要房地产销售者进行顾客关系管理（CRM，即 Gartner Group 于 1999 年提出并定义为"为企业提供全方位的客户视角，赋予企业更完善的客户交流能力，最大化客户的收益率"的方法）。CRM 本身并不是软件技术，而是一种管理策略和商业模式，但是软件技术是 CRM 的有力支持，并将 CRM 软件支持系统称为 CRM 系统。它的宗旨是满足每位顾客的特殊需求，与每位顾客建立联系，据此了解顾客的不同需求，并在此基础上进行一对一的个性化服务。其实质是通过改善企业与顾客之间的关系，以吸引和保持更多的顾客。

利用 CRM 系统，企业能搜集、追踪和分析每位顾客的信息；利用 CRM 系统，企业和顾客的关系以及企业盈利都可以得到最优化。CRM 的功能可以归纳为三个方面：对销售、营销和顾客服务三部分业务流程的信息化；与顾客进行沟通所需手段（如电话、传真、网络、电子邮件等）的集成和自动化处理；对上述两部分功能积累的信息进行加工处理，产生顾客智能，为企业战略战术的决策提供支持。

互联网全天候的服务方式不但满足了消费者沟通的愿望，而且为卖方提供了便捷的顾客关系管理工具，而这有利于销售者降低销售成本，为其在网上答复更多的顾客提问、提供个性化的服务，满足消费者的差异化要求提供便利，进而提高顾客满意度，并通过满意的消费者带来新的消费者。

二、房地产网络营销的劣势及其解决途径

作为一种全新的营销和沟通方式，网络营销也有其固有的不足之处有待完善和发展，进

行房地产网络营销要注意其不足的一面,并且采取措施加以弥补。

(一) 消费者对房地产网络营销的信任度不高

房地产作为一类价值巨大的商品,它往往是一个人、一个家庭一生中最昂贵的一次购买,所以每个购买者都是非常小心谨慎的。并且由于网络操作是在虚拟空间中进行,网页的单调浏览无法让消费者对网络营销业务产生足够的信任感,其实体对象和业务的真实性一直是人们所担忧的最大问题。此外,一方面因为某些公司为了达到宣传效果,进行虚假宣传;另一方面,由于在长期的网络信息传播中,销售信息可能失实,降低了人们对网络信息的认可度,尤其是涉及房地产这么重要的商品选购,无疑增大了房地产网络营销的困难。

问题的解决只能采用网络营销与传统营销相结合的方法。房地产网络营销还不能实现网上直接交易,房地产交易的完成还需依赖传统营销环境,具体交易还需依赖传统营销环境来完成。在目前我国房地产商与消费者的互信度还较低的前提下,网络营销要求房地产商要切实诚信经营,忠实地履行各项承诺,不断提高消费者对自己的信任程度,增加人们对这种营销方式的信任度。

(二) 开展网络营销的目的不明确

与传统媒体相比,网络平台具有一定的优势,其信息传播更为快捷,能向更多的消费者传播房地产项目的具体信息,但有些房地产企业或项目进行网络营销可能仅仅是赶时髦,对网络平台的营销目标不明确,也没有制订出相应的网络营销计划,导致了网络营销存在一定的盲目性,影响了房地产项目网络营销的实际效果。实际上,房地产项目在开展网络营销活动时,应明确企业建立网站的目标,制订完整的计划,包括目的、市场调研、互联网服务情况、所需的资源、资金分配、预期效果等。

此外,由于网络营销出现时间比较短,许多房地产公司对房地产网络营销的认识还不到位,其关注点在于广告宣传和网页的制作,仅限于利用网络宣传房地产项目信息,而忽视了利用网络平台与消费者进行交流互动、营销互动。网络营销也是开发商营销的一种方式,要真正将网络营销融入市场营销中,发挥网络营销的真正作用,丰富网络营销的服务模式,实现房地产网络销售的最大效用。

(三) 缺乏行业规范和法律规范

房地产交易涉及的金额比较大,在交易的过程中会牵涉到多方主体,因此整个交易过程必须要保证符合法律法规,否则会存在很多风险。房地产业的网络营销在我国起步比较晚,网络平台的营销活动并没有形成行业规范,每个房地产企业对其网络营销的管理不一,相应的监督管理制度和法律法规还没有建立起来,对于房地产网络营销来说具有很大风险。此外,房地产交易费用的支付、信息的传递等都需要进行一定的规范,以降低双方的风险。

网络营销要发展,一方面政府要适应网络经济发展的需要加强网络立法,为网络营销提供法律依据和保护;另一方面,房地产网络营销策划人员和有关技术人员要通力合作,确保网络信息发布的及时准确,与消费者沟通的通畅无阻、及时快捷,注意保护消费者的个人信息和房地产企业的商业机密不被恶意窃取。

(四) 企业缺乏有效评估网络营销活动的手段

对于房地产项目的网络营销效果,目前还没有建立起科学的评价体系,没有形成有效的评价机制,无法科学地评价网络营销的实际效果。网络营销的盛行引起了很多企业盲目追风。有的企业仅仅是为了追赶潮流而设立网站,没有对网络营销进行充分的了解和学习,宣传的图片如小区效果图等都是从别处粘贴的,导致了宣传网页的内容单一枯燥,缺乏真实性和生动性，而且并没有将真正的网络营销技术运用进去，因而使得网络营销缺乏足够的吸引力，很多消费者还是习惯于按传统的方式购买房地产。

企业应建立监控机制和开发相应工具，用以评估网络营销计划的进展和成果。浏览人数不能简单作为可靠的评估指标，更有效的参考指标应包括查询成交人数、网页登记人数等。企业必须注意用户对网址的反应，在必要时做出修改。不断调整网络营销策略是网络营销成功的关键。

三、房地产网络营销中需要注意的问题

网络营销简单而言，就是要解决如何能吸引客户、如何让客户找到、如何能留住客户的问题。房地产营销策划时除了要注意采取措施规避网络营销的不足之处以外，还要在以下几方面做好工作。

（一）通过不同层级的网站进行房地产企业及其产品宣传

网站是企业信息的载体，是网络营销的物质基础，不同层级的网站有不同优缺点。如：新浪、搜狐和网易等门户网站具有众多的网民，宣传面广，可以有效提高企业和项目的知名度，但浏览页面的人不一定是为了购买产品，对于真正想购房的消费者的吸引力较低；在中国房地产信息网、中国房地产资讯网、搜房网以及各地的房地产网站等专业网站上发布信息，宣传效果也可以得到提高，针对性有所提高，但是如果对房地产企业的产品感兴趣，必须重新链接进入企业的网站。企业网站建设在企业不同的发展阶段应有不同的侧重点。对于中小型的房地产企业来说，网站建设要求成本低廉，重点展示企业的房地产产品，集中资源做好网站推广，以促进产品销售。而有竞争力的企业发展壮大必须依靠品牌和规模，网站更重要的是树立企业形象，展示企业文化、企业所经营的业务、企业的各种营销活动以及媒体报道，丰富服务内容，提升网站功能，显示企业的综合实力，以达到品牌营销的目的。

此外，房地产企业可以利用新媒体对企业及产品进行宣传。与传统的营销模式相比，新媒体具有个性化突出、信息实时发布、表现形式多样的特点。利用新媒体对产品进行宣传，可以将信息快速地传播给用户，再由用户传播至他们的交际圈，形成"病毒式"营销效果。充分利用新媒体的宣传作用，通过网络增加公司的知名度和项目的推广力度，才能迅速占领市场，形成持久的、具有强大竞争力的态势。

（二）通过传统营销途径树立房地产企业及其项目的品牌形象

对于房地产这种高价值的消费品而言，消费者购买决策的一个重要影响因素是品牌效应。房地产网站的知晓程度和品牌只有以传统营销方式为基础才能得以建立。房地产网站是房地产企业产品和消费者之间的中介，营销人员要做的首先是把企业及其项目的品牌推介出去，引导消费者进入网站，利用房地产企业网站的宣传和运作让客户知道并很容易地找到它，这样才有可能让消费者接触到企业的产品信息。采取的措施除了通过传统营销手段进行宣传以外，还可以运用网络媒体自身进行宣传，如创建中文域名、与各种搜索引擎链接、利用驳接技术等来创建一种易于宣传和记忆的网络品牌等。

（三）网络客户关系整理

在网络环境下，企业都通过网络展示自己，网络营销能否成功的重要因素是如何跨越时空的距离，发掘网络顾客，再造客户关系，并吸引和留住顾客。房地产网络营销要重视在网络营销中发现潜在的消费者，了解他们的消费愿望，利用网络维持与消费者的关系。比如：提供免费信息服务吸引客户，利用现有客户和关心本企业或本企业房地产的潜在客户组建会

员俱乐部,通过会员之间在网络上的信息交流,房地产企业可以较准确地把握房地产市场动态,有利于及时调整产品开发和营销策略,更好地满足消费者的需求,巩固与消费者的关系。

本章小结

网络营销是指企业通过网络媒体以新的方式、方法和理念综合利用各种营销手段并协调其间的相互关系,更有效地促成个人和组织交易活动的实现。网络营销是传统市场营销在网络时代的延伸和发展,是适应网络技术发展与信息网络时代社会变革的新生事物。

房地产网络营销模式主要有O2O营销模式、社交网络营销模式、大数据营销模式、电商平台营销模式。与传统营销手段相比,房地产网络营销具有成本投入低、沟通互动性强、信息获取便捷、决策自主以及进行多媒体展示等明显的优势。需要注意的是,房地产网络营销也有一些不足之处,要与传统营销手段相结合。

复 习 题

1. 房地产网络营销的概念是什么?
2. 房地产网络营销的模式有哪些?
3. 房地产网络营销有何优势?有何劣势?

思考与讨论

以小组为单位,结合当地的房地产项目,试分析新冠疫情之下房地产企业应该采取什么措施来提升产品销量。

案例分析

网络营销之白领公寓

S白领公寓是S发展商进军房地产行业的第一个产品,希望借此楼盘一炮而红,为日后的开发与销售奠定基础。由于总体资金预算总额的限定,该发展商第一笔能投入的推广宣传费用为10万元左右。这10万元无疑是杯水车薪。相比于平面媒体的宣传推广,网络营销具有费用低、针对性、互动性、吸引力更强等特点。更重要的是,S白领公寓的目标客户对网络营销的接受程度高。S白领公寓定位于面向23~35岁年轻人的纯住宅楼,其目标客户具有如下特点:年轻、高学历、有一定的收入基础、对生活充满想象与激情、喜欢自由自在的生活氛围、性格外向、喜欢与人交流、爱好旅游及对生活有自己独特的看法。

市场推广方案有如下几种。

策略一:寻找目标客户群,引发目标客户群注意

(1) 在网络上发布消息,吸引白领一族注意。

(2) 开展"最酷十大白领一族"评选。参赛者邮寄相关的资料,详细描述自己做过的一件自认为最酷、最有诗意、最有个性的事情或生活体验,最后由相关人士评定。中选者获得购房九折优惠及其他丰厚礼品。

(3) 由S公寓主办,在门户网站上开设专栏:21世纪新模式——诗意生活。此专栏可以是专家论点、网友讨论,也可以是有奖征文。

策略二：推广 s 公寓品牌形象，博取目标客户群好感

（1）在门户网站上开展"诗意生活你决定"活动，列出 s 公寓将设置的各种生活配套，向目标客户群征集这些生活配套的最酷名称或最富想象力的设计图，入选者获购房优惠或现金奖赏或礼品馈赠。

（2）由 s 公寓赞助，门户网站支持，开展"青春活力白领一族，健康诗意好生活"登山活动，组织一批目标客户群登山。

策略三：建立 s 公寓品牌价值，刺激目标客户群购买欲望

（1）在门户网站上开展"住得透明，活得诗意"自我价格剖析活动。一反其他房地产开发商对楼房成本与利润讳莫如深的做法，公开 s 公寓的各种成本构成，包括土地成本、建筑成本、配套成本、管理成本等，以理性说服的做法给白领一族一个明确的居住理由。

（2）以一个虚拟 s 公寓住户的角色，在门户网站发表"爱在诗意的翅膀上飞翔——一个白领一族的生活自白"故事连载，以浪漫、富于鼓动性的文字全方面描述作为一名 s 公寓住户的诗意生活，引发其他客户群的购买欲望。

（3）鉴于目标客户群对 FLASH 动漫的爱好，制作题为"白领一族的幸福生活"的精美 FLASH 动漫，以图文并茂的形式，通过虚拟人物与虚拟图景的介绍，体现"幸福生活＝自由＋财富＋经过思考"这一核心概念，向客户展示购买 s 公寓的生活价值与现实价值所在。

仅仅十万元的网络营销投入虽然不会撬动整个房地产行业的市场走向，但是对 s 白领公寓而言已经获得了很好的市场反应，可见网络营销的力量之巨。

思考：在互联网如此发达的当下，在商业竞争中如何灵活应用网络营销手段保全自己战胜对手。

参 考 文 献

[1] 郭辉.万达文化旅游地产公司发展战略研究[D].北京:首都经济贸易大学,2018.
[2] 祖立厂.房地产营销策划[M].北京:机械工业出版社,2004.
[3] 柏秋,韦达,陈放.房地产策划[M].北京:知识产权出版社,2000.
[4] 陈放,谢弓.营销策划学[M].北京:时事出版社,2000.
[5] 王直民,黄卫华.房地产策划[M].北京:北京大学出版社,2010.
[6] 谭启泰.谋事在人——王志纲策划实录[M].广州:广州出版社,1996.
[7] 张敏莉.房地产项目策划[M].北京:人民交通出版社,2007.
[8] 王国力.房地产概论[M].武汉:华中科技大学出版社,2018.
[9] 汤鸿.房地产策划技术与案例分析[M].第2版.南京:东南大学出版社,2017.
[10] 中国房地产估价师与房地产经纪人学会.房地产经纪实务[M].第5版.北京:中国建筑工业出版社,2010.
[11] 陈甚纯.房地产市场营销理论与实务[M].北京:化学工业出版社,2013.
[12] 张沈生.房地产市场营销[M].大连:大连理工大学出版社,2009.
[13] 潘蜀健.房地产市场营销[M].北京:中国建筑工业出版社,2003.
[14] 郝娜.市场营销学[M].成都:电子科技大学出版社,2017.
[15] 张黎明.市场营销学[M].成都:四川大学出版社,2017.
[16] 高炳华.房地产市场营销[M].武汉:华中科技大学出版社,2004.
[17] 张原,苏萱.房地产营销[M].北京:机械工业出版社,2014.
[18] 李英子,周伟忠.房地产市场营销[M].北京:中国电力出版社,2007.
[19] 许强,杨江.营销理论与实务[M].北京:中国经济出版社,1996.
[20] 刘鹏忠,苏萱.房地产市场营销[M].北京:人民交通出版社,2007.
[21] 谭继存.房地产营销策划[M].北京:中国城市出版社,2007.
[22] 付光辉,吴翔华,瞿富强.房地产市场营销[M].第2版.南京:东南大学出版社,2014.
[23] 叶剑平.房地产市场营销[M].北京:中国人民大学出版社,2004.
[24] 姚玉荣.房地产营销策划[M].北京:化学工业出版社,2007.
[25] 张永岳.房地产市场营销[M].北京:高等教育出版社,1998.
[26] 张建坤,黄安永.房地产市场营销学[M].南京:东南大学出版社,1994.
[27] 田杰芳.房地产市场营销[M].北京:清华大学出版社,北京交通大学出版社,2004.
[28] 范如国,范如君.房地产投资与管理[M].武汉:武汉大学出版社,2014.
[29] 朱曙东.房地产全程营销[M].广州:广州出版社,2000.
[30] 尹卫红.房地产市场调查与分析[M].重庆:重庆大学出版社,2008.
[31] 中国房地产估价师与房地产经纪人学会.房地产经纪业务操作[M].第2版.北京:中国建筑工业出版社,2018.
[32] 荆会芬.房地产市场营销[M].郑州:郑州大学出版社,2009.
[33] 中国房地产估价师与房地产经纪人学会.房地产经纪实务[M].第3版.北京:中国建筑工业出版社,2005.
[34] 余凯.房地产市场营销实务[M].北京:中国建材工业出版社,2004.
[35] 余源鹏.三天造就金牌地产策划人——房地产项目全程营销策划实战150例[M].北京:中国经济出版社,2010.
[36] 周云,顾振东,倪莉,等.房地产经纪实务[M].第2版.南京:东南大学出版社,2012.
[37] 中国房地产估价师学会.房地产经纪实务[M].第2版.北京:中国建筑工业出版社,2003.
[38] 中国房地产估价师与房地产经纪人学会.房地产经纪相关知识[M].第5版.北京:中国建筑工业出

版社，2010.
[39] 冯佳，喻颖正，章伟杰.现代房地产经典营销全录［M］.广州：暨南大学出版社，1999.
[40] 楼江.房地产市场营销理论与实务［M］.上海：同济大学出版社，2003.
[41] 周志强.房地产营销策划［M］.武汉：华中科技大学出版社，2017.
[42] 周忻，张永岳.房地产开发销售策划［M］.北京：中国经济出版社，2011.
[43] 李佳男，高文杰，白彦迪，等.哈尔滨滞销型房地产项目营销策略研究［J］.商业经济，2017（8）：93-95.
[44] 方克城.中国热销地产项目营销诡计［M］.广州：广州经济出版社，2008.
[45] 张伟民.滞销楼盘销售策略初探［J］.商场现代化，2007（17）：197-198.
[46] 邓宇.房地产全程营销与策划［M］.银川：宁夏人民出版社，2005.
[47] 陈港.房地产营销概论［M］.北京：北京理工大学出版社，2010.
[48] 闵新闻.房地产销售成交实战：从培训课堂到销售案场的客户征战术［M］.北京：中国经济出版社，2014.
[49] 钱伟荣.房地产销售实务［M］.北京：对外经济贸易大学出版社，2016.
[50] 周忻，张永岳.房地产开发营销策划［M］.北京：中国经济出版社，2011.
[51] 王艺多."互联网＋"背景下房地产营销策略研究［J］.产业与科技论坛，2018，17（23）：254-255.
[52] 何里文.房地产市场营销［M］.北京：北京理工大学出版社，2018.
[53] 向明.互联网＋房地产营销模式的研究与探讨［J］.时代金融（下旬），2016（1）：25-26.
[54] 崔爽."互联网＋房地产营销"模式探究［J］.中国房地产（综合版），2016（3）：51-53.
[55] 蔡良毅.互联网＋房地产营销模式的研究与探讨［J］.时代金融（中旬），2016（7）：40-41.
[56] 王春云.互联网下我国房地产营销策略分析［J］.福建建材，2020（5）：111-113.
[57] 童生生."互联网＋"房地产营销模式与策略研究［D］.杭州：浙江工业大学，2018.
[58] 陈林杰.房地产电商的类型特点及应用探索［J］.产业与科技论坛，2015（11）：176.
[59] 朱美光，赵炎.郑州市房地产O2O营销模式应用探讨［J］.河南商业高等专科学校学报，2015（1）：58-62.
[60] 杨炯.互联网＋背景下房地产网络营销SWOT分析［J］.企业改革与管理，2015（24）：38.
[61] 严航.移动互联网时代房地产网络营销探究［J］.知识经济，2013（19）：115-116.
[62] 周中元.房地产市场营销［M］.重庆：重庆大学出版社，2007.